# デートDV・ストーカー対策のネクストステージ

## 被害者支援／加害者対応のコツとポイント

伊田広行
Ida Hiroyuki

解放出版社

# はじめに
## デートDV・ストーカー対策のネクストステージ

　私はこれまでデートDVについて2冊の本（『デートDVと恋愛』『ストップ！ デートDV』）を書いてきました。多くの学校で生徒・学生向けにデートDV防止（予防）授業をし、支援者、教員、保護者、行政職員、医療福祉関係者などに対して研修もさせてもらってきました。

　本書は前著2冊の続きとして、現場から学んだことや講演などで深めてきた新しい追加情報と、とくに加害者へのかかわりでの新しい提起をお届けするものです。被害者を支援するときや防止教育に使える「ポイント」「うまい伝え方」「コツ」「事例」「新情報」などを載せています。

　とくに〈ネクストステージ〉と言うのは、1回だけ行うデートDV防止教育は、ある程度広がってきましたが、次の段階が必要ではないかと考えてのことです。防止教育自体をもっと改善していくことや、外部講師でなく、その学校の教員自身が継続的に実施できるようにしていくこと、教材を開発し、回数を増やしたり、参加型にしたり、内容を深める教育にすることが求められています。そのための材料提供の側面、教員の研修素材の側面が本書にはあります。

　その教育内容の充実・深化という点で、私がぜひとも広めていくべきものと考えるのが、「一人が基本」というシングル単位の観点です。シングル単位視点の恋愛観が、お互いの自由を尊重する対等な関係性を学ぶうえで重要ですが、この点を理解する人はまだ多くありません。「一方的に別れたいと言うことが許せない」とか、親密な関係といったときに「一心同体がいい」というようなカップル観があると非常に危険なのですが、ここをわかっていないで、「共感・尊重・対等の関係がいい」という抽象論ですませていないでしょうか。ここを乗り越えるネクストステージの内容を提起したいと思っています。

　さらに、デートDV防止教育のあとに、被害生徒や加害生徒に対して、

どのような援助・教育・かかわりをするのかの具体策や体制の確立が求められていますが、そこはいまだほとんど手付かずのままです。この点について本書では、いくつかの点で新しい提起をしています。すぐにできる「相談の乗り方マニュアル」も提起しています。

　一般論として、DV対策としては、①DV被害者支援、②DV加害者教育プログラムを含む加害者対策、③DV環境に育った子どもへの支援、④DV予防教育、⑤支援者向けの研修——などの各方面を充実させて、総合的に対処することが必要ですが、日本では①以外がまったく不十分な段階です[*1]（表1）。そこで私は④に力を割いてきましたが、今後はDV加害者教育プログラムにもかかわっていきたいと思い、2014年度から大阪の地で始めています。全国の数カ所で加害者向けプログラムが実施されていますが、その質はいろいろのようです。私は、米国などの実践と経験から学び、フェミニズム・アプローチ、被害者支援アプローチ、個人的視点重視の認知行動的・心理療法的アプローチ、家族システム的アプローチ、解決志向アプローチなどの、よい点を組み合わせたバランスのとれた加害者教育プログラムが必要であるという見解をもっています。本書では、加害者プログラムの内容自体を主たるテーマとして扱うのではありませんが、現実には教員が目の前の「加害」生徒および加害者予備軍の生徒たちにかかわらざるをえないということに鑑み、加害者（予備軍）の思考と行動の変更に貢献するヒントを記述することに努めました。加害者プログラムの意義についてなどは、日本ではまったくといっていいほど認識されていませんので、本書がその端緒となれば幸いです。

　これから先、多くの人と恋愛や結婚をしていく若者たちに、加害者にならないでほしいと思って、加害者（予備軍）に語りかける材料提供という視点で書きました。被害者支援もまだ十分ではありませんが、その枠を超

---

＊1　被害者支援も不十分点がまだまだあります。その点を含めて、DV法施行以来の10年を振り返ったものとして、戒能民江編著［2013］『危機をのりこえる女たち——DV法10年、支援の新地平へ』が参考になります。また、デンマークと対比して日本のDV被害者支援、シェルター状況を振り返ったものとして、上野勝代他［2013］『あたりまえの暮らしを保障する国デンマーク』があります。

表1　DVへの対応・5側面

| 分野 | 内容 | 日本での展開程度 | 今後求められる対策 |
|---|---|---|---|
| 被害者支援 | 相談体制、啓発、被害直後の支援、シェルター、心身のケア、生活再建、就労などの長期支援 | 日本ではもっとも進んでいる分野で、一定進んだが、未整備部分がまだまだある<br>一層の充実 | 一層の充実 |
| DV環境におかれた子どもへの支援 | DV環境におかれた子どものケア、保護、エンパワメント教育 | ほんの一部で始まっているが、不十分で、非常に遅れている部分 | 開始、拡大 |
| 加害者教育プログラム、加害者対策 | 加害者に関する法律・罰則の整備、相談体制、加害者の考え方を変えて再発を防止する長期的教育（治療、カウンセリング） | ほんの一部で行われているが、ほとんど未整備、もっとも遅れている部分／警察がストーカー関係で実験開始 | 開始、拡大、法的義務化 |
| DV（デートDV）防止教育 | 早期の段階で、若者にDV／ストーカーとは何か、対処の仕方、加害者にならない視点、相談先などを教育する | 近年、普及しはじめている段階であるが、まだまだ不十分。都道府県でほんの少しの予算 | 拡大、内容充実、実施の法的義務化 |
| 支援者向けの研修 | 説教や自己責任論でなく、被害者や加害者にだれもがなりうるとして、それを現実的に支援するような支援者の養成<br>周囲の人が気づきを高め、支援する力を獲得するプログラム | 研修は多くあるが、その内容が本書4-2の視点のものはほとんどない | 質的発展、量的拡大 |

（山口佐和子［2010］を参考に伊田が作成）

えて加害者対策にも踏み出すという意味でも〈ネクストステージ〉です。

　さらに、DV殺人やストーカー殺人、リベンジポルノ被害が頻繁に起こっていることもあるので、被害者（その支援者）が実際にどのように加害者から逃げればいいのか、闘ったらいいのか、自分の身の守り方、別れ方、その具体的アドバイス・情報提供にも力を入れました。防止教育にこの点をもっと入れていくことが重要だと思います。また、若者に早い段階から、DV／ストーカー加害者にならないよう、加害者的な考えが間違っ

ていることを伝えることも重要です。具体的には、別れや異性との交流や写真の扱いなどで、こういうことをしたらDVやストーカーになるが、それは絶対にダメだということを教えることが必要です。今後のDV防止教育では、この点にもっと力を割くべきでしょう。

　全体として被害者自身、および現場教員や相談員、被害者支援者、加害者への教育・指導にかかわっている人に少しでも役立つ1冊となるように編集しました。

　最後に、十分ではありませんが、本書では、制度や法律の再整備にも言及し、この点でも〈ネクストステージ〉の観点を入れています。すなわち、DV防止法、ストーカー規制法の改正、および警察などの介入能力の向上などにも言及しています。DV的関係が減り、お互いの自由を尊重し合う対等な関係が増えていくことに、本書が少しでも役立てばうれしいです。

デートDV・ストーカー対策のネクストステージ
被害者支援／加害者対応のコツとポイント
●
目次

はじめに──デートDV・ストーカー対策のネクストステージ　1

# 第1章　蔓延する性暴力・DV……………………………………………9

 1-1　デートDVの定義と暴力概念　9
 1-2　暴力への感度を高めよう　14
 1-3　DVに「ひどい」「軽い」はあるのか　15
 1-4　メディアのなかの恋愛観とセクシュアリティ、DVについて　18
 1-5　最近の男女間での暴力事件、デートDV事例　25
 1-6　子どもへの暴力・「面前DV」が増えている　28
 1-7　「でっちあげDV」の取り上げ方　29

# 第2章　普通の恋愛が危ない！　カップル単位的恋愛観の問題性…………34

 2-1　デートDV理解のポイント──「なぜダメなのか」の伝え方　34
 2-2　ルールを決める付き合いはなぜダメか　35
 2-3　ドゥルースの「力と支配の車輪の図」の見直し　38
 2-4　加害者になるかどうかの分岐点　45
 2-5　親密な関係とは一心同体？　49
 2-6　これだけ違う、お互いの言い分　54
 2-7　携帯・スマホによる過剰な"のめりこみ"の危険性　55

# 第3章　DVでない恋愛　シングル単位の恋愛論………………………62

 3-1　カップル単位の恋愛観からシングル単位の恋愛観へ　62
 3-2　「尊重、共感、対等」という決まり文句ですませない　66
 3-3　恋愛という契約についての新しい考え──別れの教育　70
 3-4　「お互いが悪い」という考えについて　74

## 第4章　被害者へのかかわり方・相談の乗り方・リスク対策……77

- 4-1　被害者へのかかわり方の基本　77
- 4-2　「被害者の自己責任論」について　87
- 4-3　恋人を手放さないための常套手段を知っておく　95
- 4-4　被害者への相談の乗り方　98
- 4-5　DVとストーカーの区分・整理・法律改正が必要　107
- 4-6　ひどいDVケースにおける別れ方・闘い方・逃げ方　118
- 4-7　ストーカーに対する対応の仕方　126
- 4-8　リベンジポルノなどへの対応　133
- 4-9　警察の使い方　138
- 4-10　被害者の自立支援について　142
- 4-11　早期のDV発見の重要性　146

## 第5章　加害者へのかかわり方と加害者プログラム……150

- 5-1　加害者へのかかわりについて　150
- 5-2　加害者プログラムの必要性をめぐる議論　155
- 5-3　加害者プログラム①──さまざまなやり方の紹介　165
- 5-4　加害者プログラム②──私の見解　170
- 5-5　ストーカーに対する教育的／治療的かかわり　183
- 5-6　加害者プログラム③──私のスタンス　187
- 5-7　感情の取り扱い──「感情にいい／悪いはない」といえるか？　193
- 5-8　被害者と加害者、両方から話を聞くのは間違っているのか？　202
- 5-9　加害者プログラムは、加害者とどうかかわるのか　208
- 5-10　加害生徒へのかかわり方　216

## 資料 220

資料1　DVに関するさまざまな情報・教材　220
資料2　DV／ストーカーに対する警察の対応の変化　227
資料3　チェック表「警察に来られたあなたへ」　231
資料4　ストーカー規制法の概要　233
資料5　事件化した有名なDV／ストーカー事例　235
資料6　日本における性暴力規制の流れの概観　248

文献　249

あとがき　252

装幀●森本良成

# 第1章

# 蔓延する性暴力・DV

## 1-1　デートDVの定義と暴力概念

　DV（ドメスティック・バイオレンス）とは、パートナー間の支配関係のことであり、デートDVとは、とくに恋愛関係にある二人の間の支配関係のことです。**相手の主体性**（**安全、安心、自由、自己決定、自信、成長**[*1]）を**うばうことを支配**と呼び、それを**暴力**ととらえています。支配は、たとえば「自分の思いどおりでないと許さない」「自分の理想どおりでないと怒る」というかたちなどで出ます。DVやストーカーが法律で対処される件数は増えつづけており（図表1-1）、その裏には、法律の枠内で処理されていない数多くのDVやストーカー行為があります。

　ここで、簡単にですが、「暴力」概念について検討しておきます。というのは、上記のような「暴力」の理解をする人は少数だからです。しかし、ここがわからないと、DVを正しく理解できません。

　暴力については、政治、権力、戦争、社会運動などとのからみでさまざまな議論がありますが、ここではDV（性暴力）に直接関係する範囲で概念を整理しておきます。DVを考えていくとき、暴力とは、物理的にたたくようなことだけをいうのではありません。したがって、常識的な暴力の理解、すなわち「暴力とは、対話を拒否して、一方の意志を強制するために、対者の意志に反して加えられる直接的物理力のことである」といった類（たぐい）の

---

[*1]　エーリッヒ・フロムは『愛するということ』（紀伊国屋書店、1991年／原書 The Art of Loving、1956年）のなかで、愛する人の成長（＝人間性の向上）を求めることが、相手を幸せにするいちばんの方法であるといっています。成長できれば、相手は自分がいなくても幸せになれるのであり、相手の成長を考えられるのは深い愛がある証拠だといいます。フロムは、愛とは愛する人の成長と幸福を積極的に求めることだというのです。

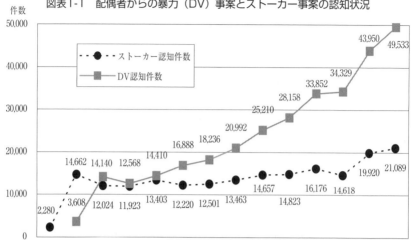

図表1-1　配偶者からの暴力（DV）事案とストーカー事案の認知状況

警察庁HP統計「平成25年中のストーカー事案及び配偶者からの暴力事案の対応状況について」より作成。2000年のストーカー認知件数は、ストーカー規制法の施行日（11月24日）以降の数値。2001年のDV認知件数は、DV防止法の施行日（10月13日）以降の数値

議論は、狭すぎる理解だと私は考えます。暴力を「支配」としてとらえないと、DVやDV的なものの多くが、暴力ではないとされてしまうからです。

　言葉で追い詰めるようなこと、いじめること、ばかにすることも暴力になりえます。相手の弱みや心理につけこんでコントロールすることは暴力です。軽く頭をたたくことが、暴力になるときもあれば、親愛の情を伝え合ううれしい行為になることもあります。耳元でささやくことが、愛情あふれるすてきな行為になることもあれば、戦慄（せんりつ）の恐怖をもたらす脅し行為になることもあります。「どこに行ってたの？　何をしていたの？」という問いかけが、単なる会話のはじめで問題ない場合もあれば、文脈によっては監視・非難につながるDV言動になる場合もあります。「どこどこの場所を何キログラム重以上の力でたたく直接的物理力が暴力、それ以外は暴力ではない」「けがをしなければ暴力ではない」というようなことではまったくありません。支配があれば、その程度の強弱はあれ、暴力といえます。

ある面から規定すると、暴力とは、他人または自分の心や体を傷つける行為であるという言い方もできます。心身に有害な影響を及ぼす言動という理解です。加害者の側の主観・気持ちで、暴力／虐待／支配のつもりがなくても、被害者の立場から見て、被害者が支配されている、怖い気持ちや苦しい気持ちを感じている、傷ついている、上記

図表1-2　DVの理解

**DV関係とは何か**
殴る暴力というより、人権侵害

　Aの意志が貫徹
（AがBを思いどおりに支配）

力 ▼ 支配

　Bの主体性（安全、自信、自由、自己決定、成長）が剥奪される

の主体性が侵害されている、と感じるものは暴力といえます。

　ただし、注意すべきは「必ずしも恐怖感があるとは限らない」ということです。主観的には恐怖感がなくても、事実上支配されて、問題とすべき関係になっている場合があります。被害とは、その人にとって不利益なことであり、自分の意に反することを強制されること自体を被害ととらえるのです。

　ここを深く理解するために、上記したように、暴力とは主体性（他者性）の否定だととらえます。だれも他者という主体性を侵害してはならないのに、暴力は、力の強い者が、弱い者の主体性を侵害し、傷つけることなのです。ある人が、他者を自分の思うように支配したり、差別することで、被害者（相手）の心は蝕（むしば）まれていきます。支配（コントロール）によって自由／主体性を奪われること、いいかえれば意に反した服従は苦しいことです。支配によって恐怖を感じることもありますし、安全（安心）や自信がなくなることは苦しいことです。*2 自己決定ができない、自由がなくなる、成長ができなくなるというのは大きな被害です。

　実際、性暴力の被害とは、その場で直接的にこうむるものだけでなく、人間関係、人への信頼感、希望や夢、自分の価値観、他者を見る自己への信頼、いままでの安全で平和な環境などを喪失してしまうという、長期にわたる、生活の根底への被害ということを含む場合があります。

　以上のような意味で、他者を支配することは暴力であるといっているの

です。支配の手段は、愛情やジェンダー意識やお金や同情や規範やルールなど多様な力ですから、怖さというものがいつもあるとは限らないのです。マインドコントロールは暴力ですが、被害者は、主観的には、怖さや操られているという感覚がないこともあるのです。

　したがって、暴力を「こわがらせ、あやつる力」と理解するのは不十分であると思います。ここの理解がないと、「程度の緩やかなDV」「微妙な問題におけるDV」を理解できず、DV理解を正しく広められず、「怖さがないからDVじゃない」と思われたり、「なんでもDVと言っている」と反発をもたらすことになると思います。

　また、暴力の種類を「身体的、精神（言葉）的、性的、経済的」に限るのも、固定的で狭すぎる見解といえます。支配をもたらす力は、上記したように、恋愛観や倫理観、ルール順守の常識、同情心など多様なのですから、限定的に理解すべきではないのです（図表2-4「DVの根本原因、形態、結果・影響の図」、p.42を参照のこと）。

　なお、私のDV理解において重要な「グレーゾーンもDVである」という図もここに掲げておきます（図表1-3、1-4、1-5）。グレーゾーンの理解については、拙著『デートDVと恋愛』（pp.131-144）、『ストップ！ デートDV』（pp.77-83）を参照してください。

---

　＊2　DV被害のつらい感覚は、学ばないと普通の人にはなかなかわかりません。「安全・安心がない」状況を被害者が語った例をひとつ、ここで紹介しておきます。離婚後、元夫に刺された経験をもつ女性は、結婚していたときのDVの状況を次のように表現しています。
　　結婚してすぐに、ささいな理由で暴力を振るわれるようになったため、女性は夫の機嫌を損ねないよう神経を擦り減らす毎日でした。膨らんだ風船がいつ破裂するかというようにおびえつづけました。緊張が解けるのは殴られる瞬間だけでした。毎日の生活を「『痛み』と『痛み』の間にずっと続く『恐怖』がある。それが全てだった」と表現しました。つまり、殴られるまでの緊張ある恐怖感がとても苦しかったために、殴られるときだけ、その緊張感から解放されたということです。そこまでされながら、女性は逃げることは考えられませんでした。奴隷のような扱いに正常な判断力を奪われ、「自分はダメな人間。この人の元でしか生きられない」と思い込んでいたためです。彼女は、DVに苦しみながら、会社勤めをして家計を支えていました。膨らんだ風船がいつ破裂するかというような緊張感のなかの生活、それがDVの怖さです。（「SOS・なくせストーカー：DV離婚、7年後に襲撃被害　『不安』伝わらず　警察も『切迫性なし』」『毎日新聞』2014年4月11日）

図表1-3 DVの程度を理解するグレーゾーンの図

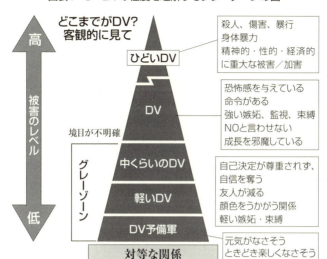

図表1-4 暴力への感度によってDV認識は変わる

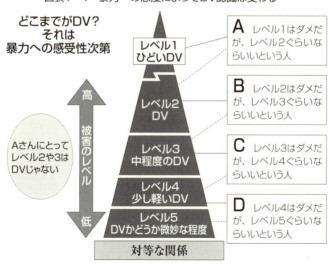

## 1-2　暴力への感度を高めよう

　図表1-4にあるように、暴力への感度を高めるほど、DVを広くとらえて、DVに気づくことができます。レベル1の暴力だけが問題だと思う人は、それ以下の暴力（DV）を見逃してしまうのです。暴力への感度が低いと、「これぐらい大したことない、なんの問題もない」となって、DVをDVとも思わずにやりつづけてしまいます。DVへの理解が深まり、暴力を個人単位での成長や自由の侵害ととらえるようになれば、図の中程度のDVや軽いDVの問題性にも気づいていけます。

　被害者としても、DVの知識を通過して、グレーゾーンも含めて自分の状況をDV被害ととらえることで、それをもたらした行為もDV加害（そ

図表1-5　被害者感覚から見たグレーゾーンの図

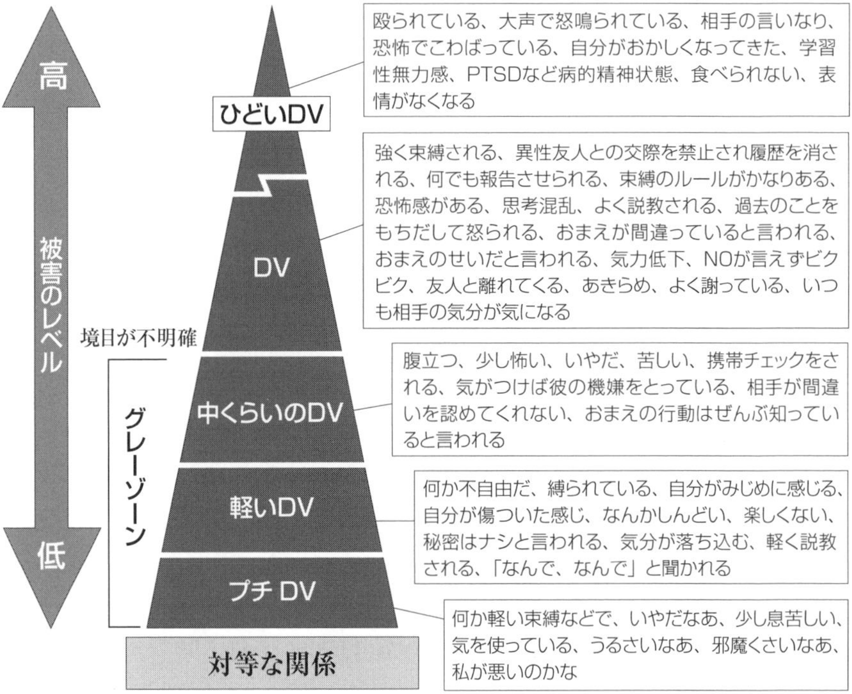

被害のレベル　高←→低

ひどいDV：殴られている、大声で怒鳴られている、相手の言いなり、恐怖でこわばっている、自分がおかしくなってきた、学習性無力感、PTSDなど病的精神状態、食べられない、表情がなくなる

DV：強く束縛される、異性友人との交際を禁止され履歴を消される、何でも報告させられる、束縛のルールがかなりある、恐怖感がある、思考混乱、よく説教される、過去のことをもちだして怒られる、おまえが間違っていると言われる、おまえのせいだと言われる、気力低下、NOが言えずビクビク、友人と離れてくる、あきらめ、よく謝っている、いつも相手の気分が気になる

境目が不明確

グレーゾーン

中くらいのDV：腹立つ、少し怖い、いやだ、苦しい、携帯チェックをされる、気がつけば彼の機嫌をとっている、相手が間違いを認めてくれない、おまえの行動はぜんぶ知っていると言われる

軽いDV：何か不自由だ、縛られている、自分がみじめに感じる、自分が傷ついた感じ、なんかしんどい、楽しくない、秘密はナシと言われる、気分が落ち込む、軽く説教される、「なんで、なんで」と聞かれる

プチDV：何か軽い束縛などで、いやだなあ、少し息苦しい、気を使っている、うるさいなあ、邪魔くさいなあ、私が悪いのかな

対等な関係

行為者が加害者）として名づけられ、この世に出現するのです。DV被害を広くとらえないと、DV加害の多くも見過ごされてしまいます。

　加害者は最初は、DVと言われると、相手が悪い、愛情ゆえだなどと抵抗、否定、抗議、怒りを示しますが、被害者と同じく外的（法的）圧力や学びを通じて、徐々に自己の行為をDVと認識できるようになっていきます。

　つまり、DVへの知識・理解（人権意識の深まり）がないと、多くのDVは他人事となるのであり、この問題を解決するためにも、この図のようにグレーゾーンを含めて広く暴力をとらえることが必要なのです。

## 1-3　DVに「ひどい」「軽い」はあるのか

　私が拙著で発表してきた「グレーゾーンの図」（本書の図表1-3、1-4、1-5）は、イメージを伝えやすい、いろいろ使える、実態をつかんでいるということで、多くの人に使っていただいています。その意味や使い方については、拙著2冊でかなり書いたのですが、先日あるところで「伊田さんのあの図だけは賛成できないところがある。伊田さんの意図はわからないでもないが、『軽いDV』と書いているのは修正すべきだ。DVに"軽い"も"重い"もないのであり、あの図は被害者を混乱させる危険性がある」といった趣旨のことを言われました。

　これに答えておきたいと思います。まず、これについては、上記のような意見も予想して、すでに拙著でかなり説明しています[*3]。そこを読んでいただければ、この図の使い方で理解されていない部分や誤解されている部分のかなりはなくなると思います。

　次に、私はこの図が万能とは思いませんので、この図を使いにくいとか、この場面では（この人には）使うべきではないと思う場合は、もちろん使わなくていいと思います。ひとつの図で何もかもを書ききれませんので、限界はあります。どうしても簡略な説明になるので、不十分点につい

---

＊3　『デートDVと恋愛』のpp.131-147、とくにpp.134-135を見てください。

ては使う人に補っていただければと思います。また、少し言葉などを変えて、自分が使いやすいように改変していただいてもいいと思います。たとえば「軽いDV」という表現はやめて、「グレーゾーンDV」などと変えていただければと思います。

　第3に、「軽いDV」などと書いてあの図を作ったのは、DVの程度には強弱があるのは事実であり、また、機械的に「これをしたらDV、これならDVでない」とは言えないので、**総合的にDVをとらえるため**でした。[*4] DVとDVでないものの境目は簡単に決められませんが、本質的な要素としては、DV以外の行為にも「安全を低下させる、自由を奪う、自信を低下させる、成長を邪魔する」という面がある程度ある場合があり、DVと非DVの間には、DV性が低いけれどもDV的な性質をもった行為があるのです。

　「恋人（夫婦）ならこうして当然だと押し付ける」「嫉妬・束縛する」「にらむ」「説教する」ということひとつをとっても、その状況全体を見ないと、深刻なDVなのか、軽いグレーゾーンの、「DV的」な面が少しある行為なのかは不明です。ですから「『嫉妬・束縛する』『にらむ』『説教する』があるからDVだ」「DVに軽いものなどない」と言うのは、ある文脈では間違った主張になってしまいます。そういうことを考慮して、この図を作りました。

　第4に、上記の特性があるので、デートDV予防教育ではこの図を、「DVは、殴るなど特別ひどいことをする人だけの問題でなく、私たちみんなの問題なんだよ。だれもが少し加害者的であったり、被害者的であったりするから注意してね。気づかないうちにDVしていることがあるよ」というように使えます。

　たとえば、「彼のこと怖くないし、あなたも喜んでこの束縛関係を受け入れているかもしれないけれど、彼との時間ばかりになっていて、友人が減ってきているということだから、やはりDVの程度がこの中間ぐらい

---

＊4　警察は、すでにDVやストーカー対策でリストを作って、そのチェック項目の多い・少ないで判断することで、被害の程度に差があることを認めています。

までできているんじゃないかな」というように言えます。「あなたたちの関係、DV的な関係になりはじめているとはいえるんじゃない？」「まだひどいDVにはなっていないかもしれないけれど、DVの要素が始まっているんじゃないかと思うので、注意してね」などと使えます。

つまり、怖くもないときに、ただ「あなたはDV被害を受けていますよ」と言うだけでは説得力がないので、この図を使ったほうが理解が得やすい場合があると思うのです。程度の差を認めることで無用な反発を避け、正しい理解に近づけます。軽いものとひどいものの両方を掬いとる枠組みがいるのです。また、軽い段階のときに「早めに相談してね。パートナーとも早い段階で、改善していく方向になるように話し合ってね」というようにも使えます。

こういう意義があるので、私は、**程度の軽いDVがあることを認めたからといって、DV問題全体の深刻さを軽視しているとはいえない**と思います。

加害者に対しても「DVをしていないと思っていても、グレーゾーン的なことをしていれば、やはりある程度の加害を認めるべきだよ」「それが繰り返されたり、程度が強くなると、どんどん上方、つまり程度が重篤化するんだよ」と伝えられます。説教を3分するのと30分するのと3時間するのとでは程度が違うのだということを理解してもらうのです。こういう説明のときに「グレーゾーンのDV」「軽いDV」「中くらいのDV」という表現は使ってもいいのではないかと思います。

第5に、「被害者が深刻なDV被害を受けている場合、この図の中くらいのDVの事例としての『携帯チェックされる』というようなことでも恐怖であるので、軽いなんて言えない」という意見については、「そうなっているなら、その人はこの図の上方の『DV』『ひどいDV』のところに当たると説明するんです」と答えたいと思います。「あなたは『軽い』とか『DVではない』と思うかもしれないけれど、聞いていると、やはりDVですよ」と伝えてもいいし、「そういう怖さがあったり、繰り返されていたり、あなたの自由がそこまで制限されているなら、軽くなくて、かなりひ

どいDVのほうだと思いますよ」などと、この図を見ながら当事者と話し合えると思います。「携帯チェックされる」という行動で、ひどいDV状況のときもあれば、軽いDV的な状況にすぎないときもあるのです。ですから、この図を機械的に使うことはできないとは思っています。つまり、私が思っている使い方だと心配の多くは解決すると思いますが、そうでない場合、誤解を生むのも事実と思いますので、使い方には注意していただきたいと思います。

　第6に、そうはいっても、被害者が深刻なDV被害を受けている場合であるにもかかわらず、「軽いDV」という表現を見るだけで「自分のDVは軽いんだ」と理解してしまい、被害者が早く加害者から離れることを邪魔する危険性があるという意見があると思います。私としては、正しく説明することができず、そのような危険性があるなら、この図を見せる必要はないと思います。そこは支援者が判断すればいいと思います。この図を適切に使えると思う人だけに使っていただければいいと思います。

　なお、今後もこの図はよりよいものに改善していきたいとは思いますので、また気がついた点があれば、ご意見をください。

## 1–4　メディアのなかの恋愛観とセクシュアリティ、DVについて

　前著『ストップ！　デートDV』で、雑誌の検討の紹介を載せましたが、そのときに掲載しなかった部分や、その他、マンガやテレビドラマで気になったものについて紹介しておきます。恋愛小説やケータイ小説の中でよくある、いわゆる『俺様発言』的な言動も一種のデートDVです。学生さんから、いまのマンガやケータイ小説の上位の作品では、少々強引でSなタイプの男性が人気だと教えてもらいました。マンガなどを読んでいると、「男同士は拳で語り合う」という言葉もあるそうです。ここにあげたものはほんの一例で、大量にこうしたものを目にして、多くの人の恋愛観がつくられているのだと思います。

### マンガ「壁ドン」

　若い女性の間で「壁ドンされたらやばい！」「萌える」「壁ドンが理想の恋愛シチュエーション」なんて言われていることについて、ふれておきます。「壁ドン」とは、もともとは、うるさい隣人に対して「ドンッ！」と壁をたたいて抗議する行為をさしていたのですが、最近では（とくにマンガ、ネットで）、壁際に異性（女性）を追い込み、片手あるいは両手を壁にドンとついて逃げにくいようにして、圧迫的に話をする恋愛シチュエーションをさすようになっています。その状況で無理やりキスされるのを「壁ドンキス」と呼んで、あこがれています。壁ドンしながら女子の足の間に男の足を入れ込む「股ドン」という新たなシチュエーションも出ています。壁際に追い込んで迫るのが、少し不良っぽい男子らしいかっこいい行為で、それに女子がキュンとくると言っているのです。ネットで「壁ドンイラスト」が氾濫しています。

　二つ、例をあげてみます。

　　ついにイライラした彼が私を呼び出して、「ねえ、あいつの事、好きなの」私が少し迷った素振りを見せると、彼がいきなり……
　　　　　　　　　　　　　　　　　　　（pic.twitter.com/jRve6l68jT）

　　階段で壁ドン。足をねじ込まれたい。このまま無理矢理ちゅーとかされればいい笑
　　　　　　　　　　　　　　　　　　　（pic.twitter.com/ASXl8Q2a）

　2014年に「壁ドン」は、CMに使われたりして一挙に有名になりました。2014年10月には、東京都・原宿で「卒業壁ドン」「幼なじみ壁ドン」「告白壁ドン」などを体験できるという『壁ドンCafe』ができ、話題になりました。また同年6月に、清野静流「青春乙女番長〜鬼ごっこDE壁ドン〜」など、「壁ドン」の作品ばかり7編を集めたオムニバスコミック『きみと壁ドン』[AA]が発売されました。その中にも載っているマンガ『L♥DK』[*5]（渡辺あゆ作品）は実写映画（剛力彩芽主演、2014年4月公開）にもな

りました。その映画の宣伝では、「壁ドンで胸キュン！」「剛力彩芽、山崎賢人と至近距離でドキドキ」としています。

　こんな暴力的なかかわりをかっこいい、胸キュンだと言って喜んでいるのです。危険です。対等な主体性ある人格というより、とてもジェンダー化された女性の感覚です。弱い私を強引な彼がぶっきらぼうに乱暴に引っ張っていってくれるのがステキ、という感覚。ファンタジーとして楽しむのはいいかもしれませんが、デートDV防止の立場からは困ったものだと思います。

　ただ、ネットには、実際にこれをされて嫌だったというような情報も少しありました。

　「無理矢理その柱に押し付けられたので『おいおい、コートが汚れるよ』と思って普通に冷めてしまいました。しかもその時の顔が、いかにも『こういうシチュエーション好きなんだろ？』みたいなドヤ顔で、それも合わさって気持ち悪かったですね」

　「先日一緒に飲みに行った男性に、別れ際『ねぇ、今からカラオケ行こう、あと１時間だけ！』としつこくいわれ、『無理です』と断り続けたんですがビルの壁で『壁ドン』されました。『うわ、こいつ必○すぎてキモイ』と思いました」

　そんな感想がありました。それが現実だと思います。そうしたことを受けて、望まない、不本意な壁ドンをされたときの効果的な対処法を紹介したイラストが2014年、ツイッター、ネットで話題になりました（@nakashima723さん作品）。イラストでは、壁ドンに対して「ワキを突く」「みぞおちを突く」「あごをうつ」「頭突き」などが紹介されています。壁ドンは意に反する暴力ですから、こうした反撃をして身を守るというような視点こそ大事です。

### ゲーム情報

　携帯小説・マンガ・ゲームなどでは、女性は愛情を言葉や態度ではっき

---

＊5　同作品は2009年から連載されており、単行本は2014年7月現在で15巻まで出ています。2013年には『小説 L♥DK 柊聖'S ROOM』（講談社）も出ました。

り示されたいとされ、その具体的愛情表現が嫉妬や束縛とされているものが多いです。嫉妬をしたりされたりすることが、相手を想っていることの象徴としてよく描かれています。学生さんに教えてもらったところでは、そうした恋愛観（具体的イメージ）を学ぶ場は、友人からの情報やマンガのほかにゲームの影響もあるといいます。

たとえば、俺様系男子というのがもてるというのがあります。具体的には「おれのものになれ」「おまえはおれのものだ」「おれの言うことを聴いていればいい」「おれに逆らうな」「おれがおまえを守ってやる」などという言い方にときめくようになっているものが多いといいます。トラブルに巻き込まれたら、「おれを頼れ」「おれに任せろ」と言ってくれるのが頼もしいとされています。

小説やマンガでは、女性主人公は、「彼はシャイだから、ああした言動をとっている」と、相手の言葉や態度に込められた隠れたメッセージを好意的にとらえることが多いのです。先に紹介した「壁ドン」はその一例です。こういうところにも、DV的なことが美化されている原因があります。

● 『ラブプラス』

男の子に人気がある『ラブプラス』という、1年中、実際の日付・時間どおりに女の子と付き合う体験ができるゲームがあります。「育てる女の子」は、させる勉強などによって、派手、強気、内気、元気、シャイ、率直、好奇心、などの数値が上がり、性格も天然、甘えん坊、ツンデレ、高飛車、ボーイッシュ、ミステリアス、セクシー、清楚、小悪魔などがあって、タイプチェンジもできます。自分好みの女の子が育成できて、自分に絶対の信頼を寄せてくれる彼女になってくれるので、とてもかわいらしく、ついつい毎日してしまうということです[*6]。

その他、『ときめきメモリアル』『ときめきメモリアル　ガールズサイド　ファーストラブ』なども有名です。

●ヤンデレ

ツンデレ[*7]は有名ですが、恋愛シミュレーションゲームのなかでは「ヤンデレ」のキャラクターもだいぶ前から注目されています。「病んでい

る」と「デレている」（相手に対して愛情表現している）のあわさったもので、「萌え属性」の一種となっています。愛情表現の異常な度合い（病的と見なされるほど深い情念や執着を抱え込み、それを原動力として、過激な求愛、排他、自傷、他傷など極端で異常な言動に駆られるキャラクター、依存性）がファンの間で好まれているということで、これは非常にDV／ストーカー的な恋愛観に適合的です。その好意が強すぎるあまり、次第に精神的に病んだ状態になるという理解で、ある種、肯定されています。

　このヤンデレの人気ぶりは、自信のない男性が、自分なしでは生きていけない「恋愛依存症の女の子」がいたらいいなという願望をもった結果という側面があると思います。また、女ジェンダーに染められて、ゆがんだ愛情観をもった女の子が多いことを反映してもいるでしょう。その関係は、デートDV関係の蔓延、容認という恋愛観の問題の反映という面もあるでしょう。

　このヤンデレの具体的行為を以下紹介しますが、まさにデートDV的行為です。

　「自分以外の者と連絡をとっていないか」「異性と会話したか」などをチェックし、違反していると、「約束を守れないなら外出を禁止する」と束縛

　「だれ？　だれだったの？　何話してたの？　何でうれしそうだった

---

＊6　なお、この「自分好みに女性を育てる」という感覚は、男性が見ている作品にはよく出てきますが、それは非常に危険で身勝手なものです。ゲームとは直接同じではありませんが、根底には共通したものがあります。映画『コレクター』から始まって、日本にも多くの監禁・調教・飼育系作品があります（典型的なものとして『飼育』シリーズ）。監禁していると、そのうち、女性が自分に愛情を抱いてくれるというファンタジーが好きなのですが、これは、2014年7月に岡山県倉敷市で、小学5年の女の子を監禁して逮捕された男が「少女に興味があり、自分好みの女の子に育てたかった」「（女の子は）自分の妻です」と述べているかたちで現実化しています。彼は美少女アニメ系が好きだったようで、そうした作品の影響を受けていると見るのが自然でしょう。

＊7　ツンデレには多様な意味がありますが、典型的には、「ふだんはツンツン、二人っきりのときには急にデレデレといちゃついてくるようなタイプのヒロイン、あるいは、そのさま」をさした言葉、あるいは「好意をもった人物に対し、デレッとした態度をとらないように自らを律し、ツンとした態度をとるようなヒロインタイプ」とされています。

の?　ねぇ、ねえってば、ねぇ!」
「嫌だ!　聞きたくない聞きたくない聞きたくない聞きたくない!」
「だ・め・だ・よ、逃げたりなんかしちゃさぁ!」
「頭のてっぺんから、つま先まで、ぜーんぶ、私のモノだよ」
「この髪も、耳も口も目も、だれにもやらない!　だれにも渡さない!　ぜんぶぜんぶ、私のモノッ!!」
「こんなに好きなのに、どうしてわかってくれないの?」
「君が悪いんだ、おとなしく言うことを聞かないから……!」
「何回言わせるの?　次はないよ」
「……まだそんなこと言うんだ。教育、し直してあげようか」
「ずっと一緒だよ。……ずっと、ね」

**テレビドラマ『なるようになるさ。』(DV理解の誤り)**
　橋田壽賀子(はしだすがこ)脚本のテレビドラマ『なるようになるさ。』(2013年夏、放送)の最終回放送で、DVへの言及がありました。DV夫から逃げていたシングルマザーがいたのですが、第三者(舘(たち)ひろし演じる人物)が、DV加害夫が反省したと考えて、勝手に夫を逃げている妻の所に連れてきて、逃げている妻に対し、「この人も反省しているんだから許してやりなよ。あなたも怖い顔をして、彼のしんどいときに支えなかった問題もあるし、やり直しなよ」といった趣旨のことを言い、家族再結集になっていました。
　被害者である妻の自己決定を尊重せず、第三者が勝手に仲介仲裁し、加害者の味方になって、「ご主人はもう大丈夫」「ご主人、土下座までして謝っているんだから」「ご主人がつらいときこそ、笑顔で迎えてあげなきゃ」「ぼくからもお願いするよ。ご主人に最後のチャンスをあげてくれないかな」と言って、それで仲直り、よかったよかったという話にしてしまっていました。
　妻も、「主人が私を探してくれて、再就職して、心を入れ替えてくれた。二度と暴力をしないと誓ってくれたので、信じる。私にも至らないところがあった。もう一度やり直してみる」というようなことを言っていました。

舘ひろし（第三者）が、「この人が悪い人のはずがない。仕事も見つけたし、妻がご主人を支えてあげてください」と言って、終わりでした。

これは、DV問題の間違った理解を広める番組になっていたといえると思います。甘すぎます。いくら口で反省の弁を第三者に言っていても、それは狡猾(こうかつ)な加害者の手口のこともありますし、いくら主観的には本気でそのときに反省していても、またぶり返して暴力を振るうかもしれません。土下座するなんて、あまりに危険な態度です。妻の側に「私にも悪いところがあった」と言わせるのは、（ケースにもよりますが）原則的には間違っています。この夫がDV加害者教育プログラムを受けた形跡は、もちろんありませんでした。

### 映画『モテキ』

モテない男性に対して美女が近寄ってきてあたふたする、でも小心者で恋愛下手で、なかなかうまくいかないという『モテキ』。映画では、ハッピーエンドにしようとして、ストーカー感覚肯定の作品になってしまっていました。『モテキ』のTV版はシリーズもので、現代世相・若者像の一面を表していて、おもしろい面もあったのですが、そのあとに作られた映画版では、成長も学習もなく、好きでない人にはひどい対応をしてしまう主人公になっていて、その彼は、好きになった相手から断られているのに、追いかけてしまっています。映画の最大の山場のラストシーンでは、彼女を追いかけて押し倒して無理やりキスをして、彼女はイヤーと抵抗していたけれど、最後は受け入れてくれるというものです。

それは唐突でおかしな流れでした。「あなたでは成長できない」と言われていたし、実際、私でもこんな彼なら小さすぎて、せこすぎて、うざくて、魅力なくて、好きにならないでしょう。なのに、最後に受け入れてもらえるなんて、ダメ男でも、しつこく追いかければ彼女は受け入れてくれるという、ストーカーの願望の表現になっていました。

## 1–5　最近の男女間での暴力事件、デートDV事例

　私たちは日々、テレビや新聞で暴力事件を見聞きしていますが、小さな記事だとすぐに見落とし、忘れていきます。カップル間／男女間の暴力事件はたくさんありますが、注意して見ている人は少ないでしょう。そうしたなかで慣れっこになってしまって、そのひどさを忘れ、「性暴力？　日本の社会状況として、男女間にそんなに暴力事件ってあったっけ？」というような感覚になっている人が多いように思います（DVやストーカーは、異性間だけではなく同性間にも、性的マイノリティのカップルにもありますが、ここでは代表させて男女といっています）。

　内閣府の「男女間における暴力に関する調査」報告書（2011年度調査）によれば、"身体的暴行""心理的攻撃""性的強要"のいずれかについて配偶者から被害を受けたことがある人は26.2％（女性が32.9％、男性が18.3％）でした。これまでに配偶者から被害を受けたことのない人も含め、結婚したことのある人のなかで、命の危険を「感じた」は3.1％（女性が4.4％、男性が1.6％）でした。

　また、レイプされた体験（「異性から無理やりに性交された経験」）のある人は、女性回答者のうち7.7％に上り、そのレイプ体験のある人のなかで「加害者と面識があった」のが76.9％、さらにそのなかで「配偶者・元配偶者」が36.9％でした。

　1–1でも確認しましたが、全国の警察が2013年に把握した数字としては、DV被害が前年比13％増の49,533件で過去最多、ストーカー被害も前年比6％増の21,089件となり、過去最多というものがあります（図表1–1、p.10参照）。男女別でみた場合、2013年のDV相談件数は、3年前と比べ、女性被害者からは1.4倍増でしたが、男性被害者からは4.1倍と大幅に増加しています。過去10年では、男性側からの相談は10倍になっています。元の男性被害者数が少ないとはいえ、男性からの被害相談が増えている事実を確認しておくべきです。

DVがジェンダー要因だけではないこと、多くの人にDV防止教育がなされておらず、誤った意識が蔓延していること、DVは身体暴力だけでなく精神的なものもあることから、この結果は当然であるといえます。
　ストーカーについては、その被害者を年代別にみると、20代が全体の35％、30代28％、40代18％などとなっており、性別では9割が女性でした。加害者と被害者との関係でみると、交際相手と配偶者（元を含む）を合わせた数で約6割となっています。
　DV事案は被害者と加害者のいずれも30代が約3割で最多で、被害者の93％が女性でした。
　また、警察庁発表によれば、2013年の殺人事件検挙件数858件の半分が親族によるもの（459件、53.5％）で、配偶者間殺人は155件（18.1％）です。
　つまり、身近なカップル関係には、暴力が思った以上にあるのだと知る必要があります。そこで、この数年の事件の一部を巻末に掲載しておきます。スペースの関係上、ほんの一部です。これを読むだけでも、単に例外的な事件というのではなく、こうしたことが夫婦や恋愛関係には起こりがちなのだということが再確認できるはずです（性暴力は、DVのほかにもレイプ、セクハラ、痴漢、ストーカー、ポルノ被害など、多様にあります）。

　最近の特徴である、SNS（インターネットのソーシャル・ネットワーキング・サービス）系のDV／ストーカーの具体像を少し紹介しておきます。
○別れを切り出すと怒られ、ストーカー化する。あるいは、別れてしばらくたってから復縁を求められて、ストーカー行為をされる。電話番号を変えるのは、相手を怒らせるかもと思ってできない。相手を怒らせたくないから時々会わざるをえない。
○ストーカーされて困っていることをだれにも相談できない。まわりの人に知られたくない。
○電話番号を変えるのは、親の承認がいるので言えない。出会い系で知り合ったことを親に知られたくない。
○別れた人が、SNS、ツイッター、LINE（ライン）、フェイスブック、ブ

ログなどで、私の行動をいろいろ監視している。私がかかわっているあらゆるSNSにつきまとってきて、反応する。着信拒否をしたが、ネットに私のことをひどく中傷するような書き込みをされる。ツイッターに名指しで悪口を書かれた。
○二人で撮った写真を、自分のところだけモザイクをかけてアップされる。「この人、遊び人だよ」と、悪いイメージを多くの人が見るところに書き込まれて、流される。
○SNSは多くの友人、つながりがあるので、元恋人などが見たり、悪口を言ったりしても、やめるわけにはいかない。そのため、そこで笑いものにされたり、うその情報を流されたり、批判の対象にされたりするが、我慢している。
○別れたあと、元カレのフェイスブックページに行き、彼の投稿に対してコメントをする女の子との会話を見て、その子がいま付き合っている子だと直感し、その女の子のページに飛び、その子がどこのだれで、大学、年齢、友人関係などを、どんどん調べてしまう。そして必要なかった嫉妬をしてしまう。
○彼から自分への返事はないのに、ツイッターを更新しているとか、フェイスブックで「いいね！」を押しているとかがわかり、腹を立ててしまう。

　また、スマホ（スマートフォン）のアプリによるスケジュール管理の問題もあります。以下はその一例（複数例の合成）。
○スマホのアプリでお互いの予定を共有できるものを使い、私も彼も、そこにバイトの予定を入れたり、遊びの予定を入れたりしている。二人の予定を合わせるのに便利そうだねと入れた。
　あるとき、私がそのアプリに予定を何も入れておらず、彼はバイトという日があった。すると彼から「きょう何してるの？」という連絡があり、「とくに何もしてないよ」と言うと、「予定入ってなかったから、何してるのか不安になった」と言われた。

また予定が入っていないときだったが、友達と喫茶店に行っていると、「どうして帰ってないの？」と電話が入り、すぐに帰っておいでよと言われた。

　こうしたアプリの普及によって、「付き合っている」＝「お互いのすべてを知るのが当たり前」、さらに「空いている時間は、家に帰るべき」「空いている時間は、彼の言うとおりにしないといけない時間」という考えが広がることも、DVの観点からは危険であるといえます。

## 1-6　子どもへの暴力・「面前DV」が増えている

　夫婦間のDVが続く家庭では、子どもも親からの暴力にさらされている場合が少なくありません。これに関連した情報をまとめておきます。両親の間のDVを見て、子どもが心的外傷を受けることを「面前DV」といいますが、ようやく面前DVが虐待だという理解が広がってきているのは大きな前進です（2004年の改正児童虐待防止法で、面前DVも児童虐待と位置づけられました）。でも、まだまだ知らない人が多く、軽視されています。以下の数字はあくまで警察がつかんだもので、グレーゾーンを含めると、もっと多くなると思います。

　児童虐待の可能性があるとして警察が児童相談所に通告した児童数は、2012年で16,387人、2013年は前年比31.8％増の21,603人で、統計のある2004年以降で過去最多になりました。9年間で22倍という急増状態です。

　身体的虐待（28.5％）や性的虐待（0.7％）に比べ、心理的虐待での通告が大幅に増えており（57.1％）、なかでも「面前DV」が2013年は前年比48.4％増の8,059人となっています（心理的虐待のうち「面前DV」が65.3％となっています）。DVを止めに入った子どもに刃物を突き付けたりするケースもありました。

　母親などへのDVを目撃している子どもは、発達の遅れや自尊心の低下などが目立ち、ほかの子どもへの暴力や暴言など、攻撃的な行動をとりやすいとされています。父親から母親へのDVを「自分のせい」と自らを責

める子もいます。成長してからも、そうした心の傷に苦しみつづけるケースは多いといわれています。

　2013年の児童虐待の警察による摘発件数と摘発者数は、それぞれ467件、482人で、被害にあって亡くなった子どもは25人でした。子どもの側から見た加害者との関係は、割合の多い順に、実父37.3％、養父・継父24.5％、実母21.0％などでした。なお、親の虐待から子を守るため、一時的に親権を停止する改正民法が2012年春に施行されています。

　以上をまとめると、DV家庭で虐待を受けている子どもが非常に多く、大きな問題であるということです[*7]。

　DVによる子どもへの影響という点では、子どもが無国籍になる問題もあります。DVから逃げ出し、居場所を知られるのが怖いため離婚しないなか、新しい相手との間に子どもができても、子どもは「夫の子」と推定され「夫の戸籍」に入ってしまうため、それを避けるために子どもの出生を届け出ないことがあるのです。これもDVが子どもに被害を与えている事例といえます（NHKの調査によると、毎年、日本では「無戸籍」となる人が少なくとも500人以上います）。

## 1-7　「でっちあげDV」の取り上げ方

　『スーパーニュースアンカー』（関西テレビ［フジテレビ系列］2014年6月9日放送）で、「DVを巡る意外なウラ話」として「でっちあげDV」が取り上げられました。でっちあげもあるので、DV被害の認知件数の数字が増えている面があると言っていました。

---

*7　なお、関連情報として、児童ポルノ事件で、スマホを介した被害が急増しているということもみておきます。被害者の子どもが加害者と連絡をとった手段は、スマートフォン（多機能携帯電話）が32％でもっとも多く、旧来の携帯電話の18％を大きく上回っています。自分で写真を撮って送らされて被害にあうことが多くなっています。子どもの裸の画像を製作したり受け渡すなどしたとして、警察が2013年に摘発した児童ポルノ事件は前年比3％増の1,644件、被害者の子どもは同22％増の646人で、いずれも過去最多でした。小学生以下の画像・映像には、強制わいせつに該当する、無理やり体を触られているものや、乱暴されているものもありました。

「でっちあげDV」とは、ほんとうはDVをしていないのに、妻からDVだと言われて、離婚などで不利に扱われるというものです。ほんとうに完全にうそ・事実無根なのに「DVだ」と言うケースがあれば、それはもちろん犯罪です。

　同番組ではその典型例として、神戸市のAさん（男性）が出て、以下のような話をしていました。元妻の浮気が発覚し、浮気相手を許すことができないなかで、訴えを準備中に元妻が家を出ていき、逆にAさんがDVを元妻にしたということで「夫婦関係調停申立書」で批判されました。首を絞めるなどの身体暴力をしたと書かれていましたが、それはまったく事実に反するものだったといいます。唯一、浮気が発覚したときにもみ合いにはなったが、殴るなどの暴力はしていないといいます。

　しかし、元妻は、これらを理由に慰謝料300万円をAさんに要求してきました。そこでAさんは、対抗措置として、元妻の浮気を原因とした離婚訴訟を起こし、仲がよかったことを示す証拠（ブログの文面や写真など）などを集め、元妻のDV被害の訴えのうそを暴いていきました。ネットで「でっちあげDV」があるということを知り、自分の場合もこれだと思ったということです。

　元妻側は、配偶者暴力相談支援センターにDV相談をしていたことを証拠として提出しましたが、裁判所は証拠として不十分として採用せず、結局、DVの真偽は不明となり、一方、元妻の浮気が認定されて、Aさんの主張に沿って和解にいたり、離婚が成立したということです。

　番組に匿名で登場した弁護士は、自分のクライアント（依頼人）に有利になるように弁護士は話を聞くので、いろいろ掘り起こしていって、精神的・経済的暴力などのグレーゾーン的な出来事でもDVとして主張していくことがあると話し、それを受けて番組全体では、「でっちあげDV」がかなりあるかのような印象を視聴者に与える構成となっていました。

　出演者がお互いに話すなかで、自分にそのつもりがなくてもDVとして訴えられやすい、DVとして訴えられると反論はむずかしい、DVと言うと離婚しやすいし、慰謝料も取れる、悪い人なら、相手を挑発して怒らせて

DVという証拠を得て、離婚を有利にもっていくことができる、夫婦のもめごとの多くがDVとされてしまう、主観的な問題で線引きがあいまいだ、などということが強調され、DV概念が不当に拡大解釈され悪用されているという面に、番組では焦点があてられていました。

＊　　　　　　＊

　私はこの番組を見て、偏りすぎていると感じました。たしかにいまの社会では、あくどい人がDV概念を悪用することがないとはいえないでしょう。しかし、実際にDV被害を受けているのに、明確な証拠がないとしてDVが認定されないケースもあります。加害者側についた弁護士が不当に被害者を攻撃し、加害者を擁護することもあります。加害者が自分のしたことをDVと認識せずに、ふたたび攻撃している場合もあります。

　加害者が、DVについて正しい認識がないために、自分はDVをしていない（相手が悪い）と思っていることは多いです。だから加害者は、でっちあげだと思いやすいといえます。ほんとうはどうなのかを、関係者は見極めないといけません。だからこそ、本書5–8で述べるように、今後、弁護士は双方の言い分を聞く必要があると思いますし、**簡単に「でっちあげDVだ」というような主張に同調してはいけない**と思います。

　また、加害者は、DVだと訴えられるほど関係が悪化しているという事実に目を向けないといけないと思います。

　でっちあげだという流れが流行していることは、実際、ネットでも「でっちあげDV」「偽DV」「DV冤罪（えんざい）」で検索すればたくさんヒットすることからも、うかがい知ることができます。一部弁護士がこれを商売にしているのは明らかだと思います。たしかに一部、ほんとうに事実無根の被害主張があり、それに対抗すべき例もあるでしょうが、むしろ、こうしたサイト情報によって「おれもでっちあげDVの被害者だ」と思ったDV加害

---

　＊8　この「でっちあげDV」という取り上げ方の源流は、ジェンダー平等運動に対するバックラッシュの時期（1998年ごろから2007年ごろまでが最盛期）にバックラッシャーが行っていた、「DVの問題化は家族を破壊するものだ」という攻撃です。低劣すぎてここで紹介する必要もないほどのものですが、これが現在の「でっちあげDV」論のひとつの流れだと思います。

者が、反撃材料になる情報として利用している面があるのではないでしょうか。また、そこに弁護士が商売として乗っているという状況なのではないでしょうか。

こうしたときには、メディアももう少しバランスを考慮し、上記のような素人(しろうと)的な偏見(「DVってあいまいだし、悪用されているよねー。こわいねー」)に適切に答える、DV被害者の立場をも考慮する弁護士などを番組に登場させるべきでしょう。上述した『スーパーニュースアンカー』では、この点でまったく不十分でした。痴漢冤罪が過大に報道されるように、DV問題でも、今後こうしたバックラッシュがいままで以上に増えてくると予想されます。

なお、同じフジテレビ系列『とくダネ!』で「虚偽DV でっちあげDVに苦しむ夫たち」という題名で、2014年4月22日に放送された番組がありました。また、テレビ東京系列『DEEPナイト』で「気をつけるしかないでっちあげDV」(2014年5月1日)という番組もありました。[*9]「ねつ造する妻が急増中」と主張している番組で、出演している堀晴美弁護士という人物は、根拠なく「DV冤罪は年間3,000-4,000件ある」と言っていました。これは明らかに主観的なキメツケの、おかしな主張だと思います。

同番組では、ウソ日記をつける、自分で身体に傷をつけて診断書を取るなどの例をあげて、犯罪方法を紹介して広げている面がありました。同時に、金目当てでうそを言っていると、DVを訴える人にひどい印象を与える面もありました。

こうした偏った番組に出演している弁護士には責任があると思います。たとえば、杉山程彦弁護士や堀晴美弁護士は、こうした番組に出て、番組の趣旨に沿った発言をして利用されていました。偏向番組に加担してしまっているといわれても仕方ない状況でした。離婚が弁護士の大きなマー

---

[*9] 読売新聞では、「親権欲しさ 虚偽DV」(2012年4月3日)という記事もありました。ネットには、「家庭を破壊する『DV法悪用』離婚ビジネスの実態〔前編〕」(NEWS RAGTAG)(https://www.youtube.com/watch?v=VDKrt0AnCmc)というものもありました。

ケットになっているという現実のなかで、弁護士がもっと人権意識をもってDVを正しく学び、世間に対しても啓発していく必要があると思います。

なお、被害者側の支援者、弁護士などは、もちろん、でっちあげをもくろむ「偽装被害者」に利用されないように、真実を見極める目がいることはいうまでもありません。だからこそ、先にもいいましたが、加害者の話を聴くことも今後、検討すべきでしょう（5-8、5-9、5-10も参照のこと）。

この「でっちあげDV」論が氾濫する背景に、反フェミニズム、バックラッシュの動きや「親子ネット」（親子の面会交流を実現する全国ネットワーク）の動きも垣間見えます。私は両親親権・共同親権賛成論者ですし、面会交流も適切に保障されるべきと思っていますが、その運動の過程で、過剰に「虚偽DV」「反フェミニズム」を持ち出すのは、ゆがんだ運動スタイルだと思います。もっと被害者の人権を含み込んだ、人権感覚の高い運動であるべきでしょう。

「でっちあげだ」と言っている事の真偽を見極めるためにも、別れたくないという感覚に注意することが必要です。パートナーと関係が悪くなれば、別れるということをもっと考えるしかないはずです。妻の悪口をたくさん言ったり、でっちあげられた、しかけられたと言いながら、復縁したいと言うのは、DV加害者的な感覚ではないかと疑う必要があります。

DV加害者には、DVについて正しく学んで、「反DV」「妻と全面戦争」ではなく、自分の加害性を素直に見つめて、そのうえで関係改善を考えていってほしいと思います。そして、相手の自己決定を尊重すべきだから、相手が別れたいと言えば、別れを受け入れるしかありません。ここがわかってこそ、家族や親子の関係も見直していけるのですが、そこがわかっていない人が多いことが、反DVの動きには見られるように思います。

# 第2章

# 普通の恋愛が危ない！
カップル単位的恋愛観の問題性

## 2-1　デートDV理解のポイント　「なぜダメなのか」の伝え方

　通常のパンフレットや本にあるようなデートDVの説明は、本書では前提なので省きます。ここでお話ししたいのは、「**デートDVがなぜダメなのか**」を**どう説明するか**ということです。DVは暴力だからダメなのは当然と思う人がいるでしょうが、そうではありません。だれの目にも不当性が明らかな「殴る、蹴る」だけをイメージしていると、実際のDV関係の多くをつかみ損ねることになります。身体暴力以外のDV、しかも被害程度の軽いDV段階から止めないと、ひどいことになるので、その軽い段階のDVがダメだと伝えないといけないのですが、殴っていないのですから、DVと理解するのは、実はそう簡単ではないのです。

　これは、実際にDV的なことをされているけれども、彼のことが好きで別れたくないと思っている若い人に、「DVだから別れなさい」と説教なんかしてもダメだ、ということにもつながります。ちゃんと届く言葉でどう伝えるか。

　声を荒げる、机をバンとたたく、異性の友人とかかわるのを嫉妬して制限する、携帯電話の異性の履歴を消す、PCの履歴をチェックする、押し切られて仕方なくセックスなどに応じざるをえないような状況、避妊をしてくれない関係、相手が怒らないか気を使っている関係、いつも相手の言うとおりになるような関係などが、**なぜダメといえるのでしょうか**。

　それはずばり、「**被害者の成長、自由、安全、自信を奪うからダメなのだ**」という説明がいいと思います。愛されているから、いろいろ命令されても別にいい、束縛や嫉妬は恋愛にはつきもの、相手がほかの人と仲良く

しないか心配だから束縛しても当然、恋愛では恋人をいちばんにすべきだし、少しぐらい我慢しないとダメ、相手を怒らすほうが悪い、束縛されるのは嫌じゃない、というような意見が多いなかで、私たちが投げかけるべき問い（評価の物差し）は、「その関係で、あなたの成長がありますか？」「自由、安全、自信は損なわれていないですか？」ということです。

　これを基準に、よい／悪い、DVかどうかを見抜く目をみなさんにもってもらうことが実践的だと思います。友人関係を制限することは、成長を邪魔します。自由を奪っています。声を荒げることは安全を奪い、自信を奪います。さまざまな質問を受けるなかで、常にこの「成長、自由、安全、自信」に立ち戻ることが、説得力をもった答えになると実感しています。人権とか尊重とかの抽象的なことを言っているだけでは、生徒を納得させることはむずかしいと思いますし、なんとなくわかったつもりにはならせることができたとしても、実践的に見抜く物差しとして「尊重、共感」では抽象的すぎるのです。DVはダメだということを自明と思っているかぎり、いい防止教育もできませんし、実際のDVも止められないと思っています。

## 2-2　ルールを決める付き合いはなぜダメか

　デートDVの関係では、加害者が都合のいいルールをつくって、それを守らないと怒るというようなことがよくあります。それを事例に、殴らない関係もなぜDVと言うのかの伝え方の具体的な例を紹介します。[*1]

　さまざまな約束を守らねばならない関係は、対等で健康的な関係といえるでしょうか？　というのも、たとえば「待ち合わせには遅れない」というルールをつくった場合、待ち合わせに遅れないようにするのは一般的にはいいことなのですが、もし遅れても事情があるだろうし、そんなに怒ら

---

\*1　デートDV防止授業としては、恋愛関係でルールをつくっているカップルのなかで、「ヤバいルール」と「ヤバくないルール」って、どんなものがあるかを出してもらい、話し合いをするというようなことも考えられます。

ずに、遅れたほうが少し謝ればすむ話です。しかし、自己中心的なDV加害者タイプの人は、自分が待たされることに激怒します。おれ（私）を待たせるなんて許せないと怒り、グダグダ説教します。そのときに「ルールを守らないのはダメだよね」という理屈をつけて、より強力に遅刻してきた人をなじります。

　その結果、立場が弱いほう（被害者）は、自分が悪いんだと思ったり、相手が怖い、嫌われたらいやだと思って、相手に謝り、黙って説教を聞き、相手の言いなりになっていきます。そのなかで徐々に**二人の力関係が変化**し、被害者のほうは、常に相手の顔色をうかがい、相手に怒られないようにするのが行動基準となっていきます。電車の中や、急に友達と出会って喫茶店に入り、彼からの電話に気がつかなかったときには、何度も何度も電話が鳴り、あとで理由を説明しても聞き入れてもらえず、しかられるというようなことになります。

　よほど被害者となりうる人がしっかりしていれば、論理的に反論できるでしょう。たとえば、こんなことでそんなに怒るのはおかしい、ぐちゃぐちゃ言い過ぎだ、こんな関係は健康的じゃない、そこまで言って片方がビクビクしてしまうようになるのはDVだ、ルールを守るべきという一般論をここでそんなふうに使うのは、理屈を使った支配にすぎない、などと反論でき、相手の支配力が強化されることを阻止できるでしょう。

　でも、多くの人はそうではありません。一見正論である「遅刻しないというルールを破ったほうが悪い」というところから出発して、過剰にDV的な支配にまで話が進むことに、うまく抵抗できなくなるのです。

　実際、加害者的な人がうまく話を進めていくと、被害者には、恋人との関係で安心感がなくなっていきます。自分への自信もなくなっていきます。恋人を第一にしないといけないと思って、友人を二番目扱いにしていき、友人が減っていき、男友達（異性友達、同性愛なら同性友達）もいなくなり、生活が恋人中心になっていきます。そこでは、多様な友人と好きなときに遊んだり、おしゃべりしたりするという自由も減っています。ほんとうなら、勉強したり、クラブ活動したり、友達と交流したり、一人でい

ろいろ始めたり、バイトしたりして成長していくのですが、上記のような説教がきっかけとなって、小さいことで徐々に追い詰められていくと、知らぬ間に精神がコントロールされて、恋人第一がいつも頭にあるようになり、恋人の言いなりの生活に近づいていきます。恋人に呼ばれたらすぐ飛んでいくし、恋人の機嫌を損ねないよう逆らわないで従順になります。スケジュールはできるだけ空けておいて、恋人に合わせられるようにする。そんな生活をしていると、被害者となりうる人（彼女）の成長が邪魔されていくことになるでしょう。

| 図表2-1　DV的なルールの事例 |
| --- |
| ・相手を怒らせたら敬語を使う |
| ・スカート禁止。肌が露出しない服にすること |
| ・待ち合わせには絶対に遅れないこと |
| ・常に連絡をとれるようにしておくこと |
| ・彼との約束を何よりも優先すること |
| ・無駄に外出して出歩かないこと |
| ・彼の言動に意見（何か批判的な感想や、こうしたらいいなどの意見など）しないこと |
| ・ケンカしたとき、「だって」を使わないこと |
| ・メールや電話で連絡があれば、すぐに返事すること。電波の届かないところに行くときには事前に言うこと |
| ・どこでだれと何をしているかを前もって知らせておくこと |
| ・ほかの男の人とは仲良くしないこと。友達であっても男と二人で会ってはダメ |
| ・携帯電話の中に男性の連絡先は入れておかないこと |
| ・だれからの電話か、メールかを聞かれたら、すぐに答えること、メールを見せること |
| ・性的欲求を断るときは、必ず彼が納得する理由を言うこと |
| ・なるべく一人で歩かないようにすること |
| ・メールで行動を逐一報告すること |
| ・お風呂は絶対一緒に入ること |
| ・子どもが生まれても、第一に夫を愛すること |

　つまり、遅刻から始まってねちねち非難され、「ルールを守らないおまえはダメな人間だ」というような話を積み重ねられることによって、二人の関係からは、成長も安全も自信も自由も減っていくのです。だから、ルールを決めていく関係はとても危険性があるということや、DVの支配の仕方を知って、そうならないように対処していく必要があるということなのです。

　以上に加えて言っておくべきことは、DVカップルにおけるルールのなかには、加害者に都合のいい、変なものもかなりあるということです。た

とえば「医者に裸を見せるな」「男性美容師に髪の毛を触らせるな」などといったむちゃなものがありますが、そうしたものは、そのルール自体がおかしいので、従わなくていいのです。こんなルールは嫌だ、おかしいと言ってもいいし、破棄してもいいのです。いったん決めたから守らないといけないと言われても、「最初はよくわからず同意したけれど、実際にこんな束縛に使われるなら嫌だから、私はこんなルールはやめたい」と言いましょう。

## 2–3　ドゥルースの「力と支配の車輪の図」の見直し

　加害者の更生教育で使われ、被害者相談や予防教育などでもよく使われている、DVの種類を示した丸い図が、ドゥルースDV介入プロジェクトの「力と支配の車輪の図」（図表2-2）です。この図は、DVの根本構造やその種類を理解するものです。うまくまとめられたものだと思いますが、私は使ってみて、改善・変更したほうがいいと思う点がありましたので、一部、作り替えてみました（図表2-4）。さまざまな感覚や考え方があっていいので、今後もこの図をそのまま使う人がいてもいいとは思いますが、みなさんが自分なりに改編するときに、参考にしていただければと思います。

　私はこの図を見て、中心と外枠とその間のDVの多様な形態の関係を整理したいと思いました。

　まず、中心部ですが、車輪の中心に「力と支配」だけが置かれているという点を修正しました。この中心にはDVをもたらす根本の考え方を入れようと思い、大きく「暴力＝支配」としたうえで、①暴力容認感覚（力による支配）、②ジェンダー意識、③カップル単位感覚——の3要素を入れてみました。

　次に、旧来のものでは、車輪の外枠（タイヤ部分）の部分に「感情的、

---

＊2　ドゥルース・モデルについては、本書5-3で説明しています。
＊3　「power and control」（力と支配）は、「力による支配」と訳したほうがよいというのが私の考えです。拙著『デートDVと恋愛』pp.50-52参照。

第2章 普通の恋愛が危ない！

図表2-2 旧来の「力と支配の車輪の図」

ドゥルースDV介入プロジェクトの応用
Domestic Abuse Intervention Project
aware翻訳 CABIP資料集「Toolbox」より

身体的、性的、精神的」暴力と書いてありましたが、これも使い勝手がよくないと感じました。感情的、身体的、性的、精神的な暴力は、内部の分類のなかに入れ込んだほうがすっきりすると思います。

それに替えて、外枠タイヤ部分に、心身にダメージを与えたり、成長を阻害したりする「影響」を書くのはどうでしょうか。「身体的ダメージ」「精神的ダメージ」「逃げられないという諦め」「トラウマ」「精神疾患」「安全・安心の低下」「成長の阻害」「自信の崩壊」「自由／自己決定の低

39

図表2-3 DVの理解（本質、種類、影響）

```
┌─────────────────────────────────┐
│           DVの理解                │
├─────────────────────────────────┤
│ 本質（根本原因）=「暴力」でなく、支配 │
│   ①暴力容認感覚（力による支配）    │
│   ②ジェンダー意識                 │
│   ③カップル単位感覚               │
└─────────────────────────────────┘
              ↓
┌─────────────────────────────────┐
│       DVの種類・領域・分類         │
│ ①身体的暴力およびそれに準じた脅し、②精 │
│ 神的虐待、③束縛、④孤立、⑤矮小化（軽 │
│ 視）、否定（否認）、⑥責任転嫁、自己正当 │
│ 化、ダブルスタンダード、⑦子どもを使った │
│ 支配、⑧ジェンダー意識を使う支配、⑨経済 │
│ 的暴力、⑩性的暴力、⑪恋愛観を使った暴力、│
│ ⑫ルール・常識・倫理・宗教的信念などを │
│ 使った支配、⑬受動的攻撃、⑭弱みに付け │
│ 込む支配                         │
└─────────────────────────────────┘
              ↓
┌─────────────────────────────────┐
│         結果・影響・指標           │
│ 身体的ダメージ 精神的ダメージ 逃げられ │
│ ないという諦め トラウマ 精神疾患 安全・│
│ 安心の低下 成長の阻害 自信の崩壊 自由 │
│ ／自己決定の低下                  │
└─────────────────────────────────┘
```

下」などが入ります。こうした影響が見られるときに、DVだといえるという「指標」ともなります。こうして修正すれば、中心から外に向かって、①根本原因、②それにもとづくDVの多様な形態、そして③その結果・影響・指標——とうまくつながり、説明しやすいし、使いやすいと思います。この関連を示すものが、図表2-3「DVの理解（本質、種類、影響）」です。

次に、中心と外枠の間の多様なDV形態のところですが、従来の図では、DVの種類・領域・分類をとらえる点で、不足している点と重複している点があると感じしたので、大幅に変えてみました。

元の図の内部の区分は、①怖がらせる、②精神的虐待、③孤立させる、④軽視、否定、⑤子どもを使う、⑥男としての特権を使う、⑦経済的暴力、⑧強制や脅迫——の8つとなっていました。しかし、①と⑧の区分は私からみれば不明確です。類似的であり、あえて2つに分ける必要はないと思います。あとの「非DV的な関係の図」との対応を考えても、この①と⑧の区分を残す積極的理由が、私には見つかりませんでした。分類や種類は無限に細かくしていけます。どのように類型化するかは各論者の判断かと思いますので、私は①と⑧は合体させ、その代わり、新たに「性的暴力」などを加えました。

つまり、私の改善案では、①身体的暴力およびそれに準じた脅し（恐怖心、強制）、②精神的虐待、自信剥奪、③束縛、④孤立、⑤矮小化（軽視）、否定（否認）、⑥責任転嫁、自己正当化、ダブルスタンダード、⑦子ども

を使った支配、⑧ジェンダー意識を使う支配（男としての特権、女の特権）、⑨経済的暴力、⑩性的暴力、⑪恋愛観を使った暴力、⑫ルール・常識・倫理・宗教的信念などを使った支配、⑬受動的攻撃：下手に出る支配、同情心を使う支配、⑭弱みに付け込む支配（知られてはまずい情報などをばらすという脅し）の14項目となりました。

　この私の分類は、**DV被害者がなぜ逃げられないか、加害者がなぜDV行為をしてしまうか、ということにもある程度、対応させたもの**になっています。

　すなわち、なぜ被害者は暴力の関係にとどまるのか（逃げないのか）というと、①身体的暴力が怖いから、もし逃げたら追いかけられ連れ戻され状況が悪化するから、別れたら彼が自殺するかもしれないから、学習性無力感にとらわれているから、②私はこうなっても仕方ない人間だから、③愛情の表れが束縛だから、④彼の言うとおりにしているのがいいから、彼ほど私のことを思う人はいないから、ほかの人にとってはしょせん私のことなど他人事だから、⑤私が受けている暴力は大したものではないから、よくあることだから、もっとひどい暴力を受けている人がいるから、私の考えすぎだから、きっと状況は改善されていくと思うから、⑥自分が悪いと思うから、私のコミュニケーションが下手だから、⑦子どもを見捨てられないから、親権を取られるのが怖いから、子どものためを思って経済的なことを考えるから、子どもには父親・両親が必要と思うから、親権を争うために弁護士を雇って闘う経済力や気力がないから、⑧女性に家庭のことや感情面のことをケアする責任があると思うから、男性が少し偉そうだったり乱暴なのは当然だから、⑨経済的依存があるから、時間とお金がかかる裁判になることが怖いから、⑩性的な写真（秘密）をばらまかれるのが嫌だから、性的パートナーを失いたくないから、⑪いったん愛すると決めたんだから、「死が二人を分かつまで愛する」と誓ったから、「パートナーがいないとダメ、一人はさびしい、秘密はダメ、相手の言うことを聞くのがいい」などと思っているから、⑫家庭を壊してはいけないといった価値観がまわりにも自分にもあるから、親族が別れることに反対するか

図表2-4　DVの根本原因、形態、結果・影響の図
　　　　注　すべてのDVには精神的虐待の面がある

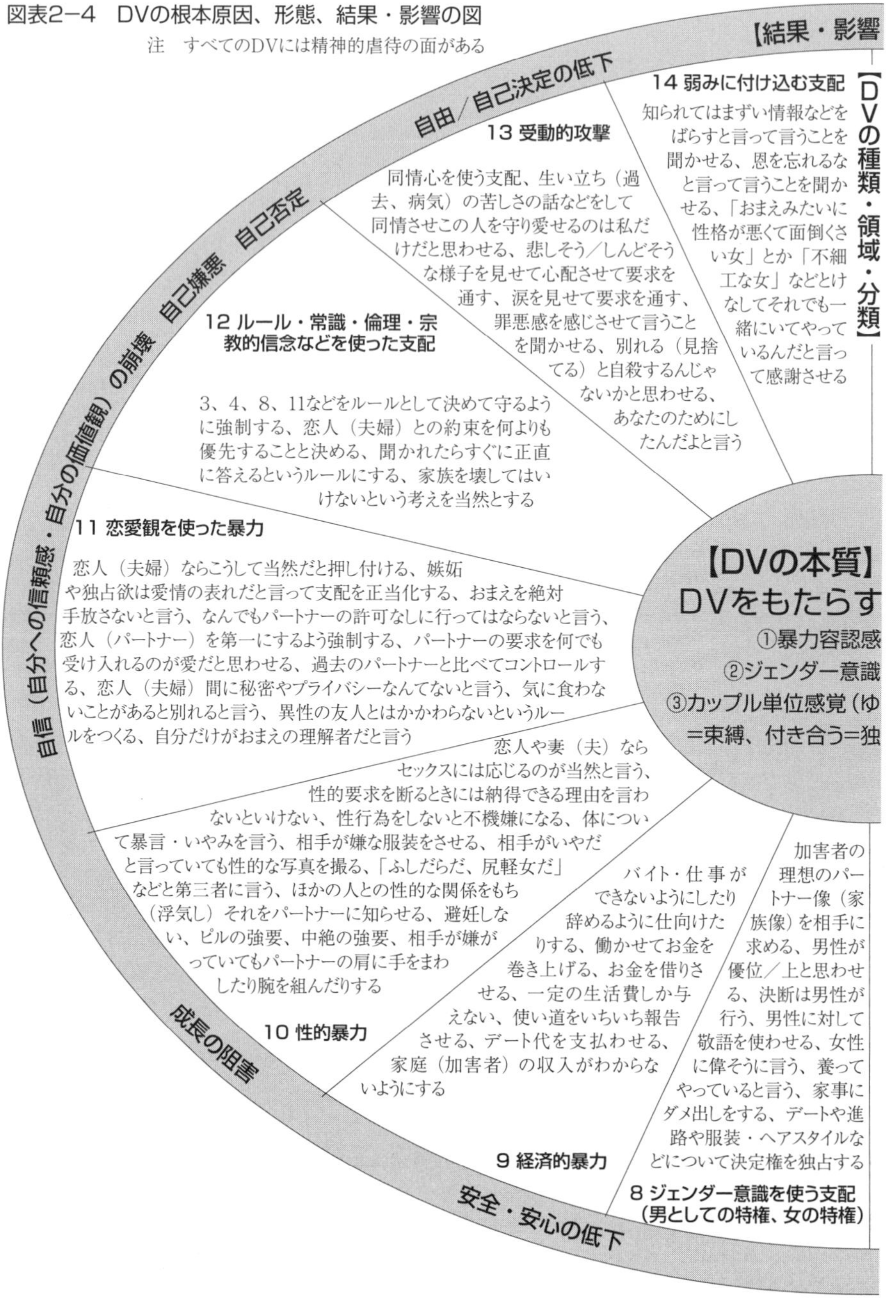

【結果・影響】

【DVの種類・領域・分類】

自由/自己決定の低下

13 受動的攻撃
同情心を使う支配、生い立ち（過去、病気）の苦しさの話などをして同情させこの人を守り愛せるのは私だけだと思わせる、悲しそう/しんどそうな様子を見せて心配させて要求を通す、涙を見せて要求を通す、罪悪感を感じさせて言うことを聞かせる、別れる（見捨てる）と自殺するんじゃないかと自殺するんじゃないかと思わせる、あなたのためにしたんだよと言う

14 弱みに付け込む支配
知られてはまずい情報などをばらすと言って言うことを聞かせる、恩を忘れるなと言って言うことを聞かせる、「おまえみたいに性格が悪くて面倒くさい女」とか「不細工な女」などとけなしてそれでも一緒にいてやっているんだと言って感謝させる

自己否定

自己嫌悪

（自分の価値観）の崩壊

12 ルール・常識・倫理・宗教的信念などを使った支配
3、4、8、11などをルールとして決めて守るように強制する、恋人（夫婦）との約束を何よりも優先することと決める、聞かれたらすぐに正直に答えるというルールにする、家族を壊してはいけないという考えを当然とする

自分への信頼感

11 恋愛観を使った暴力
恋人（夫婦）ならこうして当然だと押し付ける、嫉妬や独占欲は愛情の表れだと言って支配を正当化する、おまえを絶対手放さないと言う、なんでもパートナーの許可なしに行ってはならないと言う、恋人（パートナー）を第一にするよう強制する、パートナーの要求を何でも受け入れるのが愛だと思わせる、過去のパートナーと比べてコントロールする、恋人（夫婦）間に秘密やプライバシーなんてないと言う、気に食わないことがあると別れると言う、異性の友人とはかかわらないというルールをつくる、自分だけがおまえの理解者だと言う

自信

【DVの本質】
DVをもたらす
①暴力容認感
②ジェンダー意識
③カップル単位感覚（ゆ=束縛、付き合う=独

恋人や妻（夫）ならセックスには応じるのが当然と言う、性的要求を断るときには納得できる理由を言わないといけない、性行為をしないと不機嫌になる、体について暴言・いやみを言う、相手が嫌な服装をさせる、相手がいやだと言っていても性的な写真を撮る、「ふしだらだ、尻軽女だ」などと第三者に言う、ほかの人との性的な関係をもち（浮気し）それをパートナーに知らせる、避妊しない、ピルの強要、中絶の強要、相手が嫌がっていてもパートナーの肩に手をまわしたり腕を組んだりする

10 性的暴力

バイト・仕事ができないようにしたり辞めるように仕向けたりする、働かせてお金を巻き上げる、お金を借りさせる、一定の生活費しか与えない、使い道をいちいち報告させる、デート代を支払わせる、家庭（加害者）の収入がわからないようにする

加害者の理想のパートナー像（家族像）を相手に求める、男性が優位/上と思わせる、決断は男性が行う、男性に対して敬語を使わせる、女性に偉そうに言う、養ってやっていると言う、家事にダメ出しをする、デートや進路や服装・ヘアスタイルなどについて決定権を独占する

成長の阻害

9 経済的暴力

8 ジェンダー意識を使う支配
（男としての特権、女の特権）

安全・安心の低下

42

第2章 普通の恋愛が危ない！

【・指標】

1 身体的暴力およびそれに準じた脅し（恐怖心、強制）

身体的暴力、怒鳴る、目つきや行動やしぐさで怖がらせる、モノにあたる、壁や机を強くたたく、しつこく問い詰める、車で遠出しているときに知らない場所で降りろと言う、寝させない、テレビなどでひどい事件を知ったときに自分もあれぐらいするなどと言う

2 精神的虐待

けなす、被害者が悪かったと思うように仕向ける、命令する、ねちねちと繰り返し嫌味や批判を言う、説教する、罪悪感をもつよう仕向ける、無視する、口答えするなと言う、二人だけのときと他人がいるときとで態度・性格を豹変させる、蔑称（相手が嫌がる呼び方）で呼ぶ、容姿をけなす、おまえには能力がないといった暴言を吐く、バカにした口調をする

3 束縛

いつも一緒にいようとする、嫉妬・束縛は愛情の表れだと言う、パートナーが異性と会ってはいけないのは当然と言う、いろいろな関係をすべて監視する、行動や居場所を詳しく知りたがる、電話に出ないと怒る、相手のメールやアドレスを勝手に消す、すぐに帰ってこいという電話やメールを送る、電話内容を聞いている、服装などについて口出しする

4 孤立

友人関係を批判し徐々に交流を禁じていく、パートナーが実家や友人と付き合うのを嫌がる、パートナーが二人のことを他人に言うと激怒する、仕事や趣味活動をさせない、パートナーの職場や友人のところに押しかけたり電話したり脅したりして怖い人（変な人）と思わせる

5 矮小化（軽視）、否定（否認）

たいしたことじゃない、そんなのは暴力ではない、だれでもしている程度のことだ、聞き間違いだ、そんなことをしていない、うそを言うな、そんなつもりはなかった、被害妄想だ、怒ったあとに優しくなって怒ったことがなかったかのようにふるまう、以上のような態度によって混乱させる

6 責任転嫁、自己正当化、ダブルスタンダード

おまえにも責任がある、被害者に謝らせる、育った環境[家庭、親、友人]のせいだなどと言う、愛しているからだ、怒らせた被害者のほうが悪いと思わせる、甘えるな（甘えた考えのおまえが悪い）、良かれと思ってやった、教育しただけ、おれのほうが被害者だ、矛盾した主張や言動にむとんちゃく、相手が異性と話すと激怒するが自分は異性と話をする

7 子どもを使った支配

子どもに問題があるのはおまえの育て方が悪いからだと言う、子どもを黙らせろと怒鳴る、子どもを脅したり虐待して妻に言うことを聞かせる、DV場面を見せて子どもを怖がらせる、子どもに「おまえのお母さんは頭がおかしい」などと言う、子どものことで罪の意識を与える、親権を渡さないと言う

暴力＝支配
根本の考え方
覚（力による支配）
がんだ恋愛観：愛情
占する。所有意識）

身体的ダメージ
精神的ダメージ（人への信頼感・希望や夢の喪失、感情麻痺、絶望感
逃げられないという締め
トラウマ
精神疾患

ドゥルースDV介入プロジェクト（Domestic Abuse Intervention Project）の図をもとに伊田が大幅に改変・加筆した

図表2-5 旧来の「対等・平等の車輪の図」

ドゥルースDV介入プロジェクトの応用
Domestic Abuse Intervention Project
aware翻訳 CABIP資料集「Toolbox」より

ら、⑬彼は病気だから私が何とか見捨てずに守ってあげなくてはと思うから、彼がかわいそうと思うから、彼が反省しているから、彼にはいいところがたくさんあるから、⑭バラされては困る弱みを握られているから、だれにもDVのこと（家庭がうまくいっていないこと）など知られたくないから、恥の意識があるから——などに対応しています。

次に、ドゥルース・モデルで「対等・平等の車輪の図」（図表2-5）というものがあり、それは「力と支配の車輪の図」に対応していますが、これ

も、上記の「DVの根本原因、形態、結果・影響の図」の改変に合わせて、図表2-6のように変えてみました。

なお、この「DVの図」を使ったワークショップ学習も考えられます。たとえば、分類の具体例を空白にしておいて、話し合った具体例を入れていくワークや、いくつかの事例を横に出しておいて、それがどこに当てはまるかを考えるワークなどです。

## 2-4 加害者になるかどうかの分岐点

なぜDV加害行為をしてしまうのか、ということに対して、「**相手のことが好きすぎて束縛してしまう**」「**愛しすぎて失いたくないからDVをしてしまう**」というのが、もっともよくある理解です。しかし、それは表面をなぞっているにすぎない理解(説明)です。いいかえれば「言い訳」です。

というのは、よく考えたら、好きだからDVをしてしまうというのは、加害者の主観と同じことを言っているにすぎず、**相手のことが好きでもDVしない人がいる**からです。そこを考えなくてはならないのです。

多くの人に、恋人(パートナー)がほかの人と仲良くなるとか、浮気するとか、ほかの人を好きになることを心配する気持ち(嫉妬の気持ち)[*4]は少しはあるでしょうが、だからといって、その人がみなDVをするというわけではありません。

では、DVをする人としない人の差は何でしょうか? それが**DV容認の**

---

[*4] 嫉妬の感情の頑強さについて、村上春樹さんは以下のような表現で伝えています。「嫉妬とは世界で最も絶望的な牢獄だった。なぜならそれは囚人が自らを閉じ込めた牢獄であるからだ。誰かに力づくで入れられたわけではない。自らそこに入り、内側から鍵をかけ、その鍵を自ら鉄格子の外に投げ捨てたのだ。そして彼がそこに幽閉されていることを知る者は、この世界に誰ひとりいない。もちろん出ていこうと本人が決心さえすれば、そこから出ていける。その牢獄は彼の心の中にあるのだから。しかしその決心ができない。彼の心は石壁のように硬くなっている。それこそがまさに嫉妬の本質なのだ。」(村上春樹『色彩を持たない多崎つくると、彼の巡礼の年』pp.47-48、文藝春秋、2013年)

図表2-6 対等な関係（非DVの関係）の図

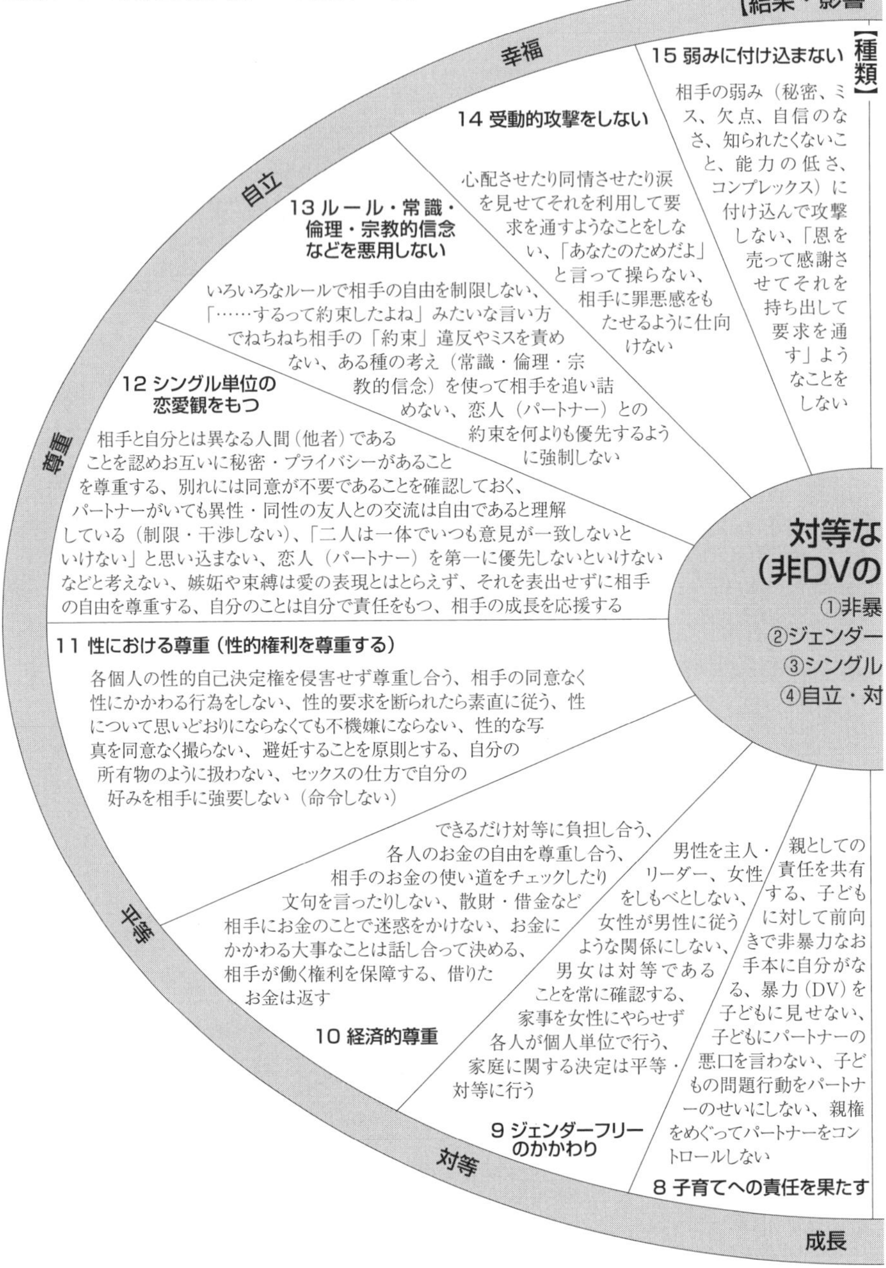

【結果・影響・種類】

幸福 / 自立 / 尊重 / 平等 / 対等 / 成長

**15 弱みに付け込まない**
相手の弱み（秘密、ミス、欠点、自信のなさ、知られたくないこと、能力の低さ、コンプレックス）に付け込んで攻撃しない、「恩を売って感謝させてそれを持ち出して要求を通す」ようなことをしない

**14 受動的攻撃をしない**
心配させたり同情させたり涙を見せてそれを利用して要求を通すようなことをしない、「あなたのためだよ」と言って操らない、相手に罪悪感をもたせるように仕向けない

**13 ルール・常識・倫理・宗教的信念などを悪用しない**
いろいろなルールで相手の自由を制限しない、「……するって約束したよね」みたいな言い方でねちねち相手の「約束」違反やミスを責めない、ある種の考え（常識・倫理・宗教的信念）を使って相手を追い詰めない、恋人（パートナー）との約束を何よりも優先するように強制しない

**12 シングル単位の恋愛観をもつ**
相手と自分とは異なる人間（他者）であることを認めお互いに秘密・プライバシーがあることを尊重する、別れには同意が不要であることを確認しておく、パートナーがいても異性・同性の友人との交流は自由であると理解している（制限・干渉しない）、「二人は一体でいつも意見が一致しないといけない」と思い込まない、恋人（パートナー）を第一に優先しないといけないなどと考えない、嫉妬や束縛は愛の表現とはとらえず、それを表出せずに相手の自由を尊重する、自分のことは自分で責任をもつ、相手の成長を応援する

**11 性における尊重（性的権利を尊重する）**
各個人の性的自己決定権を侵害せず尊重し合う、相手の同意なく性にかかわる行為をしない、性的要求を断わられたら素直に従う、性について思いどおりにならなくても不機嫌にならない、性的な写真を同意なく撮らない、避妊することを原則とする、自分の所有物のように扱わない、セックスの仕方で自分の好みを相手に強要しない（命令しない）

**10 経済的尊重**
できるだけ対等に負担し合う、各人のお金の自由を尊重し合う、相手のお金の使い道をチェックしたり文句を言ったりしない、散財・借金などお金のことで迷惑をかけない、お金にかかわる大事なことは話し合って決める、相手が働く権利を保障する、借りたお金は返す

**9 ジェンダーフリーのかかわり**
男性を主人・リーダー、女性をしもべとしない、女性が男性に従うような関係にしない、男女は対等であることを常に確認する、家事を女性にやらせず各人が個人単位で行う、家庭に関する決定は平等・対等に行う

**8 子育てへの責任を果たす**
親としての責任を共有する、子どもに対して前向きで非暴力なお手本に自分がなる、暴力（DV）を子どもに見せない、子どもにパートナーの悪口を言わない、子どもの問題行動をパートナーのせいにしない、親権をめぐってパートナーをコントロールしない

対等な（非DVの
①非暴
②ジェンダー
③シングル
④自立・対

第2章 普通の恋愛が危ない！

【指標】

平和

**1 脅かし、怖さがない態度**
命令しない、イライラした態度で接しない、相手が安心して普通に自分の意見を言ったり行動したりできるような穏やかな話し方や態度をとる、絶対に身体暴力をしない、大声を出さない、モノに当たらない、しつこく問い詰めない

**2 相手を尊重し自信を与える**
ほめる、小さなことでもちゃんと感謝を伝える、いいところを指摘する、自信を奪うようなことを言わない、ねちねち嫌味や欠点を言わない、以前のした失敗を持ち出さない、ばかにした口調で話さない、相手の話をちゃんと聞く、相手の意見を尊重する、相手の気持ちに共感する

穏やかさ

**3 信頼する**
何か一見おかしいことのように見えても相手が何かしたことには理由があるのだろうと信じて怒らずに話を聞く、監視・束縛しなくても相手は自分にうそをついたり裏切りをしないと信じる、相手のことを調べたり聞いたりしないで相手のプライバシーを尊重する、先入観と偏見などで決めつけて判断・批判しない

安全

**4 自由の尊重**
束縛しない、いつも一緒にいようとしない、相手の行動や関係を監視しない（聞き出さない）、携帯［メール］を勝手に見ない、服装などに口出ししない、さまざまな人間関係（とくに異性との関係）に口出ししない、相手が自分の感情・考え・友人・趣味をもつのは自由であると認め干渉・制限しない

**関係（関係）**
力
フリー意識
単位感覚
等・平等

**5 支援・応援する**
相手の活動を応援する、いろいろな活動や新しく始めることにケチをつけない（妨害しない）、相手が活動しやすいように家事などの仕事を肩代わりする、相手が手伝ってほしいことを手伝う、自分との関係以外の「趣味、人間関係、仕事」などが多くあるように応援する、相手を孤立させずいろいろな人とかかわって成長するよう応援する

自信

**6 誠実さ・正直さを示す**
「浮気する、お金を渡さない」などの勝手なことをせず誠実に自分のすべきことをする、自分がDV的なことをしたことを認め謝り繰り返さないようにする、口先で調子のいいことを言うのでなく態度・行動でパートナーが安心感をもって成長できるようにかかわる、自分がDVをしたことに対し言い訳や正当化をしない、言っていることとやっていることの矛盾を正直に見つめる、相手を無視したり軽視したりしない、心を閉じずに正直に話す

**7 責任・謝罪**
過去に行ったDVを認める、責任転嫁したり自己正当化したり矮小化せず正直に認め謝罪する、償いの行動を示す、自分のすべきことをする、自分の間違いを素直に認める

自由

ドゥルースDV介入プロジェクト（Domestic Abuse Intervention Project）の図をもとに伊田が大幅に改変・加筆した

47

考えをもっているかどうかです。

「DV容認の考え」にはいろいろなものがありますが、典型的な大項目をあげれば、カップル単位の恋愛観（一心同体であるのが理想、所有意識、モノガミー［一対一で愛し合うこと］意識、異性の友人ダメ、一人がいや、別れには同意がいる）、ジェンダー意識、暴力容認意識といったものがあります。

もう少し具体的な加害者の誤った考えとしては、恋人を「自分の所有物」と思っていて、その所有物を自分の思いどおりにしてもよいとか、自分の持ち物を失うのが怖くて強く束縛するという感覚があります。少し角度を変えていえば、加害者は、自分の理想のパートナー像（あるべき妻、恋人像、あるべき家族像）を基準に、そうなるべきだ（＝これがカップル単位意識）と思って、現実にそうなっていない相手に怒りを向けるのです。

それは**「おれの言うとおりにしていたら間違いない」**とか**「どうして……しないんだ」**という言い方で相手を批判したり、自分の考えを押し付けるかたちでよく出てきます。無理やり自分の理屈で相手に自分の意見を押し付け、最後に**「わかってくれた？」**というような言い方で、強引に自分の主張を飲ませるような態度としても出てきます。

これを同根にした考えとしては、家族や夫婦／恋人というものは、相手のことをぜんぶ受け入れるものだと思い、むちゃな要求も甘えであり、それを受け入れてくれること、まるで「無条件に受容する母」のようなイメージで、パートナーに何もかも自分の思いどおりになることを求めるというようなものがあります。

これは、自分の「理想」（自分がもっている家族や恋人についてのあるべきと思う考え）と現実の相手のあり方とのギャップに対して怒り、それに対して「現実を重視して自分の理想を見直す」のではなく、逆に**「自分の理想に相手を近づけようとする発想」**だといえます。一言でいえば、自分の思うとおりになることを相手に強要するということで、相手を自分とは違う他者だと認識していないということです。私は、これをカップル単位感覚と呼んでいます。

それに加えて、見捨てられることへの恐怖心、自分のパートナーがほか

の人に取られることへの恐怖や怒りという嫉妬心の問題があります。

　パートナーはおれの言うことを聞くべきだ、パートナーには勝たないとダメだ、どちらが正しいかはっきりさせることが大事、相手が離れるのが不安だから束縛するというのは愛情として許されるのは当然のこと、けがをさせなければ、大声を上げたり、少したたくくらい大したことではない、などといったものもあります。

　また、加害者は、十分に愛されて（肯定されて）育っていないことが多いので、ほかの人との関係の綱が少なく細いため、いつも心配で、綱が切れる（＝孤独になる）ことを過剰に恐れ、必死で綱が切れないように行動しており、それがDV言動となっています。自分に自信がないから、力でむちゃをしてでもつなぎとめようとする、妻とか恋人とか特別の人だから、むちゃをしても離れないと思いたい、それを実際にやって愛情を確認する（不安を消す）というようなことになっていると理解できます。

　こうした考えがぜんぶ、ダメだ、間違っていると学び、その考えを捨て（学び落とし）、DVを容認しない新しい恋愛観（シングル単位感覚）を知っていくことが大事です。自分の理想をカップル単位的に押し付けないということです。そして、いままでの自分の発想からくる行動を変えていく具体的な方針でもって、実践的に生き方を変えていくこと（練習し、身につけていくこと）が重要です。間違った投球フォームを身につけてしまっていたら、そこを意識して、それを変えるよう研究し、新しい投球フォームを繰り返し体になじませていく必要がありますよね。それと同じです。

## 2-5　親密な関係とは一心同体？

### (あ) 何をやっても許される？

　「親密な関係とは？」という質問に対して、多様な考え／答えがあるかと思いますが、DV加害者的な感覚では、親密な関係とは**一心同体で、何も言わなくても自分のことをわかってくれるものだ**、というような傾向があるかと思います。この問題について整理しておきます。

DV加害者にとって「親密な関係」とは、「相手から許される関係。何をやっても許される。甘えられる。言わなくてもわかってくれる」ようなものです。何をしても許されるというのは、自分が受け入れられたい、無条件で愛されたい、気を抜いて、ただ自分の欲求をあれこれ言っても、それを受け入れてもらえる状態というような感覚でしょう。自分の理想どおりの相手になるということです。
　それは、子どもの感覚に似ています。母親に甘えて、駄々をこねても愛される安心感。そうしたことへの願望が多かれ少なかれ人にはあるのかもしれませんが、適切に愛情を受けて育ち、ちゃんと自立したら、そんな愛情の確認をする必要がなくなるはずです。
　しかし、不安な子どもは、どこまでむちゃをしたら相手が怒るか、どんなことをしても相手は自分を見捨てないか（相手は許してくれるか）どうかで、愛情を試そうとします。不安定な心をもった子どもは、愛情を、そのように、むちゃなことをしても許される程度ではかろうとするのです。十分に愛されて育てば、適切な自己肯定感ができるので、自分は愛される価値があることを自覚し、試す必要がなくなるので、相手にむちゃを言ってもいいとは思わなくなります。大人になって相手にそれを求めるようなことはしません。
　しかし、不安感が大人になっても消えず、相手の愛情を信じられず、子どものような感覚の人は、無意識でそのようなことをしてしまうのでしょう、それが愛情だと思って。つまりここには、大人として間違った愛情観があるのです。何をやっても許されるなどというわけがないのです。愛されていても、間違ったことや相手を傷つけることをしたらダメです。そんなことをしたら、愛情関係がかえって壊れます。
　そんな基本的なことがわからないのは、親密な関係になったら、むちゃを言ってもいいというゆがんだ恋愛観があるからです。むちゃをしても許される、受け入れてくれる、という子どものままのファンタジー（幻想）をもちつづけている勝手な人、それがDV加害者です。

## (い) 何も言わなくてもわかる？

　何も言わなくてもわかってくれるというのも幻想です。説明を省略できる楽ちんさというものを求める気持ちはわかりますが、他者である人間の関係では、何も言わなくてもわかるというようなことはありません。長く関係を築けば、伝わりやすい、想像してくれるということはありますが、一心同体ではないので、言わなくてもわかれ！と怒るのは、むちゃな要求です。それは事実上、立場の強い者が、自分の意に沿った行動を相手にとれと言っているだけです。単なるジコチュウ（自己中心）の感覚なのです。それなのに、「親密な理想の関係なら、わかるはずだ」という恋愛観を使って、自分の勝手な支配の態度を正当化しているのです。

　以上から、「親密な関係＝何をやっても許される、何も言わなくてもわかる関係」というとらえ方自体が、DVをもたらすゆがんだ考えだといえます。

## (う) リーダーのもと、一心同体、一致団結？

　次に、親密な関係と言ったときにDV加害者がもちがちなイメージとして「一心同体の感じ。自分の価値観を共有してくれる。家族や夫婦が一丸となって、まとまった共同体となっている感じ」というものがあります。

　夫婦（カップル）の考えが同じで、自分（加害者、夫）はそこのリーダーで、家族は一致団結、協力してリーダーの言うことを聞いて動く、それがいい家族だというイメージがあり、親密さとはそれと重なるというのです。自分に協力しない、つまり自分の思いどおりに従わない妻はおかしいと思う感覚です。

　この「一心同体」という言葉は、加害者からよく出てくる言葉で、上記した「親密な関係＝何をやっても許される、何も言わなくてもわかる関係」というのも、一心同体の関係の特徴といえるものです。すなわち、一心同体だからこそ、気持ちはわかるはずだ、他人じゃないんだから甘えてもいいはずだという感覚になっているのです。

　DV加害者には、共通して、こういったゆがんだ「親密な関係」観が見

られると思います。私はこのことをカップル単位感覚の問題として提起してきたわけです。

### (え) シングル単位感覚の家族へ

では、一心同体、カップル単位感覚の逆とは何でしょうか。それがシングル単位感覚です。DV被害者支援の領域では、このことをときどき、**スクランブルエッグ（いり卵）の関係とゆで卵の関係**として説明しています。AさんとBさんの関係を考えるとき、2つの卵が合わさってかきまぜられたスクランブルエッグの状態では、もはやどこがAさんで、どこがBさんかはわかりません。一心同体状態で、この場合、加害者は当然のことのように、二人の意思が一致していて当然だ、それはおれの気持ちをおまえがわかることだ、わからないおまえが悪い、と考えてしまうのです。それは結果的には支配ですが、加害者の主観としては、最初から自分が上で支配していると思っていなくて、二人は恋人（夫婦）という親密関係なのだからこうあるべきだという思いで、悪いことと思わずにやっているのです。

こういう人は、ゆで卵2つのような、双方が独立している関係、混ざり合っていない関係、でもそれでいて親密な関係というものがわからないのです。**そんなのは親密じゃないと思ってしまっている**のです。

この価値観の背景には、「完全に一心同体となり、自分が愛され、すべて自分の思いを相手がわかってくれて、尊重され尊敬され、感謝され、自分が見捨てられない関係」、そのような理想郷を求める感覚、そうした理想関係へのあこがれ、執着心、渇望があるように思います。そして、そこの裏には、上記した、幼いころから愛情が満たされなかったことによる、不安感、見捨てられることへの恐怖感といったものがある可能性が高いように思います。

### (お) 背景としての不安感

愛情や信頼関係というものがよくわからないからこそ、確たるものがほしい。相手が自分を愛し、離れない確信がほしい。だからこそ、一心同

体というありえないものを理想として描いて、そこに無理やり合わせようとしてしまうのです。そして、それが思うように手に入らないと感じると、捨てられるという不安が膨張して怒りになり、どうしておれの気持ち（愛情）がわからないんだ！となるのです。自分はこんなに愛しているのに、ただ愛情ある関係（理想の夫婦関係）がほしいだけなのに、と思うのです。

親密な関係をこのような一心同体と思っている人は、見捨てられないための予防として、あらかじめルールをつくったり、おれの考えどおりにしろと洗脳したり、力で支配して相手が離れないようにしてしまうのです。それがDVなのです。

しかし、よく考えると、このような「親密な関係」観は、DV加害者特有というより、かなり多くの人にも見受けられるものです。被害者の人も同じような感覚の人が多いのです。だからこそ、加害者の論理に巻き込まれて抵抗できないし、グレーゾーンまで入れれば、DV的な関係は、とても多く存在しているということができるのです。

DV加害者がもっている所有意識、特権意識というのも、この一心同体という親密観の特性だととらえることで、全体を統一的にとらえることができます。

### （か）運命共同体的な感覚の危険性に敏感になる

その他、「親密な関係」や「パートナーのいいところ」として加害者がもっている感覚としては、「二人だからこそできることがある関係」「支えてくれる相手」「何があっても自分を見捨てない」「特別な存在」「自分に従順で尽くしてくれる」「自分に謝ってくれる」「料理を作ってくれる」「自分を愛してくれる」「裏切らない」「自分の悪いところといいところを見つけてくれる」「思いやりがある」「一緒にいてくれる」「安らぎを与えてくれる」というようなものがあると思います。

それらがすべておかしいというわけではないと思います。何事も程度が問題ですし、文脈にもよります。「愛してくれるところが好き」というような感覚は、かなり広く見られるものと思います。しかし、同時に私たち

は、これらの言葉のなかにあるカップル単位的、一心同体的、運命共同体的な感覚の危険性にも敏感になっておく必要があります。それらは容易にDV肯定の論理になっていくからです。

**「不安を埋めるもの」として、対立がなく、いつも自分の考えに賛成してくれて、従順で優しくて、何でも受け入れてくれて、世話をしてくれて、守ってくれて、何でも許してくれる人を求めていないか。**それは、とても加害者に都合のいいイメージなのだということを忘れないようにしたいものです。いくら恋人でも家族でも、「二人は二人、2つのゆで卵」であって、「二人はひとつ（スクランブルエッグ）」ではないということ、だから、相手の意見を尊重し、違っていても受け入れ、二人の意見を統一する必要などないこと、勝ち負けで勝負しなくてもいいということを知る必要があるのです。お互いの幸福観、親密イメージが違うことを認めたらいいのです。自分がもっていた「親密な関係」という理想像を、当然のこととして押し付けることこそ、カップル単位的で、DVの入り口なのです。

## 2-6　これだけ違う、お互いの言い分

　ひとつの関係についての、加害者と被害者の言い分をまとめてみました（図表2-7）。これはいくつかの事例を組み合わせた創作です。このように、同じ事柄をめぐっても、見る立場（考え方の違い）によって異なって見えるものです。加害者は、被害者側からどう見えているのかを知り、自分勝手な見方を脱して、DVをしないように自分の考えを変えていくことが必要です。

　図表2-7のケースを使って、ワークをすることもできます。その一例を掲げておきます。

◆**ワーク1：生徒向け**

　4～5人のグループになって、両者の言い分を読んだうえで、感想を意見交換する。被害者と加害者の言い分の違いがなぜ生じているのか、話し

合う。

◆ワーク２：教師向け

　２人１組になって、片方が加害生徒役、もう１人が教師役となる。加害生徒役は、加害者の言い分をアドリブを交えて話す。教師役は、双方の言い分を事前に読んでおき、加害生徒を呼び出したとして、「被害者から少し話を聞いたんだけど……」ということで話を始め、恋愛状況を聞き出し、加害生徒の気持ちを聞きつつも、それがデートDVであることをわからせ、行動を変えていくように話をする。

　15分で、感想を言い合い、また役割を代えて、再度やってみる。

　できればファシリテーターは、１回目と２回目のワークの間で、教師が話していく枠組みの整理をする。最後にやってみた感想を出し合う。加害生徒の立場になってみて、教師の話が胸に落ちるかどうか、体験する。教師は説教ではなく、どのように語る構造がいるのかを考えていく。

## 2–7　携帯・スマホによる過剰な"のめりこみ"の危険性

　デートDVの拡大の原因のひとつが、携帯（メール）・スマートフォン（LINE）の普及だと思います。メールもそうですが、とくにLINEだと操作が簡単で無料だし、既読かどうかもわかるので、いま起きているか、読んでいるかがわかり、会話のようにずーっとやりとりしやすくなります。携帯などは、グループや友達の間でもスマートフォン（スマホ）依存やいじめなどのトラブルの温床になるなど、いろいろ問題が起こっていますが、[*5]それが恋人間でも生じているのです。恋人から愛情の表れとして応じることが強制されやすく、「返信しなきゃ」と強迫観念をもちやすくなります。実際、多くの若者たちが寝るときもスマホを近くに置くようになっており、それが恋愛の仕方にも影響しています。携帯メールやLINEの場合は、女性から男性に対する支配の例もあります。

　以下は、さまざまな事例を組み合わせて、ある種、典型化したケースで

図表2-7　加害者の言い分、被害者の言い分の対比

| 加害者から見た全体像 |
| --- |

　あるとき、彼女が昔の彼氏の名前を言ったので、まだ忘れていないんだと思って、ひどいと思った。傷ついた。こっちはこんなに愛しているのに。だから、彼女が隠れて元カレと連絡していないか調べるのは当然。

　それに、おれと付き合っているのに、ほかの男子とも仲良く話すのも、おかしい。浮気性なのではないか。

　どうしておれを苦しめるようなことばかりするんだと思う。それに、自分が悪いのに、少し注意するとすぐに泣く。泣けば許されると思っているのか。泣いてごまかすのも腹が立つ。泣きたいのはこっちだ。

　時々、こっちの言い分を聞いて素直に謝るのはいいが、またすぐに忘れるのがおかしい。おれは愛しているし、言っていることは間違っていない。それは彼女もわかっているから、彼女のほうから謝ってきたし、おれの言うことを聞いているんだ。
　素直なときにはいい子だと思うし、おれを愛してくれていると思う。うれしそうに笑っていたし、セックスもしたし。彼女はDVだなんて思っていない。はっきりDVだとか言われたことないし、けんかしても仲直りしたので問題ない。
　その証拠に、彼女は結局別れようとはしていないし、デートもしている。ノリがよくて楽しく付き合っていると思う。

　付き合っていくうちに、彼女がいろいろ変なことをしたので、注意して、これからはこうするようにというルールを決めたけど、それだって話し合って決めたし、恋人なら当然のことを確認しただけだし、守ればいいんだから、なんの問題もない。だいたい、おれがいるのに、ほかの男子と仲良くしたり色目を使うのがおかしいんだから、そんなのはルール以前の問題だ。

　夏休みになって、彼女が元カレのことなどをほかのやつとメールしているのを知って、ほんとうに腹が立った。関係ないと言ってたのはうそだった。おれが一生懸命勉強しているときに、どうして前の彼氏の話が平気でできるんだと思った。頭がおかしいんじゃないか、完全な裏切りだと感じた。だから、つい怒って手をだしてしまった。悪いのは彼女だ。ここで怒らないと本気じゃないことになる。本気だから怒りが爆発した。彼女は謝っていたけど、信じられない。

　それから、彼女はおれに距離をとりだして、別れようなどと言い出したので、また腹が立った。悪いのは彼女だし、こっちは愛しているからこそこんなに苦しんでいるのに、別れを言い出すなんて、なんて自分勝手な女なんだ、やっぱり元カレが好きで、彼のところに戻るつもりかと思うと腹が立ったし、苦しかった。

　それからも、好きだから何度も謝り、やりなおそうと努力した。でも、彼女がまた勝手なことをするので怒ってしまう。その繰り返しだった。おれは何とか彼女を失いたくないから、謝ったり、妥協したり、我慢した。忙しくても時間をつくったり、努力した。彼女もがんばると言うから期待したのに、結局、彼女の愛情はおれほどじゃなかったのかと思うと腹が立つ。許せない。

第2章　普通の恋愛が危ない！

## 被害者から見た全体像

　あるとき、前の彼の名前をたまたま無意識に間違って言った。それなのにすごく怒られ、携帯の電話帳の記録を無理やり消去させられ、携帯チェックされるなど、強い束縛をされるようになった。元カレとは何もない。隠れて連絡をとって復活させようとしているのではない。

　クラスの男子と話しているだけで、あとでなじられ、いつも監視されるようになっている。私は浮気性なのではないのに、うっとおしい。

　いつも、間違っているのは私のほうだと決めつけられる。「おまえは最低の人間だ」などとひどい言葉の暴力を受け、怖かったり悲しかったりで泣いてしまうけど、彼は、泣くなと言って、また怒る。

　でも、ひどいことをされても、優しいときもあるし、自分だって悪いところもある、私の彼氏はそんなひどい人じゃないと思うようにしている。やっとできた彼氏だし、簡単に別れたらダメだと思うし。だから、嫌なところを直してくれたらいいと思って、やんわりと、嫌なことには拒否感を示したりしていた。DVなんて言うと怒るから、そんなことは言わない。

　別れずに我慢しているのは、束縛は嫌だけど、愛しているからだというのも少しわかるし、彼がいい人に感じるときもあるし、怒っていないときは楽しい人だから。別れるか迷うけど、別れられない。でも、DVは嫌。セックスはしつこく強く求められるから、嫌なときも応じている。応じないと雰囲気が悪くなったり、怒るから。

　付き合って半年もたったころには、たくさんのルールがつくられてしまった。どこに行くか、だれと会うか、事前に報告すること、制服のシャツの第2ボタンを開けるのはダメ、短いスカートもダメ、電話には必ずすぐに出ること、マネージャーをしていても男子部員と話すのは禁止、など。男の子とのメールのやりとりも極力避けるようにし、連絡をとったときには、履歴を消していた。息苦しかったが、彼がルールだと言うので従っていた。きつすぎると思うけど、反論しても言い負かされるし、怒られるし、従うしかなかった。恋愛ってこんなもんだと思うようにした。

　夏休みになって、友人とメールでやりとりすることがあり、そのとき、ひょんなことで元カレの話題も少し出た。それをうっかり消し忘れたことがあった。それを彼に見られ、彼は怒りまくって、謝っても許してくれず、投げ飛ばされた。私はふっ飛ばされ、体を強くぶつけて、一瞬動けなくなるほどだった。何が起こっているか整理がつかず、ただ腹が立ち、怖かった。それで、すぐに逃げ帰った。

　この件があって、ようやく私もほんとうにこの人じゃダメかも、怖い、もう無理だと思い、親しい友人に相談することができた。まさかここまでする人とは思っていなかった。その友人は、じっくりと話を聞いてくれ、本気で私を心配してくれた。それで私は、ほんとうにこの恋愛を見直さないといけないのかも、と初めて真剣に思った。

　でも、別れようとは思ったものの、私は彼氏に依存していたし、けんかしたあとに優しい彼氏に戻り、もうしないと約束するので、私自身も別れるということを貫き通すことができないことが何回も続いた。デートDVは治るのではないかと期待したりして、ほんとうに別れるまで、そこから約1年もかかった。

57

す。

## スマホ（LINE）で毎日、大量のメールをやりとりして、デートDVにおちいっている例

　日常のさまざまなことをやりとりし、相手が何をしているか、自分は何をしているか、ずっと「会話」を続けている。そうしたなかで、相手が冷たい態度をとるとか、メールをやめようとするとか、加害者の言い分に従わないなどがあると、以下のような論理を無限に繰り返して、1日に何時間もずーっと相手の愛情を確かめようとし、なじったり、嘆いたりする。そういうメールのやりとりをしている。

●加害者
○きょう、学校の帰り、ほかの子らと遊んでたやろ。どこに行くか、だれと何の用事があるか、言っといてほしかったな。こっちはずっとおまえのこと考えてて、連絡待っていたのに。
○メールの返事が遅いときは、いつもほかの人と話したりメールしているんやろ。それはぼくを大事にしていないことやで。ぼくはこんなにおまえのことだけ思っているのに。
○友達とLINEしてるんやね。恋人を第一にできないなら、LINE、始めんといてほしかったな。
○ぼくだって忙しいのに、がんばって時間つくって、こうしてメールの時間とっているのに、ぼくが応じてほしいときに応じてくれないなら、付き合っている意味ないやん。それならもう好きにしたらいいやん。
○ぼくと家族や先生と、どっちを信じるの？　どっちを大切と思っているの？[*6]
○忙しくて時間がないって言うけど、クラブしたり、バイトしたり、塾行ったり、

---

\*5　「中高生が語るLINE生活　返信しなきゃと強迫観念・大半『寝る時も近くに』」(『朝日新聞』2014年3月6日)。記事のなかでは、ある高校の40人の学級で88%がLINEを利用、勉強や生活の妨げになったと感じる生徒が70%を超え、1日の利用が2時間以上の生徒が15%、午前3時まで利用したことがある生徒も18%いる、別の高校の学級では、スマホを寝室に持ち込んでいるのが86%、食事中もLINEをしているのは19%などの例が紹介されていました。また、「友達とどちらかが寝落ちするまでLINEで会話していて夜中の2時までやっていることがある。勉強がおろそかになり、生活リズムが崩れ、睡眠不足を招いてしまう」という女子生徒の声もありました。

友達と遊んだりしてるよね。テレビ見たり、だらだらしたり、間の無駄な時間もあるよね。ぼくとの時間つくるの、本気じゃないだけやん。

●被害者の応答

　被害者は、上記のようなことをいろいろ、何度も何度も、さまざまなことをきっかけに言われつづけ、そのたびに謝り、必死で応じている。
▷ごめん、そんなことないって。
▷そう言われたら、そうやと思う。
▷あんたが一番やって。それはほんとうやって。
▷愛している。前の仲良しに戻ろ。
▷お願いやから戻ってきて。私、変わるから。
▷あなたが嫌がる人とは話なんてせえへんようにするから。
▷そこまで考えてくれてありがとう。

●加害者

　加害者は、相手を攻撃するだけでなく、愛しているとか泣き言などを言って、必死で引き留めようとすることも言う。
○おまえを失いたくないって思って、むちゃ言ってしまっててん。おまえにはつらく聞こえたこともあったと思う。
○絶対おれが守るよ。信じてくれ。
○ぼくはもう、どうしたらいいかわからない。つらすぎる。
○ぼくが、自分からメールやめたことある？　すぐに返さなかったことある？
○愛しすぎてるから、あんなこと言ってしまってん。責めたかったわけと違うんや。仲良くなりたいからこそ、追及したんや。信じられるようにしてほしかったんや。
○体が引き裂かれたみたいや。そばにいてほしいのに、横にはおまえがいない。
○いろいろ言ったけど、やっぱり、おまえを失うのはつらすぎる。だからもう何でも譲歩する。ぜんぶ謝るし、おまえの言うとおりにする。だから別れないでくれ。もう許してくれ。
○おまえのことばっかり考えてる。すぐに会いたい。愛してる。

---

＊6　織田作之助の小説『夫婦善哉』でも、男は、女の親が倒れたときに「親が大事か、わしが大事か」と女に迫り、「水もってこい」と言い、そのあともそばにいさせることで、自分を捨てないかどうか試していました。古今東西、愛する者が愛を確かめるためにむちゃを言うということはよくあり、それはDVです。

○おまえのことを絶対に大事にする。だから離れないでくれ。
○こんなに苦しいねんやったら、別れたほうがいいと思う。でも、おまえのことが好きすぎて、どうしても離れることができない。
○無理して我慢しているんじゃなく、本気で心の底から、ぼくを愛してほしい。
○信じられるようにしてほしい。

**●被害者の応答**
▷別れるの嫌や。
▷わかった。ごめんね。
▷捨てないでほしい。私、変わるから。がんばるから。
▷そんなに傷つけててんね。
▷あなたのこと、第一にするね。
▷どうしたらいいか言ってね。なんでもするから。

　こうしたやりとりを毎日何時間も続けて、綱引きを繰り返している。二人だけの世界に入ってしまい、相手を縛って混乱させて、引きつけている。非健康的な発想の人たちの言い分に共通するスタイル。ほとんど無意識に、こうして相手をコントロールすることを言ってしまう。

＊　　　　　　　＊

　このように、携帯でやりとりする時間が非常に多くなって、束縛的な関係になっている場合、予防教育や相談において、次のことを伝えるのもいいかと思います。

■恋人間では、お互いに自分自身の時間を大事にしましょう。メールを1日あたり30分以内ぐらいに抑えるのでいいのではないでしょうか。会えるときを楽しみに。短い時間でもうれしいものです。気持ちがつながっていれば、会っていなくても相手のことを想っていれば、うれしいものですよ。相手を信じて、自分の勉強などをがんばればいいんです。相手に尊敬される、ほめてもらえるようにがんばり、そして、時々会えるときには楽しく遊びましょう。
■グループの場合。だれかが「いつでもこの会話から自由に出ていって

もいいし、それに対して悪口を言わないように」といったルールにしておこうよという話をしましょう。「おれ（私）はやることあるから出るわー」と言えばいいです。井戸端会議と同じで、無理に最後まで付き合う必要などありません。無駄です。あとで「何が話になってたの？」と、重要問題だけフォローすればいいのです。自分の成長を考えることが大事です。ほかの人の足を引っ張らないようにしましょう。いじめや仲間はずしをしないようにしましょう。

# 第3章

# DVでない恋愛
シングル単位の恋愛論

## 3-1　カップル単位の恋愛観からシングル単位の恋愛観へ

　デートDVは、(ア)カップル単位の恋愛観、(イ)旧来のジェンダー意識、(ウ)人を力で支配してもいいのだという意識と暴力を容認する意識——の3つの考え（図表3-1）をベースに行われています。デートDVをなくすには、デートDVをもたらすこれら3つの考えを改めて、図表3-2が示すように、**非暴力**、**ジェンダーフリー**、**自立意識**、**シングル単位の恋愛観**に変えていくことが必要です。

　DVではない恋愛観（夫婦観、家族観）というものをイメージしにくい人が、日本社会では圧倒的多数です。「自分と相手の区分をなくすくらい、二人が一体になる」「恋人とは、できるだけ長くいる、一緒にいる。何にもまして恋人を優先する」「恋人の世話をする、心配するということに一生懸命になる」というような、よくある恋愛観は、相手の自由を侵害したり、自分個人の自立性が欠けているという点で、シングル単位的ではないといえます。

　家族（恋人）というところは、外界から私たちを守ってくれる特別安全なシェルターのようなものと思われていますが、それは別の面からみれば、外部の目が届きにくくなる密室空間であり、内部にある暴力を外部の者が見ることができない空間でもあるということです。殺人事件でもないかぎり、家族内（恋人内）で起こっていることは外部の人にはわからないようにされてきており、それがDVを蔓延させてきた一要因なのです。[*1] 性暴力においては、暴力を振るう側（加害者）と振るわれる側（被害者）に体験の非対称がありますが、カップル単位論者は、体験したこと（真実）はひと

第3章　DVでない恋愛

図表3-1　DVをもたらす根本の考え方

図表3-2　DVにならない関係の考え方

つだとして、起こったことの説明（意味）を独占します。つまり、加害者から見た事態の説明（言い訳など）を被害者に押し付けます。被害者がそれを受け入れさせられるところにDVの特徴があります。

ですから、家族（カップル）をまるでそれ以上分けられない最小単位と見て、そのなかの対立や暴力を見ないようにする（そんなものがあるはずがないとする）のではなく、個人を単位に、家族やカップル内にある暴力を被害者の視点で直視する必要があります。

ベターッとくっついていることが、愛情深いことというわけではありませんが、この点が理解されていません。自分と相手の区分をつけ、パートナーを「自分とは別の考えをもつ、自己決定する主体」と見て、相手を自分の思うようにコントロールしない、自分のすべきことをそれぞれがやっていて、二人の間には適切な距離があるというのが、シングル単位の恋愛のイメージです。お互いの自由を尊重し合う対等な関係を広めるには、このシングル単位感覚をわかる人が増えることが必要で、そのためにも、いままでの恋愛観がカップル単位的な限界をもっていたことを理解することが重要です。「暴力とは主体性（他者性、相手の自己決定）の否定だから、

---

＊1　通常、私たちの社会は、「社会（公）－家族（私）」「国家（公）－市民社会（共）－家族（私）」のようにとらえられていますが、私は、その観点は家族を1単位ととらえる家族単位観点であると批判し、家族のなかにさらに別人格の異なる人間がいる個人単位（シングル単位）の観点が重要だと主張しています。家族を私的領域だなどと簡単に言うのは、家族のなかにも権力関係、支配関係がある場合があることを見逃す鈍感な感覚です。

> **図表3-3　自分に向けて言い聞かせる言葉**
>
> ○だれの人生でもない、自分の人生だ。だから自分らしく生きる権利がある。どのように生きるかはだれの指図も受けず、自分で決め、自分で責任をとる。自由に行動できる。
> ○一度しかない人生。どうせ生きるのなら、幸せになりたい。私は幸せになる権利があり、また幸せになる責任がある。
> ○親や親せきや支配者や世間体のために生きない。母や妻という我慢する役割で生きるのでなく、脱役割で、自分に正直に自由に生きる。自分にとって大切なものが何かを見極める。
> ○彼の問題は彼の問題で、私の問題ではないので、私はもうかかわらないし、悩まない。
> ○美しいもの、ありがたいこと、与えること、人を思うことに目を向ける。
> ○自分が持っているもの、恵まれていること、愛されていることを確認する。
>
> （ノーラ・コーリ『愛は傷つけない』p.195の言葉の一部を、伊田が再構成してまとめた）

私は相手の主体性を侵害しない」と自覚する恋愛観です。

「恋愛すると、お互いの思いは一致、二人はわかり合って当然、話さなくても自分のこと（気持ち）をわかってくれて当然、相手が自分の思いどおりになってくれて当然、そうでないときは怒って説教してもいいのだ」というようには思わないのが、シングル単位感覚です。

異なる人間が完全に一致するなどということはありません。共同体（カップル）維持が優先されるべき、自分のパートナーだから自分には干渉する（文句を言う）権利がある、などとは思わないのです。

「二人は一体」感覚のもとで、カップルのなかで力の弱いほうが自分を押し殺し（自己消去）、力の強いほうが自分の意見を相手に押し付ける（自己中心化）ということがよく起こるので、シングル単位の恋愛では、この点に敏感になり、力の弱いほうの感情や自主性・自立／自律性・他者性、自己決定をできるだけ尊重します。相手の話をよく聞き、自分の希望どおりでなくても怒りません。「ワガママとかジコチュウはダメ」「自分を押し殺して相手に従属するのもダメだ」として、はっきり双方が自己主張することを尊重します。

パートナーが、相手の思っていることや場の空気を読んで、言う前から

先に配慮をすべきだとは考えず、対等に主張し合い、話し合うのがよいと考えます。とくに、口がうまい者、よくしゃべる者は、口を閉じて、相手の話を聞く時間を増やすことが大事です。

自己消去的行動を「尽くす」「けなげ」「女らしく控えめ」「でしゃばらないのがいい女」などと呼んで美化せずに、それは「従属させられていること、支配されていることだ」と明確に自覚する

図表3-4　DV的な関係のイメージ

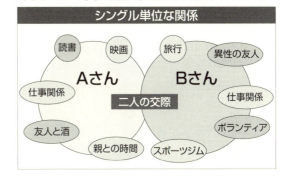

図表3-5　対等な関係（非DV的な関係）のイメージ

のが、シングル単位感覚です。相手の問題と自分の問題を区別し、相手の問題は相手が自分で取り組むのだから手を出さない、そこは信じて手放すという感覚をもって、相手に干渉しなくなるのが、シングル単位感覚です。赤ん坊のように相手を自分の感情でコントロールするのでなく、相手とは言葉でコミュニケーションをとっていくとわかっているのが、シングル単位感覚です。

---

＊2　エーリッヒ・フロムは『愛するということ』（紀伊国屋書店、1991年／原書 The Art of Loving、1956年）のなかで、一人でいられるようになることは、愛することができるようになるためのひとつの必須条件であるといっています。もし、自分の足で立てないという理由で、だれか他人にしがみつくとしたら、その相手は命の恩人にはなりうるかもしれないが、二人の関係は愛の関係ではないといいます。一人でいられる能力こそ、愛する能力の前提条件だというのです。

まとめとして、DV的な関係（図表3-4）に対して、シングル単位的な関係を表す図表3-5、3-6を掲げておきます。

　ノーラ・コーリ『愛は傷つけない』に載っている「自分に向けて言い聞かせる言葉」を図表3-3で紹介していますが、これは、シングル単位的な大事な感覚だと思います。

## 3-2 「尊重、共感、対等」という決まり文句ですませない

### (あ) 尊重という正論だけでいいか

　DV／デートDVの勉強を少ししたら、「どんな関係がいいですか？」と聞かれたときに「尊重、共感、対等」と答えれば「正解だ」と知るようになります。何か事例を検討していて、これのどこが問題かと聞かれれば、「ここには被害者への尊重、共感がない」と言えば、たいていは、そうだということになります。

　しかし、そう言っている人がほんとうにそれを深く理解し、実践できているかというと、必ずしもそうとは限らないのが実情です。決まり文句を言うだけの浅いものに終わっていないか、という反省が必要です。予防教育でも、被害者支援でも、加害者教育でも、もっと実践的具体化がいると思います。

　たとえば、カップル単位感覚をもったままのときに「尊重」と言っても、それは、「相手のことを思って教育してあげること」というようにすり替えられてしまう可能性があります。教育して、正しく導いてあげることも尊重だといえるからです。この場合、シングル単位感覚を伴って、相手の自己決定、自由、成長をその人個人レベルで尊重することが必要です。つまり、加害者であるあなたの信念の押し付けではなく、あなたとは異なる人間として、あなたの信念に反することでも、相手の自己決定や選択を認めることが尊重なのだ、ということが重要です。

## 図表3-6 カップル単位とシングル単位の恋愛観・対比

| カップル単位の恋愛観 | シングル単位の恋愛観 |
| --- | --- |
| ・恋愛相手がいないのは不幸 | ・恋愛できていてもいいけど、できていなくてもOK、ひとりもOK |
| ・一生、ひとりの人を愛するのがよいこと、別れないことがよいこと。好きでなくなるのはよくない | ・一生愛するのがよいとか、別れないことがよいとは一概に言えないと自覚。時には別れることも積極的な意味あり |
| ・別れには相手の合意が必要 | ・別れは片方の決意で可能 |
| ・詮索・干渉・束縛するのも愛情の行為 | ・詮索・干渉・束縛はしない、してはいけない |
| ・お互い信じ合うためにも、恋人の間で、隠しごと、秘密、うそはダメ、恋人のことを何もかも知るのは当然 | ・恋人の間でもプライバシーはあり、何もかもを言う必要はない、恋人のことを何もかも知るのは権利ではない |
| ・嫉妬するのは当然の権利 | ・「嫉妬するのは当然の権利」ではないと知る。嫉妬の感情があっても、相手の自己決定を侵害してはならない |
| ・恋人とは、できるだけ長くいる、一緒にいる。何にもまして恋人を優先する | ・ベターッと引っ付いていることが、愛情深いことというわけではない。自分のすべきことをそれぞれがやっている関係 |
| ・カップル内部のことは、外部の他人がとやかく口出すことではない | ・カップル内部にも外部の人の意見を入れて、内部の人権侵害に注意する |
| ・二人の距離を近づけるのはいいこと | ・いくら恋人でも、境界線の侵入はダメ。適度な距離を保つのがよい |
| ・愛する人は自分のもの／自分は愛する人のもの | ・愛する人は自分のものではない。自分は愛する人のものではない |
| ・男性が女性を守るのが愛情。性別役割で尽くすのはよいこと | ・「男性が女性を守ったり、性別役割で尽くすのが愛情」というような、ジェンダーにもとづいた伝統的な意識に対し、批判的な感覚をもつ。性役割に囚われない |
| ・束縛は愛 | ・束縛は愛ではなく、相手の自由の侵害 |
| ・支配や不安のある恋愛 | ・自分への肯定観と、相手への感謝の感覚の両面がある恋愛 |
|  | ・いまこの瞬間を大切にする関係 |

(出所　伊田広行『デートDVと恋愛』p.268)

### (い) 大事なポイント

　また、時には、双方がそう思っているなら、一心同体という親密観をもっているカップルが、それに沿った関係をつくっていてもよいというような意見があります。変形バージョンとしては、「束縛し合う関係も、二人が納得していればいいんじゃないの」という考えです。一見、その当事者の意思を尊重しているようにみえます。

　しかし、ほんとうにそうでしょうか。それが尊重でしょうか。ポイントはまず、双方が納得しているかどうかという点です。往々にしてDV加害者的な人は、「私たちの意見は一致している。双方が納得している」とか「話し合って二人が決めたことだから、他人が文句を言う筋合いではない」と言います。しかし、それは強者がそう思い込んでいるだけで、ほんとうは弱者の人は言いたいことも言えない、言いくるめられている、ということがあります。ですから、ここはシングル単位の観点で、ほんとうに相手もそう思っているのか、安全な場所で聞く必要があるということがいえます。

　もうひとつのポイントは、本書で繰り返している「安全、自由、自信、成長」が阻害されていないかという見極めです。一心同体だと言っているような状況のもとでは、弱者の側の自由や安全がないことが多いのです。「双方が納得」しているように見えても、そこに成長や自由や安全がないなら、それはおかしいのではないか、と言っていく必要があります。というのも、被害者にとってそれはよくないことなのに、それに甘んじているとすれば、そこには何かしら問題があるからです。

### (う) 相手を優先すればいいのか

　次に、DVは加害者が自分を優先させていることなのだから、DVを反省して相手を尊重するということは、「相手を優先することだ」という意見はどうでしょう。それも、必ずしも間違いだとはいえません。ある文脈では正しいこともあると思います。ひどいことをしたのだから、加害者はまずは反省し、被害者の言うことを聞く、被害者の怒りの感情を批判せずに

受け止める、とにかく被害者に謝る、被害者を優先するというときが必要な場合があるとはいえるでしょう。それが責任のとり方だという場合はありえます。

　しかし、ずっとそうであるべきだとは必ずしもいえません。というのは、シングル単位観点に立てば、Aの代わりにBが二人のことを決定しても、それはやはりカップル単位で考えているという意味で、前と同じだからです。DVを反省するというのが、主従が逆転することだというのは、浅い考えです。そうではなく、原則は、シングル単位になって、双方が自立して、それぞれが自己決定する、それを双方が尊重し合う関係こそ、非DVなのです。

　具体的には、「優先を決めるのはだれなのか」という問いを立ててみることです。被害者を優先すると言いながら、加害者がそれを決めていたら、決定権はまた加害者がもってしまっています。対等な関係なら、相手から「あなたをいつも優先する。私は二の次で、いつもあなた第一にする。あなたに従う」などと言われれば、気持ち悪いはずです。カップル単位でだれかを優先するのではなく、基本は、それぞれが対等で、どちらかの優先はないということなのです。そのうえで、事情によれば、あることを優先するという判断が出てくるでしょうが、それは「常にカップルのことを片方が決めて、他方がそれに従う」というものではありません。

　非DVの関係にしていくためには、被害者の優先ではなく、相手の成長と自由、プラス自分の自由と成長、双方の相手からの不干渉、非束縛、不支配が重要です。そして、そのうえで、愛情、愛する喜び、愛される喜び、楽しい関係、愛してくれることへの感謝というようなものがついてくるのです。こうしたものは、**相手に求めるというより、与えること、つまり感謝するべきこと**だと思います。

　そのほか、非DVの対等な関係では、相手の話を批判や説教やアドバイスなしに聞くこと、相手の行き先や付き合いを事前チェックしない、事後報告でいいし、報告がなくてもいい、相手と自分が一緒にいる時間をつくること、同時に、離れていてお互いが自分独自の領域で活動する時間を保

証し合うこと、相手の自由の尊重、成長の応援、「みんなひとり」ということを受け入れるタフさなどが必要でしょう。

### (え) "浅くゆっくり"が大事

　尊重する関係の具体像として、岩崎正人さんのことを紹介しておきます。[*3]岩崎さんは、恋愛依存関係で悩んでいる人（ほとんどが女性）に対する処方箋のひとつとして、「健康な恋愛の仕方を覚えてもらう」ということをしているそうです。つまり、問題ある関係の人には、「すぐにお別れください」とか「少し間隔をとりましょう」と提案します。メールが何回も来るような関係の人には、「まずは１日１回にしましょう」、出会ってすぐに同棲している人であれば、「いったん離れてみませんか。そしてお付き合いを見直してみましょう」という提案をします。

　そのような距離を置いてみても満足してくれるような相手であれば、「それはこれからもちゃんと付き合っていける健康な人ですね」と伝えます。しかし、距離をとろうという提案に対して、抵抗したり、すぐに距離を埋めようとする人だったら、「これはあなたにとって危険な人だから、もう一回考え直したほうがいいんじゃないですか」と言います。

　お互い傷つけ合う共依存関係を解消し、健康なお付き合いのできる人と関係をつくっていくのが目標なので、そのために岩崎さんは、新しい人との関係で「"浅くゆっくり"をやりましょう」と言っています。デートDVにならないためにも、この"浅くゆっくり"の提案は大切だと思います。

## 3-3　恋愛という契約についての新しい考え　別れの教育

　DVをなくし、対等の関係を広げるためには、恋愛という契約についての「新しい考え」を広げる必要があります。恋愛は契約ではないと考えることもでき、そうならば当然、自由に別れてもいいものといえるのです

---

[*3] 岩崎正人「女と男のいい関係とは──恋愛依存から健康な恋愛へ」（日本嗜癖行動学会誌『アディクションと家族』vol.26-No.1、2009年7月）

### 図表3-7　恋愛するに際しての契約

①この恋愛では、相手の自己決定や自由を侵害しないで、お互いの違いを認め合う。具体的には、束縛しない、嫉妬の気持ちから相手の自由などを制限しない、など。
②相手のすべてを知る権利はないことを確認する。具体的には、相手のプライバシーを侵害しない、事前にだれとどこに行くかなどの報告を義務づけたり、終わったあとに報告させるようなことをしない。また、携帯のチェックなども行わない。
③片方が別れたいと申し出たら、相手はそれを拒否する権利はなく、別れを受け入れなくてはならない。恋愛関係の契約は、片方が破棄すれば終了とする。
④相手と自分の成長や安全（安心）を大切にする。
⑤相手の友人関係（異性・同性関係なく）に干渉しない。恋愛関係であっても、恋人以外の人と仲良く交流するのは当然であり、むしろ応援するのが基本であることを認める。
⑥相手の嫌がることを強制しない。相手をコントロールしようとしない。DVを行わない。
⑦性役割を押し付けない。

　が、たとえ契約だとしても、ここにあるような契約と理解することで、平等対等な関係にすることができます。DVにならない「新しい恋愛」の要素については、拙著『ストップ！　デートDV』（pp.74-75）に示していますが、それを少し変形して、図表3-7に「恋愛するに際しての契約」を提起しておきたいと思います。今後、この種の考え方を、付き合っている段階（付き合い始め）に話し合いのうえで確認しておくことが重要になってくると思います。デートDV防止教育で、この種の契約書のひな型を紹介することも有効なことと思います。

　とくに③「片方が別れたいと申し出たら、相手はそれを拒否する権利はなく、別れを受け入れなくてはならない」や⑤「相手の友人関係（異性・同性関係なく）に干渉しない」について、説明を加えておきます。

　世間の人がもっている恋愛観（結婚観）では、「付き合う」ということは契約で、「きょうから付き合いましょう」とお互い確認したら、その時点からほかの人（とくに異性）と仲良くしたらダメという契約を結んだこと

になると、おおむね理解されています。また、恋愛関係は勝手に終わってはダメで、話し合って、双方で別れようと合意にいたったら終わるものだという理解だと思います。双方が合意しないと「恋愛という契約（関係）は続いている（終わっていない）」という感じではないでしょうか。

それに対して、私は「そういう考えがDVをもたらすので、新しい恋愛の考え方＝新しい恋愛契約の考えが広がるのがいい」と思っています。恋愛を契約とするなら、従来の考えだけが唯一の恋愛の契約のあり方ではないよと伝えたいのです。

つまり、契約といってもいろいろで、最初から恋愛契約を「この契約は片方が終了と宣言すれば、ただちに解除することができる」とか「**この契約では、片方が別れたいと申し出たら、相手はそれを受け入れなくてはならず、契約自体が終了するものとする**」といったものにしておけば、DVの危険性は大きく低下します（別れについては、本書4-6、5-1も参照のこと）。

恋愛や結婚は二人の意思があってこそ成立するものなので、個人の自由や人権を尊重する立場に立てば、片方がその意思をなくせば関係が終わるのは当然なのです。片方が関係を続けたくないのに、もう片方が絶対に別れないという意思を押し付けるのは、相手の自由を否定するひどいことです。[*4]

また、友人関係についても、「この契約を結ぶ恋愛（結婚）においては、相手の友人関係を制限することはできない（異性の友人、OK）」としておけばいいわけです。要は、恋愛というものへの考え方の変更を、契約書に反映させるということです。

それは可能かというと、可能です。「私はこういう考え方で、こういう契約内容で恋愛したいんだけど、認めてくれますか？」と、早い段階で話していけばいいのです。こういうことをぜんぜん学んでこなかった人は最

---

[*4] カルト団体や暴力団組織が「双方が合意しないとこの組織を脱退できない」という契約を結んだら、いくら個人がその組織を出たいと思ってもやめられなくなるということです。それはおかしなことであり、そういうところは、個人の人権を否定するカルトだ、反社会的組織だとして社会的に批判されます。恋愛や結婚でも同じだと考えるべきです。

初、戸惑うでしょう。しかし、DVの実態や危険性を話し、「そうではない、対等で安全な関係にしたいから、このようなものにしたい。それは愛情が少ないということではないんだよ」と話をしていけば、相手は徐々に理解してくれると思います。

　少なくとも、こうした「恋愛観（契約）」の話をしていくことで、二人にとって望ましい恋愛に近づくことができるのではないでしょうか？　こうした希望を言うと怒られる、付き合ってもらえないなどと思って、何も言えないと感じたら、それこそ、そこには安全や自由がないので、DV的な関係にすでになっているのではないかなと危惧します。ぜひ、恋人と、「自分が結びたい恋愛契約」について、正直に話し合ってみてください。

　なお、結婚している場合、「浮気をした側が勝手に、もう結婚は終わりだ、離婚だと言うのは無責任ではないか。だから、伊田さんの言う『別れに合意はいらない』というのは必ずしも正しくないのではないか」という反論・疑問がよくあります。これについては20年以上前から繰り返し説明していますが、上記の『別れに合意はいらない』というのは原則であり、今後のあるべき方向であり、それは破綻（はたん）主義*5の導入ということです。この原則のためには、女性が自立する環境が整い、離婚しても生きていける社会的基盤の整備が必要です。現実的には、過渡期の配慮はいるわけで、片方に愛情がなくなっているなら離婚したらいいのですが、DVなり、子どもを持った責任、専業主婦にさせて自立の機会を奪った責任などがあるので、離婚したとしても慰謝料や生活費・財産分与・年金権分与など経済的補償をする、養育費をちゃんと支払うなどの責任をとることを付随させればいいわけです。簡単にいえば、「別れに合意はいらない。片方に関係継続意思（愛情）がなくなれば関係は終わり。ただし、現実的な責任はとる

---

*5　夫婦関係において、夫婦のどちらに離婚原因があるかに関係なく、夫婦関係が実質上破綻しており、回復の見込みがない（別居などがすでにある）ならば、離婚を認めるべきだ、とする考えのこと。これまでは、離婚原因をつくった有責配偶者からの離婚請求は認めないという「有責主義」が原則でしたが、近年徐々に有責主義から破綻主義へと変化してきています。しかし、「5年以上の共同生活の不存在」で離婚を認めるようにしようとする民法改正案がまだ成立していないのが現状です。

こと」ということです。

## 3-4 「お互いが悪い」という考えについて

「DV被害者は悪くない、加害者が悪い」という意見に対して、しばしば「被害者のほうにも問題がある。双方が許し合わないとダメ」という意見を対置する人がいます。「自分（加害者）がどれだけ努力しているか、苦しんでいるか、被害を受けているかをわかってほしい」「被害者と言うが、彼女のほうが攻撃的でDVだ」「夫婦は五分五分だ」「おれを置いて出ていくのは裏切りで、こっちこそ被害者だ」という感覚が、そこに伴っている場合が多いのです。

これは、DVにおいて、加害者から見た事実と被害者から見た事実に差異があるにもかかわらず、強者である加害者が、被害者の主観を否定し、真実は自分の説明にあると押し付けるということでもあります。強者の価値観を受け入れるべきというかたちで、被害者は「自分も悪い」と思い込まされており、世間でも、どっちもどっちだ、夫婦だから他人を入れずに二人で話し合うべき、という程度ですまそうとします。この加害者の側からの説明によって加害を正当化させる言説のひとつが、「お互いが悪い。おまえも悪い」論です。

これにどう答えたらいいでしょうか。

DVは、基本的には相対的強者が加害者であり、加害行為をしたほうが悪いのです。つまり、片方が悪い。被害者には責任はありません。これが原則です。しかし、まれなケースですが、Aさん、Bさん双方に問題があり、ある意味、双方がDV加害者となる場合があります。

とはいうものの、Bさんに問題があるからといって、AさんがBさんにDVをしていいとはなりません。たとえBさんがAさんにDV的なことをしてきたとしても、だからといって、AさんがDVをしてもいいとはなりません。これが原則です（実際にはいろいろな事情があるでしょうから、機械的に図式を当てはめるのは危険だということは、前提としておいてください）。

ここがなかなかわからなくて、「双方が悪い＝向こう（被害者）にも責任があったと認めろ」という発想で、**自分の加害言動を100％悪いとは言えないと自己弁護する**人がいます（裁判、調停でもそうなる場合が多い）。ここから「被害者支援をしている人たち（フェミニストなど）は、加害者が100％悪いと言っているだけで、実態に即していない。一方的で不公平だ。決めつけるだけで納得がいかない」と反発する人も、一部ですが、出てきます。

以上をふまえれば、「お互いが悪い」論には、以下のような点を注意しておくことが必要でしょう。

①「お互いが悪い」という場合がないわけではありませんが、多くは片方が悪いDVです。双方のように見えても、片方のDVに対して防衛（抵抗、反撃）しているだけのことがあり、それは、相互が同じぐらい悪い相互DVだとはなりません。

②たとえ「お互いが悪い」場合でも、A（片方）がB（他方）にDVをしてはなりません。

③BもAに暴力をふるってはいけませんが、それはAから見れば他人の問題で、それがあろうとなかろうと、とにかくAはBに対してDVをしてはなりません。

④「お互いが悪い」としても、だから自分が免罪されるとはならないので、イメージとしては、50％ずつ悪いのではありません。双方がDVをしていたら、DVをしている点で、している人は100％悪いといえます。50：50ではなく100：100で、DV行為は悪いといえます。

「どっちもどっち、許し合い、わかり合おう」ではありません。「こっちも謝るから、そっちも謝るべき」ではありません。相手がどうあろうと、DVをした人は謝り、DVをただちに停止しなければなりません。そして、DVをやめられないなら、別れるのが基本です。相手が別れたいと言えば、受け入れるのが基本です。50：50だから謝り合い、許し合おう（別れず、やり直そう）ではないのです。相手がどうあろうと、DVをしたら、その**加害者には「別れないという結論を主張する権利」**はありません。

私は、「**文句があるなら離れればいい**」というのが大事な考え方だと思います。**加害者の特徴は、文句を言いながら離れないところにあります**。
　「相手が悪い」「迷惑をかけられた」という自分勝手な視点に執着する背景には、この"離れる"という視点がないことがあります。人間には違いがあり、その違いを多様性として認め合う、許容し合うことが大事です。加害者は、自分は正しい、相手が間違っていると思って、自分の思いを相手に押し付けることを悪いと思わない思考回路をもっています。しかし、人は異なるものであり、人はなかなか変わりません。変えよう、教えてやろうとするのではなく、違いを受け入れ、争いにならないように引くべきでしょう。「彼女こそ攻撃的だ（DVだ）」と言うなら、また「いやだな」と思ったら、離れることが大事です。離れないなら、相手を悪いと言って攻撃するなということです。
　DVをしたら別れるのが基本ですが、しかし、さまざまな事情で別れる状況にない人がいます。被害者が別れる決断をしないとき、加害者は、関係を改善し、DVをしないようにする必要があります。加害者が相手に謝罪を求めるべきものではありません。
　以上がすぐにわかる人は少ないと思います。頭ではなんとなくわかっても、実感でわかるのは非常にむずかしいです。通常の健康な関係では、双方が少しずつ悪いということがあるからです。しかし、DVの場合、「お互いが悪い」と言ってはなりません。加害者はしばしば、「お互いが悪い」「向こうにも悪いところがある」という点に固執する傾向があります。だからこそ、この点をじっくり考えて、「向こうが悪い」ということに焦点を当てず、自分がしていることに焦点を当てて、相手がどうあろうと自分はDVをしない、自分がDVをしてしまうなら、相手に悪いところがあろうと謝り、行為をやめ、別れるのが基本という考えをもってもらいたいと思います。

# 第4章
# 被害者へのかかわり方・相談の乗り方・リスク対策

## 4-1 被害者へのかかわり方の基本

### (あ) DV防止教育を保障する

　グレーゾーンも含めると、DV被害者はたくさんいます。しかし、何がDVなのかを学んでいないために、そしてゆがんだ恋愛観や暴力感覚、ジェンダー意識などがあるために、DV被害にあっていると気づいていない人が数多くいます。ですから、どこかでDVの知識を得ることを通過して、被害者は自分がDV被害を受けたのだと自覚し、社会的に被害者が顕在化するということになります。

　ここから、被害者を支援するためには、まず、デートDV防止教育やDV問題の啓発を進め、DVと認識する機会を広げることが重要ということが導かれます。待っていてはダメで、できるだけ積極的に被害者にアプローチできる工夫が求められます。[*1]

　次に、被害者はさまざまな事情で、なかなか逃げられないのが現実です。逃げられるなら逃げたらいいのですが、離れるのがむずかしいから被害者となっているという面があります。DVだと言われて、内心では少しそうかもと思っても、「だから別れなさい」と言われても、そんなことは考え

---

＊1　たとえば、デートDV被害／加害に知らぬ間にはまっている若い人たちが数多くいますが、実際、家庭環境に問題があったとか、勉強が得意でない子で、むずかしい話など苦手な生徒たちに、きれいごとを言うだけでは、多くの場合、ダメでしょう。エンパワメントはむずかしいです。こちらからそのような若者がいる場所に出向いていったり、相談しやすい場所をつくること、その子たちの関心に沿って、具体的な点で相談に乗り、安全な空間をつくることなどの工夫がいるでしょう。そうしないと、そういう若者たちとはつながらないまま、その子らは苦しむことになっていきます。目的を忘れてはなりません。説教したり、排除したり、罰するのが目的ではないのです。

られない人はたくさんいます。相手に言いたいことが言えない、相手の顔色をうかがう、でも別れられない、というような状況の人がいます。人は自分を否定的には見たくないものです。いじめられているとかもそうですが、DV被害者は、自分が被害者だなんて絶対に認めたくないと（無意識のうちに）思いがちです。だからこそ、だれかに相談するなんて発想もないのです。つらい状況だからこそ、日々、何も考えず、やり過ごすことに必死なのです。考えると現実に押しつぶされそうになるからです。そういう状況の人に、相談しろ、別れろ、対処しろ、と言っても届きません。それが現実です。*2 自分は大丈夫と思っても、相手の支配がうまいと、被害に巻き込まれるという面もあります。

　ですから、被害者の自己責任にしてはなりませんし、一部の特殊な人のこと（他人事）と見てもダメです。加害者と別れないから／何度も加害者の元に戻るから「共依存だ」と言って、被害者の側に問題があるかのように見てはなりません。また、被害者は、加害者にいろいろ言われて自信を失い、自分が悪い（加害者も苦しんでいる）と思っているために、声を上げられない、相談に行けないということが多いものです。そのように、DV的行為をされていることの意味を加害者によって定義づけられ、洗脳的に人格否定されて、自信を奪われることをDVというのです。

　ですから、被害者を責めてはダメで、悪いのは加害者だ、あなた（被害者）は悪くない、加害者の説明／言い訳に惑わされず、あなたから見た体験を素直に主張していいのだ、と伝えていくことがいります。こうして、自分はDVの被害者で、自分は悪くないと、本人が納得するようにしていくことが支援者の役割です。これと近いことを「被害者性の構築」と信田さよ子さんは言っています（信田［2008］）。

　被害者は「支配されるのが好きなタイプ」ではありません。*3 カップル二

---

*2　雨宮処凛さんは、中学校でいじめられていたときがまさにそうで、高校になっていじめられなくなったときに、それまで抑え込んでいた感情がわっと噴出して苦しんだといいます。「どうしてあんな思いをしなければならなかったのか」など、怒りや情けなさが怒濤のように自分に襲いかかり、リストカットをしたり家出をしたりする「後遺症」に苦しんだそうです。（雨宮処凛『小心者的幸福論』ポプラ社、2011年、p.161）

人の「コミュニケーションの問題」ととらえて、被害者の個性・性格に被害者になる原因があると見てはなりません。支援者は、被害者に対して、DV加害者に支配されている状態からの脱洗脳（脱学習）を行う必要があります。被害者が、自分がこうむっていたことをDVと名づけることで認識を変更し、自己否定から脱出し、安心して生きるための新しい考え方を身につけることができるようになることが、支援していく場合の目標です。

**(い) 息の長い支援を**

　ひどい身体的暴力・虐待の場合、放っておくのではなく、介入して被害者を助けるべきでしょう。信頼関係がある場合には、踏み込んだ意見も有効な場合があるでしょう。身体的暴力は絶対にダメなことで、過小評価してはならず、暴力にはすぐに毅然と対することが重要で、怖いかもしれないけれど、警察や行政・法律・支援組織などの力も使えば大丈夫だというようなことも、知らせていくことが必要でしょう。「今度、一回でもひどいことを言ったりしたりしたら、私はすぐに離れる」と決めるのはどうですかなど、提案することが有効な場合もあるでしょう。

　しかし、多くは、被害者本人は明確にDVと思っておらず、本人のエンパワメント状態も低く、また離れる環境が整っておらず、外部から簡単に「別れたほうがいいよ」と言っても、ほとんど効果のないことが多いと思います。

　そのような「別れられない状況」をふまえて、私たちの支援の基本スタンスとしては、本人がDVと気づき、そこから離脱したい（あるいは関係を非DVにしたい）と思って、自分で動いていけるように、時間をかけて援助しつづけることが必要だといえます。気持ちを聴くこと、心配していると

---

＊3　だれもが被害者になりうるというのが原則ですが、あえて傾向をいえば、DVやストーカーの被害にあいやすい人は、カップル単位的な感覚を強くもっている、人に対して優しく同情や共感をしやすい、人の面倒を見ることや人に尽くすことを厭わない「女性ジェンダー」的な感覚をもっている、他人は許すが自分に対して厳しく自己責任を感じやすい、我慢強いといった特徴をもっているといえるでしょう。しかし、こうした個性をもっているからといって、DV被害にあう必要はありません。悪いのは加害者です。

伝えることがいります。

　まとめれば、本人が気づいていなくても、DVであるといえる場合がありますが、同時に、第三者が外部から決め付けてすむというものでもなく、緊急で程度がひどい場合（命の危険など）は外部からの強制的介入が必要ですが、それほど緊急性・危険性が高くない場合は、話を聞きつつも、当事者自身の決断を待つような持続的かかわりが必要だ、ということです。

　「代わりに解決してあげる救援者（レスキュー隊）」は、よくありません。常に「別れるのが最善の解決策」とはいえません。別れられなくても見捨てず長くかかわること、そばにいつづけること、DVに関する情報（本、パンフ、話、相談先など）を提供し、「私はあなたの味方だよ」と伝え、「相談したくなったり逃げてきたければ、いつでも受け入れるよ」ということを伝えるようなかかわりが必要です。また、被害者であることは恥ずかしいことでもないし、支配されたりだまされるのが悪いのではないということも、大事な情報でしょう。逆境から立ち直る力（レジリエンス）を育むには、時間がかかるのです。

　また、専門的に支援する人たち（支援グループ、NPO、加害者プログラム、公的相談所、弁護士、カウンセラー、先生、警察など）につないでいくことも大事です。ただし、専門的なところにつないだあとも、友人や家族、支援者として、そばにいつづけることも必要です。**私は、とくにネクストステージとしては、DV被害者支援者が加害者プログラムについて知っておくことが重要と思っています**。[*4]

　数回、うまくいかなくても、裏切られても、恋人（夫や妻）の元に戻ってしまっても、見捨ててはダメです。「この人の支援は無理だ」と思って、被害者から完全に離れてしまう「離脱者」「逃亡者」「手放し・見捨て人」にならないことが大事です。[*5]自己決定しろ、自己肯定感をもて、支配され

---

　*4　信田さよ子さんも、DV被害者支援員は加害者プログラムおよび加害者について知り、加害者がモンスターのように恐ろしい存在ではないと知ることが重要だとし、加害者臨床と被害者支援との相互理解・連携ができてこそ、有効かつ根本的な被害者支援が実現できると述べています。（信田さよ子［2012］p.82）

るな、と言っても、自己決定力や自己肯定感なんて簡単には身につかないのが現実ですから、それをめざしつつも、そうではない目の前の人を支援することが必要なのです。

　レジリエンスの本などでも言及されていますが、トラウマにとらわれていたり、感情にふたをしているような場合、加害者から離脱する前でも後でも、何度も「処理されていなかった感情」を語ることが必要です。そうして力を回復していけるからです。しかし、それは当事者にとっても支援者にとっても簡単ではない道のりです。ですから、即効性ある支援だけをイメージしてはならないのです。若い子たちの恋愛依存、DVされても離れない子たちの奥にある深い問題を知って、粘り強くかかわるしかないのです。

　加害者は、被害者に対し、ゆっくり考える時間をもたせず、威圧的に決め付けて支配してきたのですから、支援者はその逆を行う必要があります。つまり、相手を尊重し、傾聴し、おだやかにゆっくりと付き合うことです。説教したり、コントロールしてはダメです。はげまし、支え、相談に乗り、一緒に立ち向かうようなことが必要です。親身に接しても、すぐには期待するような反応が得られないかもしれませんが、信頼されるようになるには時間がかかるものだと覚悟する必要があります。

### (う) 上から目線でも、中立でもなく、被害者の側に立つ

　私たちがデートDV防止講座やその後の支援活動で伝えるべきは、希望です。ある元DV被害者は、次のようなことを言っています。「私の話を聞いてくださる学生さんには、まず健康な"自尊心"の大切さを伝えられ

---

＊5　拙著『ストップ！　デートDV』の「支援者として心がけること」の項で、スーザン・ブルースター『DV被害女性を支える』（金剛出版、2007年）の「アンカー（船の錨）として気長にかかわる」という考えを紹介しています。支援者の傾向として、最初はがんばるが、すぐに怒ったり疲れるということがあります。加害者男性と今後も関係を続けると言い張る被害者に対して、怒りを感じることが多いといいます。いつも受け身でいる被害者が気になっていた支援者は、加害者に立ち向かわず、反撃に出ない意志の弱さに腹を立てることが多いといわれています。

たらと思います。そして、相手が自分をほんとうに大事にしてくれる人かどうかを見定める目をもってほしいと思います。20歳そこそこだとむずかしいこともあるでしょうが、失敗しても挫折しても、何度でも何度でも人はやり直すことができる、がんばれる力を内に秘めているということをわかってほしいです」と。

　この「失敗しても挫折しても、何度でも何度でも人はやり直すことができる」ということを肝に銘じて、私たちは支援にかかわりたいと思います。

　次に、支援者は、中立の立場ではなく、人権侵害を許さない立場、被害者の立場に立つことが必要ということに言及しておきます。

　ランディ・バンクロフト（『DV・虐待加害者の実体を知る』11章）は、DVにおいて中立の立場をとりつづけることは、そのつもりがなくても、結果的にはDV加害者と共謀することになってしまうと警告します。反対の声を上げないと、間違いではないとされてしまうと強調します。社会には、まだまだDVへの認識が正しく広がっていないため、加害者がひどいことをしても、思いやりを見せてやるべきだという感覚をもっている人が多いのです。世間には、「一生添い遂げるという約束をしたのだから、困難なときもその約束を守るべきだ。見捨ててやるな」と被害者に言う人もいます。しかし、それはとても危険な意見で、この感覚がカップル単位感覚でDVを容認することとなるのです。

　また、加害者にも暴力的になった背景はあるでしょうが、そこから加害者にもサポートが必要ということで、加害行動の言い訳をさせてはなりません。責任を問うことは無慈悲だというのは間違いです。これらはすべて、加害者の言い訳にだまされてはならないという問題といえます。

　相談を受けた人とか、支援者・警察などの関係者が、適切なかかわりをしないために、被害者がさらに傷つくことを「**二次被害**」といいます。DV被害にあうという「一次被害」はもちろんとてもたいへんなことですが、被害者にとっては、ひどい人とわかっているから絶望は少なく、むしろ、第三者で味方になってくれるかと思った人からひどい扱いをされる二次被害のほうが、ダメージが大きいという声もあるくらいです。

二次被害の典型は、被害者にも落ち度があったかのように説教することです。加害者を擁護したり、事の重大さを理解せず、安易な常識で反応することで、多くの被害者は、この人にはまったくわかってもらっていないと傷つきます。被害者の言うことを疑ったり、被害者が矛盾したことや混乱したことを話し、感情的になっていることなどを責めることでも、二次被害をもたらします。

　「二度と会うな」「別れろ」といった結論だけを押し付けるのも効果がなく、むしろ逆効果のことも多いのですが、別れないあなたが悪いというようなメッセージを伝えることで、二次被害をもたらすこともあります。

　また、DV被害者を上からの目線で、ステレオタイプに見下すようなことをしないよう意識することが大事です。「自分ならこんな被害にはあわないが、この人は弱い人だから、こんなことになった」「DVにあったかわいそうな人」「本人の行動に問題があったからDV被害を受けたのだ」と見るような視線は、被害者を傷つけます。それ自体が二次被害です。被害者の実態は多様であり、すばらしい人でも賢い人でも強い人でも元気な人でも被害者になりえます。だれもがダメなところや弱さを抱えています。ダメなところがあっても被害者になっていない人もいるし、ダメなところがあっても被害を受けてよいわけがありません。

　被害者は多面的な存在で、「DV被害にあった」という側面は、その一部にしかすぎません。ある人を「DV被害者」とだけ見てしまうことこそ、被害者の力を奪います。「この人は被害者」「男性に依存してしまう人」といったイメージで、序列のなかの下位のグループの人（支援者から見て"下"の人）と位置づけられると、被害者は傷つきます。単にひとつの問題で困っているというだけの人であり、ある経験をしたというだけのことと見るべきでしょう。[*6]

　ですから、あなたやまわりの人がすべきことのひとつは、そのようにステレオタイプで同情的に「下」に見ないということです。被害者を「不幸な被害者」という側面だけで見るのでなく、その人の個性や仕事、その人の輝いているところなどの全体を見て、対等に接するようにしましょう。

## (え) 被害者の問題ではない

　二人を一緒にして、第三者が説教したり、カップル・カウンセリングをしたりすることは危険です。DVは単なるコミュニケーションの問題ではなく、支配・権力関係であるからです。加害者の多くは、そこではうまく立ち回ってしまうでしょう。反省の言葉を口にしたり黙ったりしていても、あとで二人になったとき、一層の暴力が振るわれる可能性があります。

　二人のコミュニケーションの問題だととらえると、被害者にもコミュニケーションをとる方法の点で問題があったということになります（少なくとも暗示します）。対策はいいコミュニケーション方法の学びとなり、「被害者にも悪いところがあった」「相手の気持ちもわかってあげて」「どちらも悪いところがあったね」ということにされがちです。DV加害自体については、けんか両成敗的になってしまいます。そして、加害者の「相手が自分を怒らせる」という言い分も一部認められてしまい、被害者は今後、相手を怒らせないように気をつけるべきとされてしまいかねません。

　コミュニケーションがうまくいっていなかったとしても、DVをしてはなりません。関係の修復がいちばん大事なのではなく、暴力や支配の状況から離れて、被害者が安全・元気になることこそが必要なのです。

　単なる痴話げんかとかコミュニケーションの行き違いなどと軽く見て、「気にするな」「相手（加害者）はあなたを愛してるから、そうしてるんだよ」と言ったり、「あなたも悪い、けんか両成敗だね」というように、被

---

＊6　アイデンティティというものは、実はひとつだけのものではなく、学生である、子どもである、恋人である、女性である、日本人である、フェミニストであるなど、多様で複合的で、多元的・混沌的なものです（複合的アイデンティティ論）。局面、局面で、異なった自分が立ち現れてくるものです。DV被害者というのは、あるAさんのアイデンティティの一部にしかすぎないということですし、Aさんには、DV被害者という面以外の面がたくさんあります。したがって、DV被害者AさんとDV被害者Bさんの間にもたくさんの差異があります。そして、Aさんがある局面でDV被害者という呼称を引き受けても、それは、AさんがDV被害者というマイノリティの代表ということでもなければ、24時間、一生、ずっとDV被害者とだけ見なされていいのだということでもありません。DV被害者というものをひとくくりに見て、ステレオタイプでとらえてはなりません。

害者のほうにも問題があるように見なすことは、二次被害をもたらすものといえるでしょう。

　被害者が、加害者のケアや変化の援助者になる必要はありません。被害者が加害者のことを考えるのは、1日・1週間のうちで少しだけにして、できるだけ考えないようにして、自分自身の心の平安や成長、楽しみに焦点を当てて、そのために時間やエネルギーを使うことが大事です。加害者が変わるかどうかは加害者の問題であり、被害者の問題ではありません。加害者については、第三者が担えばいいのです。被害者が被害状況から離れ、自分の問題に向かい、安全に暮らすためにも、被害者が加害者にすべきことは、加害者に対して「あなたの行為はDVだと思います。加害者プログラムを受けてください」と伝えることです。

　なお、被害者は、最初、友人の話だとして話し出したり、話すことで事態が悪くなるのではないか、信じてもらえないのではないか、怒られるのではないか、などと極端に恐れていたりすることがあります。詳細な聞き取りは、トラウマの再現になる危険性もあります。その点にも注意しておくことが必要です。

　学校で被害生徒・学生にかかわる場合、「加害生徒へのかかわり方」(本書5-10)で書くように、個人的に呼び出して、相談・援助・教育などをしていくことになるかと思います。そのときのかかわり方としては、本書の「被害者への相談の乗り方」(本書4-4)を参照してください。

　また、デートDVの背後に、性虐待が隠れている場合もあります。家庭内が安全でない、家庭内で虐待(親がDV、暴力支配、性虐待)があることが、学校でのいじめ、不登校、家出、暴力行為、問題行動、閉じこもり、自傷、自殺企図となって表れていて、それがデートDV行動に関連している場合もあります[7]。それに注意して、総合的にかかわる必要があります。デートDV防止教育だけでなく、小さいときからの性教育、性暴力被害予防教育、ジェンダー平等教育がなされる必要があります。

---

＊7　全国女性シェルターネット[2009]のなかの「性暴力被害に遭った子どもたちのサポートマニュアル」を参照のこと。

### (お) 男性被害者がいることも意識する

　デートDVと同じく、各種DV調査を見ても、「何を言っても無視された」「大切にしているものをわざと壊されたり、捨てられた」などの精神的暴力（グレーゾーン・軽度のDV）などを含めた場合、被害経験のある男性はかなり存在します。この事態を受けた面もあり、近年、全国都道府県および一部の市などで、男性の相談機関の設置が進んでいます。[*8]

　従来は、DV被害者の相談や一時保護を担う都道府県の機関は、男性被害者の相談は受け付けていませんでした。現在でも女性の被害者だけというところが多いです。せいぜい、男性相談という特別の窓口をひとつだけつくっている程度です。その理由として、たとえば群馬県人権男女共同参画課の佐藤裕子課長は、これまで相談窓口を設けなかった理由について「男性相談については、加害者だった場合、相談対応方法が確立されていないなど課題が多いため」と話しました。[*9] 加えて、女性相談員が、男性のDV被害を本当なのか疑う気持ちをもっていることや、男性なのにほんとうに女性からの「暴力」が怖いのだろうか、女性の被害の深刻さと違うのではないか、などの意識があるために、男性被害者の相談に乗るということを切実な問題ととらえられてこなかったという面があるかと思います。

　しかし、怖さ、深刻さの程度にはジェンダー差があるとしても、一部にせよ、男性でもひどいDV被害にあっている人はいるのであり、軽いもの

---

[*8] 男性の相談を受ける相談員は、ジェンダー平等の視点に加え、DV／ストーカー問題、性暴力問題、セクシュアルマイノリティ、離婚制度（離婚調停、弁護士費用など）、労働問題（過労死、パワハラ、未払い賃金、解雇など）、生活保護制度などに詳しいこと、および相談先を具体的に紹介できること（労働問題ならば、個人加盟型ユニオンや労働問題に詳しい弁護士など。労基署などでは現実的にはまったく不十分であるので）が望ましいと思います。とくにDV被害者の実態を知っていること、被害者支援組織との連携をもっていること、つまりフェミニスト観点があることが重要だと思います。それがあってこそ、男性の被害／加害を見極めて、相談に乗ることができます。単に話を聴き、気持ちを整理するというカウンセリング的能力だけではなく、具体的な支援につなげる力が必要です。

[*9] 「DV：男性の被害相談　県、ようやく体制整備へ　機関設置になお4、5年／群馬」（『毎日新聞』2014年4月6日）より。

もDVではあるのですから、相談体制を充実させていくべきは当然のことと思います。また、男性被害者の問題を考えるとき、性的マイノリティのゲイカップルの場合などもありますので、その点への視点も必要でしょう。

## 4-2 「被害者の自己責任論」について

### (あ) 被害者に責任がないなら、予防教育は不要？

　DVでは、原則としては、被害者は悪くないといえます。加害者が悪いのです。支配がうまい加害者にかかれば、ほとんどの人はDV被害者になってしまうでしょう。ですが、そのことは、被害者になるかもしれない人がDV（デートDV）について何の教育や訓練も受けなくてもよいということを意味しません。本書の、エンパワメントされるような教育が必要という主張は、ある種の価値を伝えていくものであり、だれもが**被害者になりにくいこと、もし被害にあったらできるだけ早期に相談に行って被害の悪化を防ぐこと**をめざしています。危機に対処する力を身につけることを目標とする"防止教育"というものには、そうした側面があります。

　では、このことは、「DV被害にあったのには、被害者の態度・対応にも問題があった」とする「自己責任論」とどう違うのでしょうか。予防教育が「適切な対応をすれば被害にあわない」というような考えとフィットするかのように考えてしまう人がいるので、この点を整理しておきたいと思います。

　この点を正しく理解するうえで、貧困問題における自己責任論の検討が参考になるかと思います。湯浅誠さん[*10]は、具体的事例を用いて、実態を知らない者たちが安易に、フリーター、非正規、ワーキングプア、失業者、ニート、引きこもり、野宿者、ネットカフェ難民、生活保護受給者などと呼ばれるような人たちを「現状に甘んじている」「努力が足りない」「向上心がない」「覇気、根性がない」「おれはこんなにがんばって、成功した」

---

*10　湯浅誠［2008］『反貧困――「すべり台社会」からの脱出』（岩波新書）、湯浅誠［2007］『貧困襲来』（山吹書店）などを参照のこと。

などと説教・非難している現状を批判します。

　一般的にいって、どんな問題でも、一部に本人のかかわりという「主体的要因」——ある意味、自己責任といってもよい——があります。しかし、ものごとの全体（構造）を見なくてはなりません。金がない、モテない、成績が悪い、仕事がない、交通事故にあった、病気になった、友人がいない、コミュニケーションが独特で誤解されやすい、というようなことも、ある部分だけ取り上げると、もっと努力すればよくなるかもしれないといえるでしょう。

　しかし、生まれつきの要因、育った環境要因、運／不運という偶然要因、いまの社会の制度要因・構造的要因、社会の意識／常識、他者（企業、組織、上司、相手などを含む）の責任要因、差別抑圧する側の問題なども影響しています。ある人の置かれた実際の環境は多様で、外部からはそのことはほとんど見えません。

　貧困の事例でいえば、行政や社会のサポートがないなかで転落していっています。がんばるためには「前提条件」（資源・溜め）が必要です。自己責任と社会・他者の責任、環境の責任はからみ合っています。両方の割合は個別事例によります。**つまり、ほとんどの問題は、自己責任だけでは語れません。ならば、自己責任論を言うべきではないのです。**

　湯浅誠さんは、うっかり足を滑らせたら、すぐさまどん底の生活にまで転げ落ちてしまう社会——すべり台社会——を批判します。だれもが「うっかり」してしまう可能性をもつのだから、問題は「うっかり」にあるのではなく、ひどいどん底に突き落とす社会のほうにあると見ます。そう見ないと現実的な対処がとれません。丁寧な相談体制も、職業訓練も、生活保護制度も、住宅保障も、短時間で働ける職業紹介も、まともな賃金の仕事も、その他**あれもこれも必要**なのであり、それがないなかでの自己責任論は間違いなのです。

### （い）自分一人だけの対応能力ではなく、社会的な援助と結びつく力

　この視点を援用すれば、DV被害をDV被害者の対応や個性や能力のせ

いにすべきでないことは、明らかなのではないでしょうか。とするならば、「危機に対処する能力を育てようとするかかわり」も、「被害にあう/あわないは自己責任」を言うためのものであってはなりません。必要なことは、個人の状況がどうあろうと、学校や友人・知人、行政や社会のサポートのようなものがあること、および、防止教育の充実、早期の相談ができるようにアクセスしやすい多様なチャンネルがあること、被害/加害発生後の対処策の充実で、個々人の人権が尊重される方向が少しでも増えることです。

この観点に近いことを「社会的弱者が消費トラブルに巻き込まれないための教育プログラム」に関する論文で述べている人（名川勝さん）がいます[*11]。被害にあうかもしれない本人向けプログラムは必要ですが、その目的を対象者個人の学習達成（課題解決能力）に置かないことが重要だと気づいたというのです。

どういうことかというと、少しプログラムを受けても、だまされる人はだまされてしまう実態があるのです。現実的には、悪徳販売者のほうが一枚も二枚も上手だからです。そうした悪徳業者に対抗できる個人的能力を（1回の講座で）身につけてもらうのは、現実的にはかなり困難であるので、したがって、講演などのプログラムの教育目標を以下のようなものに置くようにしたというのです。

すなわち、そのようなトラブルに**自分も巻き込まれる可能性がある**と実感してもらうこと、今後みんなで**話題にしやすくする**こと、巻き込まれても決して**自分が悪いのではない**から被害のことを**人に話してもよい**のだと知ること、**相談に乗ってくれる人**が周囲にいて、それがだれだれなのだと知ること、などです。

つまり、問題にあわないように個人で自己責任的な能力を高めて、あとは放っておくというのではなく、周囲の支援者との関係があることを資源ととらえ、周囲の人につながって／つないで対処するところまでを想定し

---

*11　名川勝「知的障害等のある人に対する消費・金銭管理に関するプログラム」『消費者法ニュース』No.83、2010年4月。

て、プログラムをつくることが必要だというのです。トラブル解決だけが大事なのではなく、その後の生活の支援が大事だともいいます。その生活を支えていくとき、被害者の豊かに生きていく能力を高める根本的な教育が必要であって、自己責任論ではダメだということです。

これは、自己責任論に立たない優れた実践的な視点だと感じました。名川さんは、したがって、支援者向けの研修プログラムこそが重要であるが、そこがいまは不十分であると指摘します。周囲の人が被害者の訴えに気づき、受け止める体制づくりが必要であり、周囲の人が気づきを高め、支援する力を獲得するプログラム（気づきのポイントの獲得、支援者が、すべきことや気づいてから解決までの流れがわかっていること、つなぐ力があること）が重要だといいます。本人向けプログラムと支援者向けプログラムが両方あってこそ、効果が出るというのです。

以上の観点は、まさにデートDV防止にも同じように当てはまるのではないでしょうか。デートDVでいうなら、多様な状況の人がいる現実を目の前にして、充実したデートDV防止教育と支援者向けプログラム、被害者支援、加害者対策が総合的になされることで、被害者・加害者を減らすことや、もし被害にあっても生きのびることができるような援助・環境の整備（支援者の増加、相談先、支援機関、DV法の抜本改正＝デートDV禁止法、加害者教育プログラム）などが必要だということでしょう。被害者・加害者、またその予備軍の人たちに、エンパワメントしていくようなこと（被害者になりにくい教育、加害者にならないような教育）は非常に重要です。また、被害／加害が起こったときに、危機への対処として、加害者に対して「ここに行って学んでほしい」と受講を要求できるような、その受け皿となる加害者教育の場が社会に必要です。

つまり、自己責任論につながらない「**危機に対処する力をつける教育**」は可能であり、むしろ、それを含むデートDV防止教育を提供することこそ、自己責任論にもっとも対抗的な社会的サポートなのです。暴力の被害にあっているということは、ある種、「貧困状態、非エンパワメント状態」に近いといえますが、その本人を批判したり、原因を論じたりしているだ

けではダメなのです。自己責任論からは、本書で述べるようなDV教育プログラム内容は導き出されません。

　非エンパワメント状況の人をエンパワメントしていくという観点によって、自己責任論ではない、「DV加害を正当化しない視点を身につける教育」「危機に対処する力をつける教育」「加害者のゆがんだ考え方を変えていく教育」という積極的なアプローチが可能となります。デートDV防止教育＝被害予防活動も、被害者支援も、加害者更生教育プログラムも、自己責任論の立場に立たないからこそ、**社会が行う**のです。

### (う) 被害者の心理についての「常識」——ハーマンの監禁論

　被害者は悪くないと認識する、被害者の自己責任論に立たないということは、DV問題にかかわる者の間ではいまや常識です。とはいうものの、どうしても「私ならそんな被害にあわない／そんな状況になる前に逃げる」「どうしてそんなひどい加害者の元にいるのか／戻るのか／別れないのか」という意識が、繰り返し支援者のなかにも湧いてきがちです。ましてや、被害者のまわりにいる普通の人たち（若者たち、友人、家族）や、被害者の立場に立つという点で弱い「専門家」たち（弁護士、医師、臨床心理士、相談員、行政関係者など）は、DV／デートDV／ストーカーの被害事例を聞くと、なぜ逃げないのか、そういう加害者の元に戻る性格・気質（タイプ、マゾヒスト傾向の人、共依存の人）なのだ、などと思いがちです。

　この点について、いまや古典的な知見ですが、原則として、「学習性無力感」「監禁」「外傷(トラウマ)」などの概念をDV被害者との関係でまとめておきます。この話は、DVの怖さの理解、なぜ逃げられないかという被害者心理の話、他人事ではないと理解する話でもあります。

　ジュディス・L.ハーマンは、心理的**監禁**の影響／そのメカニズムを示しましたが[*12]、これは文字どおりの監禁だけでなく、もう少し広げていえば、DVにおける「束縛」などがどういう影響をもたらすかの理解をも助けてくれます。

　具体的にどのようなかたちで相手を支配していき、心理的に監禁してい

くのかというと、加害者は、被害者の日常生活を細かなルールでしばり、守れていないと言ってけなしたりして、その自由を制限し、また、ほかの人間関係から切り離し、孤立化させ、徐々に相手の自由領域を狭め、正常な判断をできないようにしていき、叱責や脅しを繰り返し、被害者を憔悴(しょうすい)させていきます。

　さらに、食事や睡眠など健康上の条件まで不十分にし、判断能力を低下させ、生活の細部まで完全に監視し、それに関して明確な因果関係や論理性なく些細(ささい)なことで怒りを爆発させ、身体暴力も加えはじめ、逃げたら殺すなど、より恐怖感が高い脅しをしていき、被害者の自己決定性、自立性、主体性を破壊していって、支配を完成させていきます。毎回殴らなくても、大声でキレなくても、いつそれが起こるかわからないとずっとビクビクさせられたら、その支配は貫徹しているのです。

　このとき、外形上／表面の意識上では、単純に恐怖ゆえにいやいや従っているというよりも、自主的に協力しているように見える／感じることがあります。それは、加害者がいわゆる"アメとムチ"を使い、大きな恐怖を与える一方で、時折、被害者に温情／優しさ（押し付けていた不合理なルールを破ることを認める、怒ることをやめる、甘言、空約束、反省、謝罪、同情するような弱み[*13]）を見せて感謝させる（何とかしてあげたいと思わせる）ので、生殺与奪の権利を一手に握っている加害者を怒らせないことこそが現実的なサバイバルの手段だと感じた被害者が、加害者に対して微笑(ほほえ)んだり、媚(こ)びたり、好きと思ったり、感謝したり、楽しい関係だと思い込んだりすること（そうなるように、何事も問題なくいい関係であるように努力すること）が起こりがちだからです。

---

＊12　長期反復性外傷は監禁状態によってもたらされますが、この場合の監禁状態とは、かならずしも物理的なものではなく、多くは心理的なものです。物理的監禁にも当然、心理的監禁が伴います。（ジュディス・L・ハーマン『心的外傷と回復』みすず書房、翻訳1996年、増補版1999年、原著1992年発行）

＊13　被害者は、あまりに加害者からの圧迫が常態的で苦痛であるために、加害者のなかに人間的なことを見つけて、安心しようとしがちです。黒のなかに少しだけ白があれば目立つように、日ごろから優しさや安心がない分、たまに優しさを見せられると、普通以上に感動してしまうのです。

こうなると、加害者による被害者への支配(コントロール)はいっそう強固なものになります。被害者は加害者に依存的になり、加害者に対して自主的に尊敬、賞賛、感謝、愛情をもつように仕向けられるような支配形態なのです。それは「被害者の奴隷化」ともいえるものです。ほかの人とのつながりを切って、加害者と被害者だけの独自の世界(二人一体の世界)に閉じ込め、心的外傷を継続的に与えることで、自分をなくさせること(カップル単位化)がカギです。[*14] 虐待環境に長らく置かれていると、被害者は加害者の目を通して世界を見るようになります(加害者への同一化)。加害者だったらどうするかと考え、先回りして、怒られないよう自主的に加害者の好みに合うような行動をとり、従属していくのです。それが自分を安全にする唯一の道に思えるからです。

この監禁の方法と影響は、まさにDVにおいて、ほかの人から引き離し、ルールをつくって自由を制限し、些細なことで怒り、時々優しくなり、言うことを聞いていたらかわいがり、機嫌よくなる、といったことがなされていることと、大幅に重なっています。DVとは、心理的監禁であり、奴隷化であるといっても過言ではないといえるでしょう。

### (え) 学習性無力感

被害者の心理を理解するうえで、もうひとつの重要な概念が「**学習性無力感**」です。「学習性無力感」とは、心理学者のマーティン・セリグマンらによって示されたもので、長期にわたり抵抗や回避の困難なストレスと抑圧(監禁、暴力、尊厳や価値の否定、そのなかでの抵抗や脱出の失敗の経験)のもとに置かれると、人はその状況から「何をしても意味がない」ということを学習し、苦痛から逃れようとする努力すら行わなくなるというものです。[*15]

レノア・E.ウォーカーは、この理論をDVに適用し、DV関係を維持してしまう被害者(バタードウーマン)の心理が、この学習性無力感であると示

---

*14 ハーマンは、心的外傷体験の核心は、「孤立 isolation」と「離断(助けがなくどうしようもない) helplessness」であるとみます。

しました。DV的なことをされていくなかで、「抵抗しても無駄だ」「逃げられない」「この人は変わらない」「自分にも悪いところがある」と思い込まされ、絶望的な気持ちになったり無気力になり、思考力が低下し、この状況を受け入れよう、加害者の言うとおりに従おうと思うようになる場合があるということです。バタードウーマンがしばしば、バタラー（暴力を振るう人）の男性を愛していると言ったり、関係の解消を恐れたりするのは、こうした「学習された無力感」にもとづくものだと指摘しました。

　これは、自分自身に対する無力感、自己否定感（自己肯定の著しい低下）、自分に対する信頼という基盤の喪失ともつながっています。ハーマンは、「監禁状態」（外傷的事件）によって、世界のなかにいて安全であるという感覚、すなわち基本的信頼、ケアをしてくれる人たちとの安全な結合感覚が破壊され、被害者に社会全体に対する不信と「世界はみせかけである」という感覚とをもたらすと述べています。そして、その結果、被害者たちは、コントロールできない怒りをもったり、親密な対人関係から身を引こうとしたり、必死に愛情関係を求めたり、と揺れ動くといいます。将来は予測不可能になり、自分は孤立無援だという感覚におちいります。そうした「反応」のひとつが、学習性無力感なのです。ひどい相手にも必死に愛情関係を求めることや、学習性無力感のなかで、被害者は加害者から離れ

---

　＊15　米国の心理学者マーティン・セリグマンが1967年に発表した心理学理論。学習性無力感（Learned Helplessness）の表れとしては、苦痛状態から積極的に抜け出そうとする努力をしなくなる、努力すれば脱出できるかもしれないのに、そのことすら考え（られ）なくなる、ストレスが加えられる状況やストレッサーに対して何もできなくなる、情緒的混乱をきたすなど。(M.E.P.セリグマン、C.ピーターソン、S.F.マイヤー『学習性無力感――パーソナル・コントロールの時代をひらく理論』二瓶社、2000年／M.E.P.セリグマン『うつ病の行動学――学習性絶望感とは何か』誠信書房、1985年）

　＊16　レノア・E.ウォーカーによれば、「バタードウーマン（battered woman）」とは、男性によって、男性の要求に強制的に従うように、当人の人権を考慮することなく、繰り返し、肉体的・精神的な力を行使された女性をさします。バタードウーマンの対象になるのは、婚姻しているかどうかに関係なく、男性と親密な関係にあるすべての妻と独身女性で、少なくとも２回以上の虐待のサイクルを経験している場合をバタードウーマンとしています。(レノア・E.ウォーカー［1997］『バタードウーマン――虐待される妻たち』斎藤学監訳、穂積由利子訳、金剛出版、原著1979年発行）

ないというかたちをとることがあるということです。[18]

こうした巧妙な支配のあり方と被害者がもたされる心理を知れば、「DVから逃げないほうも悪い」といったDV被害者の自己責任論が間違いであることは明らかといえます。[19] 逆にいえば、極度の恐怖や監視、自由の制限に長期間さらされることの恐ろしさ、その支配の強力さを知らない不勉強な人だけが、「自分はDV被害にあわない」とか「逃げない被害者も悪い」などと簡単に言えるのです。[20]

最後に、以上の観点からまとめた、DV／デートDV／ストーカーに対処するために被害者が身につけるべき力を、図表4-1に掲げておきます。

## 4-3　恋人を手放さないための常套手段を知っておく

DV加害者は、その支配関係から利益を得ていますから、決してパートナーを手放そうとしません。それが基本型です。「別れる」ということを取引材料にすることはありますが、基本は、結局は離れません。ありとあらゆる手管（てくだ）を使って、被害者を引き止めようとします。被害者が逃げようとしたときに、加害者が何をするかについて、ランディ・バンクロフトが

---

*17　学習性無力感と似た概念として、プリゾニゼーションがあります（ハーマン）。監獄（プリズン）という、自由が奪われ、圧倒的な力にねじ伏せられる場に監禁されるなかで、人は個性と積極性を失っていき、病的な歪んだ「模範囚」になってしまう場合があります。監獄という環境に過剰適応して、従属的、依存的、受動的な、言いなりになる人間になるのです。

*18　外傷的事件においては、闘争も逃走も無効となってしまうと、ハーマンは述べています。

*19　DV被害者の自己責任論に立つ者のなかには、DVから逃げない被害者は、敗北願望的な人格をもった「マゾヒズム性人格障害」という病気をもっていると見なす人がいます。これは、DV被害の結果、そのような人格に見える人になったのであって、原因ではありません。ハーマンは、単発の（単回性）外傷ではなく、長期の反復的・複雑な外傷による症状を、「**複雑性外傷後ストレス障害**」（複雑性PTSD、C-PTSD）と名づけて、被害者の精神的被害症状を正しくとらえることを提起しました。

*20　監禁状態のなかで自立・自律・自己思考の力を奪われた人は、「自由に生きていい」「好きなようにしたらいい」「離れたらいい」「自己決定したらいい」と言われても、命令がないと何をしたらいいかわからないし、出ていくことに不安を覚えます。

あげた特徴を中心に、図表4-2にまとめてみました。こういう典型的な対応を知っておいて、だまされないようになっておくことが必要です。もちろん、加害者のなかには、ほんとうに反省して変わろうと努力をしている人もいます。それが本物かどうかを見極めるためにも、口先の言動（たとえば土下座して謝罪するなど）にだまされず、時間をかけて実際に態度が変わることを確認していくことが大事でしょう。

　この表に共通している背景の思想は、相手を失わない（別れない）ためには何でもするという「**別れないことへの執着**」です。だからこそ、DVでない関係になるためには、**相手を手放すことが決定的に大事**なのです。「去る者は追わず」です。「別れる」という、自分（加害者）にとってとてもつらい究極の選択でさえ、それは相手が決めることで、相手の幸せのためには、どんなことも受け入れるという態度をみせられるかどうかです。あえて「愛」という言葉を使うなら、愛しているからこそ、自分の利益のために相手を縛るのでなく、相手の「離れる」という意思を尊重するのです。**離れていく相手の幸せを願えることこそ、非DVの極意です。**

　これに関連しますが、「別れたくない意識」が「別れない強制」へと転化していく連続性と危険性を知っておくことが必要です。ここがわかっているなら、「別れはよくない。恋愛の上がりは、結婚。結婚にいたる愛は成功した恋愛であり、すばらしいもの」という「恋愛のゴールは結婚」という意識にも批判的になることができるでしょう。

　しかし、そうなっておらず、結婚は愛の最高のゴールと思っている人が多く、そのことが大問題なのです。実際、法律などの制約があるため、別れが恋愛以上に困難となる結婚というものへの、「DVになるかも」という危険性の認識が低すぎます。DV加害者だけでなく、世間全体がそうなのです。加害者の言動は、そうしたものに支えられているといえます。

　「加害者は別れない」と言いましたが、被害者が加害者を強く愛していて別れたくないとき、加害者はそこを敏感に感じ取り、最大限利用するという点も同時に理解しておく必要があります。

　加害者は、自分の意に反するような言動を被害者がとると、わざと不機

## 図表4-1　DV／デートDV／ストーカーに対処する力

### ●DV／デートDV／ストーカーとは何かを知る

多くの人は、自分がDVをする／されるとも思っていないし、自分のいまの状況をDV／デートDV／ストーカー（加害・被害）だとも思いたくもないものである。DV／デートDV／ストーカーのことを知らず、自分が経験していることが何なのかわからない、いまの体験を名づけるものがない、したがって何もできない、悪いと思わない、というような場合が多い。したがって、DV／デートDV／ストーカーとは何か、どのような支配の仕方があるか、なぜ逃げにくいかなどを知っておくことで、対処しやすくなる。

加害者／被害者の心理、暴力のサイクル理論、「トラウマ性つながり」なども知っておくことで、自分がそうなったとき、ただただ巻き込まれてどうしようもなくなる、というような危険な状況になる確率が減る。

### ●人権侵害であると認識する

次に、DV／デートDV／ストーカーは、決して許されない犯罪であり、人権侵害であると認識すること、そういう人が増えることが大事である。いまの社会において、多くの人がDV／デートDV／ストーカーを軽視し、事実上許しているから、はびこっている。DV／デートDV／ストーカーは人権侵害で、怒ってもいいことなのだというように、みんなの認識が変わると、DV／デートDV／ストーカーの加害も被害も減るだろう。

### ●「力による支配」「ジェンダー当然感覚」「暴力の正当化」を批判する力を身につけ、シングル単位の視点を学んで、自分と相手の適度な距離での尊重を知る

「力による支配の正当化」「暴力容認意識」「ジェンダー意識」「カップル単位的恋愛観」「恋人の所有意識」などの考え自体が「当然／自然」ではない、と知る。それらについて学び、批判的になり、そうでない考えもあることを知る。

相手と自分は別人と見て、「相手の尊重」「共感」「非暴力主義的なかかわり」「多様性の尊重」を大事にする。

### ●説教を認めない

DV／デートDV／ストーカーの加害者は、しばしば、説教／教育／しつけ／指導を当然のことと見なしている。それに対し、いくらパートナー関係でも、上から下という感覚の、説教／教育を認めない。「偉そうにされること」「怒られること」「正しいことを教えてやる」「しつけてやる」というようなこと自体に批判的になる。

### ●支援を利用する力を身につける

「助けて」「どうしたらいいかの情報、選択肢を教えて」と言えることは、大事な力であると知る。自立するとかエンパワメントということは、何もまったく他人の力を借りないことではない。自分が何かまずいことに巻き込まれそうなとき、早めに「助けて」と言える力、相談できる力、まわりの資源を使う力が、その人の「力」である。被害者である自分を支援してくれるところとともに、加害者にかかわってくれるところ（警察や加害者教育プログラム、加害者カウンセリング）を知っておくことも重要である。

嫌になる、口を利かずブスッとする、家を飛び出し連絡がつかないようにする、といった手法を通じて、被害者の捨てられたくないという恋愛感情を利用して、相手を思いどおりにコントロールします。ですから、冷たい態度をとられる、別れの可能性をちらつかせられる、ということも、「加害者は別れない」ということと矛盾しないことは覚えておいてください。

　最後に、関連して、別れについてもうひとつ、述べておきます。別れるということは、現状を変化させ、「さびしさ・孤独を伴う自立」をしていかねばならないということを意味しますが、「別れずに、いまの関係のしんどさを我慢すること」は、それさえしておけば、現状を変える必要がなく、自立という困難な決断をする必要もないので、「加害者が変わるのを待とう」という論理のほうが、被害者にとっても受け入れやすいということがあります。

　人は、どうなるかわからない、努力を必要とする「決断」をするより、「決断をしない」という「現状維持」のほうを選びがちなものです。「別れはよくない」という命題は、その現状維持の選択（＝被害の継続）を支える論理になりえ、結局、DV蔓延に手を貸してしまいます。DVを減らすためには、みながもっと「別れ」への耐性をつけ、「別れはよくない」という神話（＝加害者の詭弁）から離脱することが必要です。

## 4-4　被害者への相談の乗り方

　被害者にはいろいろなケースがあり、機械的に同じ対応をすればいいのではなく、ケース・バイ・ケースで対応を変えねばなりません。[*21]

　4-1で述べたように、ひどい身体的暴力・虐待がいま現在行われていて、緊急的に介入しないと命にかかわるとか、そこまででなくても、ひどい身体的暴力であるならば、基本的に被害者の同意や納得を優先するよりも、

---

[*21] ここで述べる相談とは、DV被害者がシェルターに逃げたあとの心のケアとか、自立に向けての支援の相談ということではなく、だれの支援も受けていない被害者が相談して、どうDVに対処していくかという初期段階での相談のことをさしています。

### 図表4-2　被害者が逃げようとしたときに、加害者がよくとる態度

- 「変わる」と約束する
- 「許してくれ」と言う
- 「自分はもう変わった」と言い張る
- 酒を飲むのをやめて、謝る
- 見違えるように態度がよくなる（うわべだけだが）
- 相手が長い間、不満に思っていたことを改善する
- 高価なプレゼントをしたり、デートをしたり、優しくなって、改心させようとする
- セックスして仲良くなろうとする
- 「結婚しよう」と言う
- 妊娠させようとする
- 「少し離れたい」「一休みさせて」「考えたいから距離をとりましょう」というようなことを受け入れず、とにかく離れまいとする
- 「おれ以外にだれもおまえなんかと付き合わない」と言う
- 「自殺する（写真をばらまく、その他、恋人がいちばん嫌がることをあげて、それをする）」などと脅す
- 「ぼくを見捨てるのか」「裏切りだ」と言って、被害者に罪悪感をもたせる
- もう一度チャンスをくれるように、第三者から相手に言ってもらう
- 心配したり同情したりしてもらうように、自己破壊的な行動をする（食べない、多量に酒を飲む、仕事をサボる、友人と会わなくなるなど）
- 「おまえはおれなしではやっていけない」と言う
- 恋人（パートナー）についてうわさを流して、評判に傷をつける
- 相手の秘密を漏らして貶める
- 新しい関係や女友達・恋人をつくって嫉妬させたり、怒らせたりする
- 相手の新しい友人や助けようとする人を脅したり、攻撃したりする
- ストーカー行為をする
- 身体的な暴力を振るう
- 家や車などを破壊する
- 別れようとしても、どこまでも追いかけて、「絶対に別れない」と脅す。「隠れても絶対に見つけ出す」と言う
- 相手を傷つけ、「殺す」と脅す

（ランディ・バンクロフト『DV・虐待加害者の実体を知る』
［明石書店、2008年］9章をベースに伊田が作成）

より積極的に介入することが必要な場合があると思います。

　また、被害者と相談に乗る者の間に信頼関係がある場合には、「別れたほうがいいよ」「それはDVだから、許しちゃダメだよ」などと踏み込んだ意見を言っても、「私のことを思って言ってくれているんだ」と受け取られて、拒絶されずに有効な意見となることも多いかと思います。

　しかし、DVの程度の図（図表1-3、p.13）に示したように、ひどい身体暴力でないようなDV、グレーゾーンといわれるDVというケースも多くあるのが現実です。被害者がDVと思っておらず、本人のエンパワメント状態も低く、また離れる環境が整っておらず、外部から簡単に「別れたほうがいいよ」と言っても、ほとんど効果がないという状況も少なからずあります。そもそも、それまで関係のなかった人に相談する場合、信頼関係などはまだ構築されていません。そのときにすぐに説教をしたり、「別れなさい」と強く指示すれば、被害者はもうその人には相談しないでしょう。

　「別れないといけないようなDV関係じゃない」「別れるなんて考えてもいない」「好きだから別れたくない」「はっきり別れると言っていない自分が悪い」「迷っている」「別れたいと言っても別れてくれないから、あきらめている」というような状態の人は多いです。それらを広義の**「別れられない状況」**と呼ぶとすれば、被害者支援としては、そのような人に届くようなかかわりをしないといけないわけです。

　以下は、そのようなケースを想定して、どのように相談に乗って、かかわっていくかのひとつのモデルを、4段階に分けて提示します。

### 第1段階——信頼関係

　まず、相談の最初の1回目、最初の数時間については、批判せず、評価せず、指図せず、傾聴する、気持ちを聴くことが大事で、これを第1段階と呼びます。

　具体的には、心配しているから話を聞かせてほしい、秘密は守るよ、と伝え、状況を具体的に聞いていく。話を聞きながら、かける言葉としては、「ほー、そんなふうになっているんや」とか「そんなことがあったんだー。

| 図表4-3　相談の乗り方 |
|---|
| **第1段階**　信頼関係をつくるために、まずは批判せずに聴く段階 |
| **第2段階**　批判せずに傾聴しつつも、徐々にDVについての情報を出し、DV理解を高めていく段階 |
| **第3段階**　関係を少しでもましにしていくため、小さくてもいいので、具体的な次の一歩の改善策を話し合っていく段階 |
| **第4段階**　第3段階の方針を受けて、何ができたか、その結果を受けて、本人が気づき、決めていく段階（改善提案を話せなかった場合／改善提案を話せたが、相手が聞き入れてくれなかった場合／改善提案を話せて、それを相手が受け入れてくれた場合） |

で、そのとき、どんな気持ちだったの？」などです。そして、ひどい状況が明かされたなら、時には「大丈夫？」「いやじゃない？」「けがしなかった？」と声をかけていくこともいいでしょう。

　この段階では、マイナス面だけでなく、恋愛の始まり、うまくいっていた関係、好きな気持ち、相手のいいところなども語ってもらうことも重要かと思われます。というのは、DV被害者の気持ちに寄り添うには、そして適切な支援につなげるためには、被害者がもっている迷いやアンビバレントな気持ち、別れたくない思いなどを知り、共感することが重要だからです。それは、支援者からみればDV的であろうと、被害者本人はされてうれしい束縛、愛情の表れである嫉妬と思っている言動があり、それにも一定の理解を示すことが信頼関係の構築には有効であるということを含意しています。

　ここでの聞き方としては、「事柄を聞いていく尋問」調にならないように、相手の話したいことを中心に——とくに気持ちを中心にして——聞きつつ、並行して付随的に事柄（出来事、関連した基礎情報）も少しずつ聞いていくというようになります（図表4-10「聞き取り項目」、p.141参照）。

　焦ってすぐに第2段階や第3段階に行くのでなく、信頼関係をつくり、この人に相談しても、説教されたり、別れなさいなどと指示されないんだと思ってもらうことが大事です。この段階に十分時間をかけること、時に

は数回かけることが大切です。

**第2段階──DV理解**

　そうして話を聴きながら、徐々にデートDVの知識を伝えていくのが第2段階です。ここでは、相談される側（支援者側）の価値観も少し入れ込んでいくことも必要です。

　たとえば、「デートDVっていうのは、こういうものみたい」「こんなパンフ（HP、本）あるよ」「あなたの関係、少しデートDVっぽく見えるけど、大丈夫？」「デートDVってこんなことらしいけど、それに当てはまることない？」「それはひどいなあ」「そりゃ、あかんのちゃう？」等々の声をかけていくような聞き方です。

　また、グレーゾーンの図（図表1-5、p.14）を説明したうえで、「この図のどの位置にいるか」を考えてもらうこともあってもいいです。具体的な状況を、DVの程度の理解として把握していくのです。ここでのポイントは、相談者（被害者）が通常もっているDVの理解、すなわち、殴るなどのひどい身体暴力だけがDVと思っていることを変えていく「情報伝達／学び」の場の側面もあるような聞き方、相談の乗り方になるという点です。

　たとえば、パートナー関係にあるAさんとBさん（相談者）において、「いつもBさんはAさんに気を使っていないか」「BさんはいつもAさんの世話をしていないか」「BさんはAさんの顔色をうかがっていないか」「BさんはAさんが好むような行動しかとらないようになっていないか」「BさんはAさんの許可をもらってから行動していないか」というようなことを聞き、そうなっていることは、Bさんの自由や安全を低下させ、成長を邪魔しているDVなんだよと知ってもらうのです。それは、殴られていなくても、グレーゾーンの真ん中とか下のほうの緩やかなDVに当たるんだよというように、DVを正しく理解してもらうのです。

　多くの人は、付き合う（愛する）ということを、尽くすということ、相手の言うことを聞く、相手の要求に何でも応えることと思っているので、「付き合う」ことと「相手の要求を何でも聞く」ことを混同（同一視）して

はダメだよ、と伝えることでもあります。

　また、それに関連しますが、身体暴力や怖さがあるような明確なDVではないが、加害者のことを心配させられて、結局、言うことを聞いたり、翻弄されてしまう共依存的なDV関係になっていないか──たとえば「私がいないとあの人はダメと思って、尽くしていないか」「いつも何かしら心配して、相手の世話ばかりになっていないか」「恋人のことばかり考えていないか」「ふだんからまわりに相談などはせず、彼氏にだけ相談していて、彼に頼りきっていないか」──といったような点も考えてもらい、それに当てはまっていればDVなんだなと知ってもらうのです。

　なお、第1段階、第2段階では、相手の話に耳を傾けながら、相手をエンパワメントしていくということも重要です。エンパワメントするようなかかわり方の一例としては、たとえば「あなたはどう感じているの？」「あなたの気分を害するようなことがあったら、教えてもらえる？」「何があったの？　それでどんな気持ちになったの？」「あなたはどうするのがいいと思う？」「あなたの判断力に敬意をもっているよ」「あなたは慎重な判断をする人だということがわかっているわ」「あなたのしてきたことに信頼を置いているよ」「これまであなたがやってきたことをたくさん知っているけど、すごくいい結果だったよね」というように、相手の主体を尊重した聞き方があります。

### 第3段階──次の一歩の具体策（方針を出す）

　こうした第1段階、第2段階をふまえたうえで、「当面、安全になるような具体策を話し合う」「少し関係を改善するために、次の一歩の方針を考える」という第3段階の相談に入っていきます。

　具体的には、相談者が「二人の関係で嫌と思っていること」をあげてもらい、そのなかで、相手にそれをやめるように言えることはないかを聞いてみます。出てこなければ、「こんなのは言えそうですか」と聞いてみるのもいいかもしれません。たとえば、「携帯チェックはやめてほしいです」「すぐにメールに返事しなくてもいいようにしようよ」「大声を出すのは

やめてほしいんだけど」「邪魔くさそうな態度をとるのはやめてくれる？」というようなことが言えるかどうかを考えてもらいます。

　このとき注意すべき点は、「無理しなくていいよ」「急に大きな改善を申し出なくても、ほんの小さな言いやすい一歩の改善策でいいんだよ」と言うことです。面談の最後にも、「この方針は無理して絶対にしないとダメだとか、言わないと怒られるということじゃないからね。できたらそういうことを言ってみよう」と告げ、緩やかなスタンスで臨むことです。

　言えそうなら、「私のこと好きなら、私の思いを尊重して」「私を失いたくないなら、DV的なことは改めてほしい」「私を傷つけることをやめて、もっと尊重して」というような、かなり強めの本質的、中核的な意見を言う選択肢もあることを伝えてもいいでしょう。

　しかし、強要は禁物です。基本は、できるだけ支援者が上から提示するのではなく、相談者（被害者）自身が何を言いたいか、どこを変えたいか、何なら言えそうか、どこなら相手が変えてくれそうか、そういうことを自分で考えて、思い切って言ってみよう、関係を改善していくためには、それを言ってわかってもらいたいと思うようになることです。「関係改善のための小さな一歩の提案」でいいから、自分から意見を言うということに踏み出せるかどうかです。

　大事なことは、小さくてもいいから、DVのグレーゾーンの図で少しでも下のほう（健全な関係のほう）に行く提案を考えてみる、それを言ってもいいはずだ、言ったら相手は私のことを愛しているからわかってくれるかもしれない、そうなればいいなあ、という感覚をもてる段階にいたることです。

　それは、客観的には、いままで相手の言いなりであって主体性を剥奪されていた関係を変えていく大事な転換点を迎えるということなのです（この位置づけは言わなくてもいいでしょう）。DVのことを学んで、自分たちの関係がDVではないことを証明するために、あるいは、少しDV的かもしれないが、関係をよくしていきたいという自分の心の奥底の気持ちを見つめていくために、この第3段階の話し合いをもっていくのです。

最後に、この「関係改善のための小さな一歩の提案を、思い切って少し言ってみる」という方針が実行できたかどうか、次回話し合いましょうと言って、第3段階の話し合いを終えます。「言えなくてもいいけど、がんばってね」という言葉をつけておきましょう。

### 第4段階――本人が気づき、決めていく段階

前回の第3段階の方針に沿って、それができたかどうかを振り返っていくのが、第4段階です。

まず、相手に「関係改善のための小さな一歩の提案」ができましたかと聞いてみます。**もし言えたなら**、その結果がどうあれ、方針に沿って相手**に言えたこと自体を評価**します（ほめる、一緒に喜ぶ、すごいねー、よく言えたねー、勇気出したんだね、という言葉をかけるなど）。

もし**言えなかった**とわかったら、「そうか、言えなかったんだね」と応じて、どうして言えなかったのか、気持ちを否定せずに聞いていきます。このとき、決して失望感を示したり、責めるような態度をとらないことが大事です。むしろ、DV関係なら言えないのが当然／普通なのです。言えないからDVなのであり、簡単に言えるようなら、それはDVではないとか、とても軽い程度のDVなんだということを表している可能性が高いと思います（もちろん、ひどいDV関係だが、被害者がほんとうにがんばって言ったという可能性もあるので、言えたから軽いDVと決めつけてはなりません）。

言えなかったということがわかって、そのときの気持ちを自らはなかなか話してくれない場合、「怖かった？」とか「言い出すタイミングが見つからなかったかな？」「言えないよねー、簡単に言えたら悩まないよねー」といった言葉を投げかけるのもいいかもしれません。そうして、**言えなかった事実から本人**（被害者）**が二人の関係に何を見いだすか、気づくか**を大事にすればいいのです。そここそが大事なのです。「関係改善の提案」を言えなかったからダメ、なのではありません。言えなかったという現実から、自分の怖がっている気持ちに気づくかもしれません。自分で見ないようにしてきた相手の本性を感じるかもしれません。そこを話してもらう

契機とすることが大事なのです。

　次に、もし思い切って**提案した改善策を相手が素直に受け入れてくれて**、相手がDVを減らす方向に態度を改善してくれそうな場合なら、それをともに喜べばいいでしょう。「それはよかったねー」「すごいねー、ちゃんと聞いてくれたんだ」「わかってくれる人だったんだね」などと応じて、そのときの様子を詳しく聞けばいいでしょう。きっと相談者（被害者）はうれしいでしょうから、その気持ちを語ってもらい、「いままで単にわかっていなかっただけかもね」などと、相槌を打てばいいかもしれません。

　そのうえで、今回、関係改善の一歩が踏み出せたので、その調子で、また次の一歩（方針）をともに考え、次回面談までにまたそれを言って、さらなる関係改善（グレーゾーンの図の下に行く行動）をめざしていくことを確認すればいいでしょう。この作業は希望に満ちたものになるでしょう。相手が素直な人、あるいは単にDVと知らずにやってしまっていただけならば、こうなる可能性も十分にあるので、この作業を続けるかかわりをすればいいということになります。

　次に、「関係改善の一歩」を**言えたのはよかったが、相手は態度を変えてくれず**、むしろ、怒ったり、そんなことを言うのはおかしいと説得・説教してくるような場合です。これも十分に予想される対応です。時には、DVの程度がグレーゾーン領域からさらに重くなるほうに進む場合もあるでしょう。

　この場合、「そうか、それは残念だったね」「がんばって言ったのに、わかってくれなかったんですね」などと応じます。そのうえで、当事者であるアナタはどう思っているのかなども聞いていきます。これからどうしていきたいかも話し合っていきます。

＊　　　　＊

　以上の第1〜第4段階の相談の乗り方を積み重ねていきます（数回、数カ月）。そのなかで本人も徐々に、この恋人（加害者）はDV関係をやめられない、相手の態度を変えるのは無理、この人はDV加害者なんだ、私のことをほんとうには大事にしてくれないんだ、とわかっていくかもしれま

せん。そのなかで、**別れるかどうか、本人が決めていく力を高めていく**ことが目標です。私たち相談者は、アンカー（船の碇(いかり)）として気長にかかわることです。

## 4-5　DVとストーカーの区分・整理・法律改正が必要

### (あ) DVとストーカーの正しい区分が必要

　世間では、DVとストーカーの区別が正しくなされておらず、メディアも間違った言葉づかいをしばしばしています。それは、DV防止法（配偶者からの暴力の防止及被害者の保護等に関する法律、以下、DV法）とストーカー規制法（ストーカー行為等の規制等に関する法律、以下、ストーカー法）自体の問題点とも重なっています。被害者支援のためにも、加害者対策のためにも、法律改正が必要なので、それを提起しておきます。

　DV防止法（2001年施行）は、配偶者からの暴力の防止と被害者の保護を目的として、DVという暴力の定義や、配偶者暴力相談支援センターの設置、保護命令[*22]、基本方針の策定などを規定しています。これをベースに被害者は、「配偶者暴力相談支援センター」で相談・援助してもらえたり、警察に「暴力の制止」「被害者の保護」「被害の発生を防止するために必要な措置」をとってもらえたり、裁判所に「保護命令」を出してもらえます。

　ストーカー規制法（2000年施行）は、特定の者に対する恋愛感情などの好意の感情またはそれが満たされなかったことに対する怨恨(えんこん)の感情を充足する目的で、その特定の者またはその家族などに対して行う行為（つきまとい行為[*23]）を規制する法律で、これに対して警告、禁止命令などの措置を定めています。また、同法は、同一の者に対し「つきまとい等」を反復し

---

*22　「保護命令」制度とは、暴力に悩む被害者（子どもなども含む）を加害者から分離するもので、生命の危険にさらされたとき、または身体に重大な危害を受けるおそれが大きいとき、被害者は、公証人の認証を添えて、裁判所に書面で保護命令を申し立てることができるものです。裁判所はすみやかな審理を行い、場合によっては、加害者に対し6カ月間の接近禁止、または2カ月間の住居からの退去を求めます。もし加害者がこの保護命令に違反すると、1年以下の懲役か100万円以下の罰金が科されることになっています。

てすることを「ストーカー行為」と規定し、「ストーカー行為」を行った者に対する罰則を設けています。

　被害にあって警察に申し出ると、「つきまとい等」を繰り返してはならないことを警察本部長等が警告します。さらに、警告に従わない場合には、都道府県公安委員会が禁止命令を出します。禁止命令に違反して「ストーカー行為」をすると、1年以下の懲役または100万円以下の罰金に処せられます。

　また、「ストーカー行為」の被害にあっている場合には、被害者自身が告訴して、警察に検挙を求めることもできます（告訴しなければ検挙することはできません）。「ストーカー行為」の罰則は、6カ月以下の懲役または50万円以下の罰金です（ストーカー行為のことをストーキングといいますが、本書ではストーカーで統一しておきます。「ストーカー規制法の概要」については、巻末資料4、p.233参照）。

　以上が基本なのですが、以下、この2つの法律の問題点について提起していきます。

　ストーカー法でいうストーカー行為には、加害者の恋愛感情や怨恨感情は一方的なものであり、したがって**加害者と被害者は「恋愛関係／夫婦関係などではない」**という前提があります。それに対して、恋愛関係／夫婦関係にある者の間で起こっている支配関係、暴力関係がDVなのです。したがって、**DVとストーカーは原則として根本的に異なるもの**です。簡単にいえば、交際相手の場合はDV、交際していない者の場合はストーカーといえます。

　しかし、この基本点さえ理解されず、メディアでは、恋人間の暴力をしばしばストーカー事件／ストーカー殺人などと呼んでいます。恋人や夫婦が別れたあと、一方が復縁を迫ってつきまといなどをするのはストーカーといえますが、別れ話をしているが相手の同意がなく、別れきっていない

---

＊23　つきまとい、待ち伏せ、見張り、押しかけ、監視、監視していると思わせること、面会など義務のないことの要求、大声など乱暴な言動、電話やファクス、電子メールでの嫌がらせ、名誉侵害など。

場合の暴力的なかかわり（別れてくれないこと、身体暴力、精神的暴力、支配、つきまといなど）は、原則、DVなのです。

　ただし、この場合も実際には、状況によってDVというべき場合と、ストーカーというべき場合の両方があります。すなわち、別れていないなら原則はDVですが、「相手の同意なく別れられる」という考えをもてば、**相手の同意がなくても別れを言えば、その時点で恋愛なり夫婦関係は終結と見なせるので、その後の暴力的なかかわりはストーカーの性質をもっている**といえます。別れ話をして、いったん別れたという場合で、その後に復縁を迫るのはストーカーの範疇（はんちゅう）に入りますが、別れた直後とか、別れを伝えたが相手が納得しておらず、「別れない／別れたくない／やり直そう」と言って、さまざまな圧迫的行為をしてくるのは、むしろDVに近いといえます。

　別れてくれないということで同居を続けていたり、恋愛関係／婚姻関係が続いているものは、DVです。別れていないけれども、ケンカして関係が微妙になっているとか、別れの予兆があるときに片方がつきまとい行為などをするのも、付き合っているなかでの相手に対する支配的行為ですから、DVです。同居しておらず、片方が別れる意思を示したにもかかわらず、相手が同意せず、そのために被害者の側も別れていると思っていない場合は、そこにおける暴力／支配はDVといえます。

　付き合っている関係で、別れを切り出したら「絶対に別れない」と言われた、怒られた、裏切りだとののしられた、殴られたなどというのは、DVです。**別れてくれないというのはDVである**という認識が広まることが大事です。

　一般的にいって、シングル単位観点に立てば、片方が別れたいと言えば、相手はそれを受け入れるしかなく、別れたくないという意思は「Ｉ（アイ）メッセージ」で1回は伝えてもいいですが、しつこく「別れない」と言いつづけて抵抗する権利はありません。ただし、力の強いほうが、弱者をコントロールするためのひとつの手段（駆け引き材料のひとつ）として別れを言い出す――そうすることで、別れたくないなら強者の言いなりになるように

させる——のは、別れを言うほうがDV加害者です。

　こうした原則的な区分をふまえると、DV法とストーカー法を再整理・改変する必要があることがわかります。

　現行のストーカー法は、交際相手と元交際相手からのつきまといをすべてストーカー法の枠にいれて統計把握しています[*24]（図表4-4）。しかし、元交際相手をストーカーと見なすのはわかりますが、いま交際している関係においての暴力行為・つきまといをストーカーと見なしてストーカー法で扱うのは、その定義からいって適切ではありません。実際は解説本などでも、DV被害を受けている人が殴られていたり別れでもめているときにとれる現実的対処として、離婚後はもちろん、離婚前／別れの前でも「ストーカー法を使います」と書いている状態であり[*25]、これはまさに法的矛盾の表れというほかありません。ストーカーでないのにストーカー法しか使えないのがおかしいのです。

　この問題の背景には、DV法の対象となるDVが重大なものに限られ、軽いDVはストーカー法を使わざるをえないという問題に加え、**恋愛関係にある者のDVを法の対象としていないというDV法の根本的な欠陥**問題があります。DV法が恋愛関係を対象としていないために（および重大なDVでないものは婚姻関係にある場合でさえ）、仕方なくその二者間の暴力をおおむねストーカー法で取り締まっているのが現状なのです。

　したがって、ストーカー法とDV法の両者をセットにして改編・再整理することが必要といえます。DV法の対象に恋愛関係を入れれば、ストーカー法でDVも扱うといういびつさは必要なくなります。なお、恋人関係

---

　[*24]　ストーカー法の統計において、加害者のうち「交際相手／元交際相手」が半分以上となっています（2013年度で51.8％）。これに「配偶者（内縁・元含む）」9.1％を合わせれば、6割がカップルか元カップルです。交際相手と元交際相手を分けた統計はありません。現在の交際相手や配偶者をストーカー法で扱っていること自体が矛盾です。また、被害者は女性が8割以上（2012年で87.4％、2013年では90.3％）、加害者は男性が8割以上（2013年で86.9％）、被害者の年代は20～30歳代が多数派（2013年で20代34.8％、30代27.5％）となっています。

　[*25]　配偶者間の暴力でもストーカー法が使えることは、警察庁の通達でも確認されています。

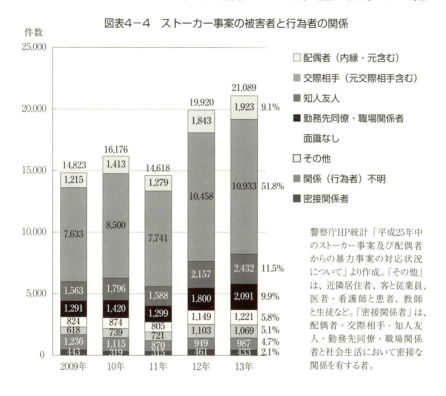

図表4-4 ストーカー事案の被害者と行為者の関係

には、同性愛者など**性的少数者の恋愛関係も含める**ことも必要です。

**(い) 法改正すべき点**

その他の改正すべき点も入れて、もう少し具体的にいえば、**DV法には恋愛関係も入れ**、DV行為のなかに「別れたいと言っても別れてくれないこと」——それに付随するさまざまな圧迫行為など——を入れることが必要です。片方が別れたいと思っても、明確に伝えていないで逃げていて、もめているケースは、DV法で取り扱うべきです。別居しているカップル、あるいはそもそも同居していない恋人関係などのカップルにおいて、別れたい（離れていてほしい）と言っているのに、家に押しかけてきたり付きまとう、近所に出没するなどは、DV行為とするのです。そうすることによって、交際関係や夫婦関係におけるその種の行動をDVとして包括的、

統一的に取り締まることができます。

現在、恋愛関係はストーカー法で対処していますが、同法は、警察が文書警告をなかなか出してくれないという問題や、警察が警告したうえで、それに違反してはじめて公安委員会が禁止命令を出すことになるので、判断に時間がかかるという欠点があります[*26]。DV法なら、被害者が申し立てれば保護命令を比較的簡単に得られるので、恋人関係でもDV法を使えるようにすることが大事といえます。

次に、ストーカー法は、恋人や夫婦でない者における、一方的な恋愛感情や怨恨感情によるつきまといという、本来の定義に沿ったものに再整理・限定したうえで（つまり、いま付き合っていたり夫婦関係である者は、ストーカー法の対象ではないことを原則とする）、元夫婦・元恋人で明確に別れたあと（片方が明確に別れを伝えて、一定時間がたったあと）に行われるつきまといなどは、ストーカー法の対象とすると明記すればいいと思います。

また、ストーカー法は、復縁要求や待ち伏せなどのつきまとい行為が1回あったとしても、それだけでは摘発できず、「その行為を繰り返した」ことと「社会通念上、身体の安全、住居の平穏が害されるのではないかと相手に不安を与えた場合」という条件（連続性、反復性要件）が必要で、使い勝手が悪く、しかも最初は警告だけがほとんど、罰則が軽いという問題があります。この点は、現場の警察官にも、少ない回数でも危険性を正し

---

[*26] 警察は、ストーカー被害防止のための援助や口頭注意は比較的簡単にやってくれますが、警告、とくに文書警告はなかなかしてくれません。2013年では「警告」が2,452件であるのに対し、「警察本部長等の援助」は6,770件で、そこでやっていることは「被害防止措置の教示」(1,884件)、「被害防止に資する物品の教示又は貸出」(704件)、「被害防止交渉に関する助言」(365件) などです。そのあとの公安委員会による禁止命令などは非常に少ない（103件）ですし、時間がかかります。

DV法の保護命令は裁判所の判断で2週間ぐらいで出ますが、ストーカーについては、裁判所ではなく、警察の主観的判断に左右されて警告が出されたり出されなかったりするので、警察が動かないと、どうしようもありませんでした。警告が少ないので、そのあとの公安委員会の禁止命令はさらに少なくなりますし、時間がかかります。

なお、この問題があったので、2013年6月のストーカー法改正で、警告などを出したか出していないか、警告をしない理由などについて、被害者（申し出た人）に報告する義務が課せられました。一歩前進です。

く把握できるよう訓練するとともに、危険性を正しく認識できるようなリストを整備して、被害者には複数で面談するようにすべきです。そして危険な場合は、警告を飛び越してすぐに禁止命令（あるいは、次に述べるように保護命令のようなもの）を出せるようにすべきです。

　DV法も罰則は軽いですが、保護命令は裁判所の判断で比較的簡単に出ますし、あとあと、保護命令が出たということは加害者に不利に働きます。ですから、上記したように、DV法にあってストーカー法にない保護命令（接近禁止命令）などは、ストーカー法にも取り入れるべきだと思います。裁判所判断で、すぐに出せるようにするのです。

　また、DV法では、被害者保護としてシェルター利用がありますが、ストーカーの被害者には原則ないので、ストーカー被害でもシェルター利用ができるようにすべきです。ストーカー法は、ストーカー行為を処罰することが中心目的となっているので、被害防止や被害者保護の面も充実させることも必要です。

　なお、ストーカー事案でも、DV法で設置された配偶者暴力相談支援センターで相談を受けてくれます。DVとストーカーは総合的に扱っていくべきなので、これは当然であり、この点はもっと周知していくべきです。

　さらに、このような整理と法改正を社会全体で進めるために、司法関係者、政治家、立法にかかわる者、警察など執行にかかわる者が、このDVとストーカーの違い、および関連性、深刻性を正しく理解することが必要です。

　また、若者を含め全国民に対して、片方が別れたいと言えば、相手はいくら好きでも別れを受け入れないといけない（別れに同意はいらない）という原則や、安全な別れ方を含めたDV防止教育を保障することが必要です。いまだ加害者／被害者とも「別れには同意が必要」と思っている人が多く、そのために、なかなか別れられないとか、「愛しているから別れないという加害者」、そしてDV／ストーカー被害が後を絶たないのです。

　なお、上記のような法改正を行う場合、ストーカー法にあった積極性は、DV法に組み込むべきです。たとえば、パートナー間でのつきまといなど

の行為に対する警察による注意・警告、さらに禁止命令はDV法にも入れ、それに伴う罰則も強化すべきでしょう（DV法、ストーカー法とも懲役・罰金はもっと重くすべきです）。

　たとえば、DV行為があった場合、警察に相談し、警察による注意・警告をしてもらえるようにし、それに従わない場合、さらに禁止命令を出せるようにしてはどうでしょうか。別居している場合などの安全確保のための警察官の同行支援、警察官による見回りなどを要求できることも、DV法に入れればいいと思います。ストーカー法でも接近禁止命令を出せるようにすべきということは、先にも述べました。

　なお、私の理想としては、上記の「DVやストーカー行為があった場合の注意・警告」は軽いDVの場合のことで、重いDV／ストーカーの場合[*27]は、**DV行為／ストーカー行為そのものによって逮捕・起訴**するようにすべきと思っています。米国の映画などで、DVがあれば警官が飛んできてすぐに逮捕されるというシーンを見たことがある方も多いと思いますが、あのようにすべきです。

　そもそも、DV行為（ストーカー行為）という犯罪行為をしても、日本の現行のDV法では、DV行為自体では懲役も罰金もないこと（加害者プログラム受講義務もない）がおかしいのです。[*28] 現行は、被害者が傷害罪などで告訴しなければDVは犯罪になりませんし、保護命令は、接近禁止命令と退去命令が出るだけ（それに違反した場合、検挙のうえ、1年以下の懲役または

---

[*27] 重いDVとは、法的には一定の線引きが必要ですが、私のグレーゾーンの図における上位のようなものが、これに当たります。一案としては、現行のDV法の対象となるDVと理解してもいいでしょう。つまり、①身体に対する暴力（身体に対する不法な攻撃であって生命又は身体に危害を及ぼすもの）、②これに準じる、被害者の心身に有害な影響を及ぼす言動といったもので、暴行罪、傷害罪、脅迫罪に当たるような行為です。なお、現在、「保護命令の対象となるDV」としては、上記に加えて、「更なる身体に対する暴力により、その生命又は身体に重大な危害を受けるおそれが大きい」場合という条件が加わります。

[*28] したがって、いまは、DVに対しては、ストーカー法をはじめとして、傷害罪、脅迫罪、器物損壊罪、強要罪、監禁罪、名誉毀損罪、侮辱罪、窃盗罪、住居侵入罪、信書開封罪、強制わいせつ罪、準強制わいせつ罪、強姦罪、などを使って対処しなくてはなりません。しかし、執行猶予もありますし、比較的短期で刑期を終えるという限界があります。

**図表4-5　DV防止法・ストーカー規制法の改正すべきポイント**

| DV防止法 |
|---|

* 恋愛関係全般をDV防止法の対象とする。
* 別れる、別れないでもめていることは、DVとしてDV法で扱う。
* DV行為に対して、それだけで逮捕・起訴できるようにする。当面、「警察による注意・警告」、さらに「禁止命令」（警告を受けた者がそれに従わず行為を繰り返した場合、行為の禁止を命令するもの）を出せるようにする。
* 保護命令などに従わない場合の罰則（懲役・罰金）の強化。
* デートDV防止教育の義務化。
* DV加害者プログラムの受講義務化。
* DV被害女性が貧困から抜け出すために、ケア労働を含めた働く場を行政が責任をもってつくりだすこと。
* シェルター退所後の、被害者およびその子どもの長期的支援を行っている民間被害者支援組織に対する財政的支援。
* 保護命令の一部として、被害者に対する婚費や子どもの監護者の指定など、仮処分的な命令を出せるようにする。
* DVに付随してしばしば発生する、子どもにDVを見せること、子ども自身への暴力、性的虐待を広義のDVとしてとらえ、加害者を厳しく処罰すること。
* 保護命令の対象の拡大（被害者以外にも、保護命令のなかの電話等禁止命令などの適用を拡大すること）。

| ストーカー規制法 |
|---|

* 婚姻関係や恋愛関係におけるつきまといや暴力行為・もめごとは、ストーカーとして扱わず、DVとしてDV法で扱う。パートナー関係を明確に解消したあとは、ストーカー法で扱う。
* ストーカー行為に対しても、DV法の接近禁止命令のようなものが裁判所からすぐに出せるようにする。
* ストーカー認定の「連続性、反復性要件」に対しては、ケースによっては柔軟に適用できるようにし、危険性の高いものには最初から厳しい対応をとれるようにする。
* ストーカー被害でもシェルター利用ができるようにする。
* ストーカー行為そのものによって逮捕・起訴できるようにする。
* 罰則（懲役・罰金）の強化。
* ストーカー加害者に対して、カウンセリングや治療プログラムの受講義務化。
* ストーカーの定義・範囲の拡大。SNSも規制の対象とすること。
* ストーカー問題解決支援センターの設立。
* 警察が加害者に頻繁に接して、様子や危険性をチェックするような仕組みを入れる。

100万円以下の罰金）です。また、保護命令の期間も短すぎますし、緊急保護命令制度も導入すべきです。[*29]法律に、**加害者の暴力をやめさせる働きかけがないこと**は大問題です。

なお、2013年6月に、同棲している関係においては、結婚していない恋愛関係でもDV法の対象となる法改正がなされました（図表4-6）。一歩前進ではありますが、**同棲していない恋人関係は依然として対象外のまま**で、多くのデートDVをDV法は放置／無視しています。また、恋人の同居は、住民票や公共料金の支払い名義などで立証する必要があり、迅速な保護を妨げています。早急に恋愛関係全体をDV法の対象にすべきです。[*30]そして、**デートDV防止教育の義務化**も入れるべきです。

また、2013年の改正ストーカー法で、新たに「つきまとい行為」となったのは電子メールだけで、フェイスブックやLINEなどの**ソーシャル・ネットワーキング・サービス（SNS）**は、引き続き規制の対象外です。この点も改善すべきです。[*31]ストーカーの定義・範囲自体も拡大すべきです。[*32]

最後に、DVでもストーカーでも、加害者となった者に対しては、**加害**

---

*29 『国際スタンダードに基づく日本のDV防止法等の改正に向けて──女性に対する暴力報告書』（特定非営利活動法人ヒューマンライツ・ナウ、2013年6月）において、「接近禁止命令の期間制限を設けない。仮に期間制限を設ける場合には、少なくとも1年とし、被害者の再度の申立てがあれば原則として更新するものとする」、「差し迫った危険がある場合には、被害者の申立てに基づき、相手方の事情聴取を行うことなく24時間以内に緊急保護命令が発令できるものとする」というようにすべきという提言がなされています。

*30 法務省は、「交際相手という概念自体が法律概念として明確性に欠ける」と逃げています。しかし、英国などでは交際相手も法的対象としており、できないことはありません。被害者が交際していたと言えばすむはずです。実践的には、交際していたと認定するのは困難ではありません。被害者／加害者とも、交際していたかどうかでうそをつくメリットは、とくにありません。交際していないと罰せられるが、交際していたから許されるというようなことはないからです。もし交際していないのに「交際関係であった。そしてDVされた」という訴えがあれば、双方に聞き取りのうえ、まわりからも証言を集め、あとあと裁判などで判定すればすみます。しかし、多くはそのようなうそをつかないでしょう。うそをつく積極的メリットがないからです。何らかの身体暴力があれば、それはそれとして扱えばいいですし、ストーカーが、付き合っているとうそを言っても、ストーカーもDVと同程度の罪を問えるならば、メリットはありませんし、うそを言うことは自身の不利になります。

> **図表4-6　2013年のDV防止法改正での対象拡大について（2014年1月施行）**
> ○DV法の対象に「同居中または同居していた恋人間の暴力」が追加される。
> ○従来は、「夫婦間と元夫婦間」「事実婚のカップル間」の暴力だけであった。対象拡大によって、たとえば同棲しているカップルで、DV加害者が別れに同意してくれずにもめていて、被害者が怖い思いをしている場合、被害者がDV法にもとづく一時保護や保護命令の制度を使えるようになった。
> ○事実婚とは、婚姻意思を有し、夫婦共同生活の実態があり、結婚式を挙げているとか同じ住居に住民票が出されていること、家計を共通にしていることなどがあるもののこと。
> ○今回の改正では、この条件に当てはまらない同棲関係にも適用するとした。
> ○改正法が施行された2014年1月から4月末までに、恋人間暴力での保護命令が51件出された（保護命令申し立ては全体で958件）。

**者教育プログラムの受講の義務化**を法律に明記すべきです。[*33] その受け皿として加害者プログラムをする民間団体を早急に支援して拡大させていくべきでしょう。[*34] また、ストーカー対策の節（本書4-7）でも述べますが、警告を受けた人に個人相談（カウンセリングや治療）を義務づけ、様子を定期

---

*31　岡山県では、県迷惑行為防止条例が改正され、2014年4月から、恋愛感情がなくても、メールや無言電話、インターネット交流サイト（SNS）への書き込みを繰り返すと、規制対象になることとなりました。他の都道府県も、国もこれに見習って、早急に規制対象をSNSにまで拡大すべきです。
　　なお、ストーカー対策の在り方を議論してきた警察庁の有識者検討会の報告書（2014年8月）は、現行法による規制について不十分な点があると指摘しました。具体的には、SNSによるメッセージの連続送信や「はいかい」も新たに法規制対象の「付きまとい」にすべきとしました。警告に従わなかった場合に出せる禁止命令について、聴聞などの手続きがあるため命令までに1カ月近くかかる場合が多く、その間に重大事件に発展するのを避けるため、警告を経ずに出せるようにすべきとしました。加害者対策をめぐっては、報告書はカウンセリングや治療について有効な対策となる可能性があると言及しながらも、警察庁が進めている加害者治療の調査研究結果をふまえてさらに検討するとし、具体策は先送りされてしまいました。その他、現在の罰則（最大で1年以下の懲役または100万円以下の罰金）の引き上げ、医療機関も連携した更生プログラムの検討、一時避難施設のさらなる確保、ネットを使う際の注意点を教えるなど学校教育の充実の必要性なども指摘されました。
*32　イギリスでは、「嫌がらせ行為」や「暴力の恐怖を与える行為」の定義が幅広く、被害者が嫌な行為を繰り返すことはダメだとされ、相談先は裁判所、証拠集めは警察で、裁判所と警察が連携して刑事裁判をし、被害を受けた人への損害賠償も規定されています。

的に把握できるようにするようなことも必要です。※35

「NPOヒューマニティ」の小早川明子さんが提案されていますが、行政が「ストーカー問題解決支援センター」というようなものをつくることが有効でしょう。そこでは、ストーカー問題に詳しい人が相談に乗り、身の守り方などを教えてくれると同時に、加害者にも会ってくれる（接触してくれる）ようなものができるといいです。加害者に「いったい何が問題なんですか？」と聞き、「ストーカー行為はやめてください。しかし、被害者のほうにあなたの話は伝えますよ」というような橋渡し役をするのです。そしてこの相談員は、被害者のサポートもして、必要だと判断した場合、警察に警告や処罰を求めることもするということです。従来はDVでの被害者支援ばかりで、DVやストーカーの加害者はほとんど放置されていました。しかし、それでは被害の抑制の効果がないので、日本でも、そこまで踏み込むような対策をとるべき段階にきていると思います。

## 4-6　ひどいDVケースにおける別れ方・闘い方・逃げ方

### (あ) 考え方の基本──「別れ」についての認識を変える

「別れについての考え」に関しては、本書の別のところでもふれていま

---

＊33　米国やカナダなど、欧米のいくつかの国では、DVによる逮捕後の、一種の刑罰代替プログラムが導入されています。すなわち、比較的軽度のDV罪の被告に対して、実刑か、更生のための教育プログラムのどちらかを選択させるダイバージョンシステムです。カナダではDVが多いので、DV専門の裁判所が州によってはあるほどです。（信田さよ子［2008］p.103）

＊34　加害者プログラムについては、当面、まず、現在加害者プログラムを実施している人たちを集めて、意見を聴く機会をつくるべきです。そして加害者プログラムについては、場所代・事務所の維持が大変なので、その支援などをしていくことが必要です。加害者プログラムは必ず被害者支援とつながっていることを条件にすべきでしょう。

＊35　「NPOヒューマニティ」理事長の小早川明子さんは、長期的に被害者の安全を確保するためにも、警察だけに任せるのではなく、公的なセンターを中核にして関係機関が対応する仕組み、被害者の保護とか加害者の再発防止を担う「ストーカー問題解決センター」のような名称の機関を全国に展開することが望ましいといいます。（「ストーカー：NPO小早川さんインタビュー一問一答」『毎日新聞』2014年2月17日）

図表4-7　別れについての考え方を変える

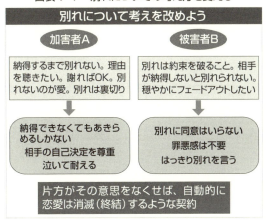

すが（3-3、5-1など）、実践的に重要なこととして、危険なDV加害者（ストーカーになりそうな人）との安全な別れ方について学んでおく（教育としては、教えておく）という課題があります。

まず、DV被害者が別れやすくなるよう、そして加害者が間違った考えをもって加害行為を悪化させないよう、デートDV防止教育で「別れに相手の同意はいらない」というルールを教えることが必要です。

それに対して「別れる、別れないということは、双方の合意がないと、やはり無理ではないか？」「一方的に別れるというのは契約違反で、身勝手ではないか？」という質問がよく出ます。それに対しては、以下のように答えます。

双方の合意があると、別れやすいし、そのあとがすっきりするでしょう。だから、危険性のない相手なら当然、別れ話を普通にしていいと思います。しかし、片方が同意しないからといって、いつまでも別れないというのは、それは付き合っていることなのでしょうか？　もう好きではなく、楽しい会話もないのに、別れの合意がないから付き合いつづけるのでしょうか？ DV加害者がいつまでも「絶対別れない」と言ったら、いつまでも付き合わないといけないのでしょうか？　そのような「別れには合意が必要」という恋愛の常識自体が、別れにくくさせ、結局、DV関係を存続させてし

まっているのです。

　ですから、はっきりと、「別れには同意（合意）はいらない」という恋愛観をみなが広くもつようになっていくことが重要です。

　加害者は、自分がなぜ恋人から捨てられたのか、その理由を知りたい、知る権利がある、そうしないと納得できないと思っています。相手が別れの理由を明確に言ってくれないなら、別れられないと思い、相手を問いつめようとし、DVやストーカーのようなことをしてしまいます。そう思い込んでいる人が多いので、DV／ストーカーが蔓延しているのです。[36]

　それに対しては、そういう考えが間違いで、離れていく相手が明確な別れの理由を言えない場合もあり（言えば相手が傷つく）、明確な理由などないこともあり、また、理由を言ってもフラれるほうは納得などできないことが多く、結局、いくら話し合っても、復縁などないのが大方なのだと知らねばならないのです。そして、相手が明確な別れの理由を言わなくても、フラれたら、あきらめなくてはならない、それを受け入れないで抵抗するのはDVなのだと知らねばならないということです。[37]つまり、被害者には相手が納得するまで説明責任があるということではなく、加害者の側が別れを受け入れる責任があるということです。[38]

　結局、DV加害者は通常、簡単には別れを認めませんから、被害者のほうから強制的に関係を断ち切るしかない場合が多いのです。それは正当な

---

＊36　神奈川・逗子2012年ストーカー殺人事件では、加害者は、何年も前の話であるのに「結婚を約束したのに別の男と結婚した。契約不履行で慰謝料を払え」という内容のメールを被害者に送っていました。神奈川・伊勢原2013年ストーカー殺人未遂事件でも、加害者は、6年間も怒りを保持して犯行に及んでおり、自分がDVをしたことは棚に上げて、「すべての元凶は元妻が出ていき、自分を無視しつづけたことにある」と述べています。巻末資料を参照のこと。

＊37　もちろん、相手が冷静ならば、別れたいと思っているほう（フルほう）は、別れる相手に対して誠意をもって関係を終わることを伝えるべきだし、これまでの関係への感謝を言ったほうがいいし、ある程度の別れの理由も言ったほうがいいだろうし、そのほうがフラれるほうは納得しやすいとは思います。しかし、説明されたからといっても、結局、フラれるほうはつらいものだ、傷つくものだ、納得しがたいものだ、何とか原因となったところを変えるから別れを考え直してほしいと懇願するだろう、ということは知っておくべきです。

行動だという考えを広げて、加害者になるかもしれない人たちに、「別れない権利／執着する権利はない。別れに納得するまでは関係は終われないという考えに正当性はない」ということを知っておいてほしい、と伝えます。被害者にもこのことを教えて、自信をもって別れていいのだ、相手が納得してくれないでも別れることに罪悪感をもたなくていい、と伝えます。

## (い) 別れ方

　では、次に具体的な別れ方です。現状は、DV加害者は、好きだ（別れたくない）と言いつづけ、別れないという意思を示す行動を、「悪いことではない。むしろ愛情や責任感ゆえのことだ」と思っています。ですから現実的には、第三者や警察を入れて、「加害者がDVをすること、ストーカーすること」を何としても食い止める方法を、みなが知っておくべきです。被害者のなかには、別れると言うと相手が逆上するから怖くて言えない、うまく相手に納得してもらって穏やかに別れたい、あいまいなことを言って雰囲気を察してもらって、フェードアウトしたい、別れても同じ学校にいるとか家に来るということで、追いかけられるから別れるのは無理、などと思っている人が多いのです。

　だからこそ、安全な別れ方をいくつか知っておき、いざというときに別れをあきらめるのではなく、うまく安全に別れられるような力（相手が別れに抵抗したときの対処ノウハウ）を身につけておきたいと思います。

　まず、別れに対しては、一人で対処せず、信頼できる友人に協力してもらい、DVに詳しい人（先生やDV被害者支援のNPO、男女共同参画センター／配偶者暴力相談支援センターの相談員など）につながること。そして、安全な別れ方、別れたあとの安全の確保の仕方の作戦を立てておきます。[*39]

　そのうえで、先生や大人、親、弁護士や相談員、NPO支援者などを巻

---

[*38] テレビに登場していたあるストーカーは、勝手に別れると言った彼女が許せない、しかし明確に拒否はされていないし、嫌われたわけではない、彼女が自分に謝罪してほしい、自分と友人としてかかわりつづけてほしいと言っていました。警察から何度も付きまとうなと警告されているにもかかわらず、別れ（拒否）を受け入れようとせず、「嫌われたわけではない」と思い込んでいました。

き込み、個人の部屋（密室）でなく、大声を出しにくい、喫茶店、ホテルのラウンジなど人目のあるところ（公共の場）で、上記した第三者（大人、支援者、親）を同席させて別れ話をします。[*40]同席する第三者は、新しい恋人や恋人と間違われかねない同年代の友人は避けるべきです。会わずに、メールや電話で別れを言いたいという人がいますが、それでは相手が怒るきっかけを与えますし、直接性がないため変な希望をもちがちなので、直接会うのが原則だと思います。[*41]

　あいまいな言い方ではなく、「あなたとはもう関係をもてない。恋愛感情はもうありません。完全に別れてください」というように、別れる意思を明確に伝えることが大事です。そして、「別れに相手の同意はいらない」という原則を確認し、「あなたが認めなくても別れます」と伝えます。

---

\*39　だれに相談したらいいかという問題ですが、できれば、①フェミニスト感覚があること、②ジェンダーの視点があること、③性暴力への批判スタンスがあること、④被害者の実態を知り、被害者中心主義の観点があること、⑤この分野での信頼、実績があること、⑥権利を守るために弱者の側に立って恐れずに闘う姿勢があること（加害者を恐れない、毅然とした態度、警察も使って闘える能力）——などがあればいいと思います。臨床心理士といった専門資格があるからいいというものではありません。DV被害者支援の運動の蓄積をふまえ、それを学んだ人がいいと思います。なお、最初に相談した人がよくない場合もあります。親身になってかかわってくれる人に出会うまで、あきらめないで探しつづけることが大切です。

\*40　もちろん、ケースによって適切な対応が違ってきます。非常に危険な相手で、面会せずに黙って逃げて雲隠れする（シェルターに逃げる）という手段が有効な場合があり、その場合、後日、弁護士などから離婚（別れ）の申し入れをするということになります。同居・同棲していて逃げたい決心が強い場合、別れ話を優先する必要はないでしょう。一方、危険性はあるものの、同棲していない恋愛関係で、第三者が立ち会って公共の場なら別れ話ができるという相手の場合なら、本文に書いたように対処すればいいと思います。

\*41　会うと逆上して暴力を振るわれる、電話でもブチ切れされるからという理由で、メールなどで一方的に別れを告げる、何も言わずに連絡を完全に絶つ、無視する、着信拒否にしてしまうなどの対応をとることがありますが、面会なしにそれだけすると、相手は別れの実感をもつのがむずかしくなります。そして、主観的願望に沿って、まだ別れていない、嫌われていない、復縁の可能性があると思って、期待をもって追いつづけてしまう率が高まります。別れを告げたあとに連絡を絶つのは大事ですが、まずは逃げずにしっかり向き合って別れることが大切です。「対面でお別れができる人だったら苦労はしない」という意見がありますが、だからこそ、本文で書いているように第三者を入れて安全を確保しつつ、毅然とした態度で、強さ／覚悟を見せて立ち向かうことが大事です。

第4章　被害者へのかかわり方・相談の乗り方・リスク対策

　そして、支援者がついているから、もし今日以降、つきまといや復縁要求的なことをしたら、すぐに警察に通報するし、DV法、ストーカー法などによって法的に対処していくと相手に伝えておきます[*42]。

　並行して、事前に警察に事情を話し、緊急通報システムに登録しておき、相手が来るのが怖いので、もし連絡したらすぐに駆けつけることを頼んでおきます。警察に行く際には、本書4-9で示すような、これまでの経緯を詳しく書いた文書を持っていって、「私の安全の確保をお願いします」と明記することが大事です。

　**そのように別れを告げたあとは、原則、その後まったく会わないようにすること**が重要です。DV加害者は、何とか会って、いままでのようにうまく言って復縁を迫ろうとします。私が相談を受けた被害者も、何度も「もう最後だから……」「最後に渡すものがあるから……」などと言われて会ってしまって、別れてくれないという状況になっていました。会えば、加害者は、これからも粘れば何とかなるかもと思って、余計に執着してきます。絶対に会わないという態度を貫くことが大事です。

　そして、もし少しでも何かされたら、すぐに大人の支援者に同行してもらったうえで、警察に伝えて、相手に「もう近づくな」という注意（できればより強力な警告）をしてもらうことです。それでも止まらないなら、逮捕してもらうように被害を訴えます。主にストーカー法や刑法の傷害罪、暴行罪、器物損壊罪などが使えるので、警察や弁護士に相談します[*43]。

　多くの場合、専門家や警察などが自分（被害者）にはついていると思わせることで、加害者はあきらめます。対処の途中で相手（加害者）の家族や職場・学校の人にも話をして、相手の暴発を抑えてもらうようにすることも、選択肢のひとつでしょう。加害者プログラムに行ってもらうことも、できれば使いたいものです。

---

*42　DV法によって接近禁止命令をとっておけば、当然、加害者が接近することを防げますし、それと同時に、面会を強要すること、監視していると思わせること、電話で嫌がらせをすることなど、ストーカー的行為を禁止することが、DV法によっても6カ月に限ってできます。問題は、これを使えるのは、かなり重度のDVの場合に限られるということです。

第三者がいる前ではおとなしくして、別れを受け入れるようなことを言っていても、逆恨みして、どこかで待ち伏せして、むちゃな攻撃をしてくることも考えられるので、**別れ話をしたあと、しばらくはできるだけ一人にならず、友人などと行動をともにし、周辺に注意を向けておくように**することも必要です。

　危険性が高いと思われる場合は、友人宅、実家、シェルターに逃げる手もありますが、最近は、ホテルに一時避難する方法への援助も始まりました。警察庁は、ストーカー事案およびDV事案の被害者が一時的な避難先としてホテルなどの宿泊施設を使うことができるように、本人負担をなくす制度を2015年度から導入することを決めました。一時避難先としてホテルなどに宿泊した際の費用を都道府県と国が半分ずつ負担します。警察庁は、この費用として約1億3,340万円を2015年度予算の概算要求に盛り込んでいます。一時的な避難先としては、47都道府県ごとにある婦人相談所や民間シェルターなどが想定されていましたが、シェルターなどでは外部との連絡がとれないよう外出を制限したり、携帯電話の使用が禁じられたりする場合が多いため、従来の生活を続けたいという被害者のニーズと合わない例が多く、支援のあり方を見直しました。

　なお、相手が冷静で、DVなどしてこないような人ならば、もちろん通常の別れ話をしたらいいのです。ただし、フラれるほうが逆上しやすい傾向が一般的にはあるので、そのような安全な人でも、別れ話は、密室で二人だけではなく、できれば第三者が近くにいるようなオープンな場所でし

---

＊43　別れてくれないDV加害者への対応とストーカーへの対応は、重なる点が多数ありますから、詳しいことは、次の4-7のストーカー対策の項目を参照してください。とくにDVでは、接近禁止命令、退去命令を出してもらうところに特徴がありますが、そのハードルはいくぶん高く、ストーカー法のほうが軽いDVで使えます。「あなたはDVをしました。これ以上のDVをすれば訴えます。別れを受け入れずにつきまといなどをすれば、ストーカーとして警察や裁判を使って対処していきます」といった趣旨の警告を、弁護士による内容証明で送るという手もあります。法律としては、ストーカー法、DV法のほかに、傷害罪、脅迫罪、器物損壊罪、強要罪、監禁罪、名誉毀損罪、侮辱罪、窃盗罪、住居侵入罪、信書開封罪、強制わいせつ罪、準強制わいせつ罪、強姦罪などを使って、積極的に闘う（被害届、告訴）という姿勢が大事です。

たほうがいいと思います。

## (う) DVへの対処・闘い方

　別れる（離婚する）[*44]以外にも、DVへの対処・闘い方はあります。別居する（その間、婚姻費用・養育費を請求）とか、加害者に「加害者更生プログラム」を受けてもらうという手があります。そのほかの制度的なことについては、すでによくいわれていることなので、簡単に紹介しておきますが、警察からDV被害防止の援助を受けたいならば、「援助申出書」を提出して、配偶者暴力相談支援センターを紹介してもらうとか、被害を自ら防止するための措置を教えてもらう、住民基本台帳を閲覧されないようにする[*45]、被害防止のための物品を借りる、110番緊急通報登録システムに登録する、被害防止交渉のために相手方に警察から連絡してもらったり、警察施設を借りる、などを要請します。そのために、診断書を取るとか、被害の証拠を残しておきます。携帯電話を見られるなどプライバシー侵害による束縛があれば、それも記録し、のちに訴えていくことが必要です。友人に陳述[*46]書を書いてもらうとか、話し合ったときの結果を念書にしておく方法もあります。実家や友人宅に逃げる手もありますが、それだと見つかりやすい

---

[*44] 慰謝料、財産分与、養育費、親権、面会交流などについて決めることになります。
[*45] 残念ながら、DV被害者らの転居先の閲覧制限はいまだ徹底されていません。『朝日新聞』の調査（2014年1月25日記事で紹介）によると、20政令指定都市と東京23区を調べたところ、6割で役所内の情報共有に不備がありました。2004年に始まった閲覧制限制度ですが、役所内で連携をとって情報が漏れないようにすべしという8年前の国の通知が徹底されていないことが、2014年段階で明らかになったということです。原則は、市区町村の戸籍担当課が被害者から申請を受けると、住民基本台帳システムに記録し、住民票の交付などを制限し、被害者の情報を検索すると「DV」などと警告表示が出るようになっているはずなのですが、多くの役所で、戸籍担当課のシステムが、税や国保の担当課、地域福祉課などの一部のシステムと連動しておらず、警告が表示されない状態が残存している現状なのです。文書で個人情報を扱う各課に伝達しているところもありますが、していないところもあります。被害者に自分で各課にぜんぶ行けと言っているところもあります。
　神奈川県逗子市のストーカー殺人事件（巻末資料参照）でも、役所が被害者の住所を安易に探偵業者に教えてしまっていました。市納税課のコンピューター端末には、被害者の情報を照会した記録が残っていました。住所は被害者の命に直結する情報なのに、危機意識が低い職員がまだまだいるのです。

ので、婦人保護施設などの公的施設や民間シェルターなどを紹介してもらって、加害者に見つからないように避難するという方法もあります。

逃げている間に病院に行く場合、健康保険証などから居場所が見つからないように、医療機関に事情を説明しておく必要があります。保険証がない場合、配偶者暴力相談支援センターに相談して、例外的に特別に保険証を発行してもらったりします。

また、被害届を出して、暴行、傷害、脅迫などで捜査・検挙してもらう方法もあります。警察以外を使う手としては、配偶者暴力相談支援センターやDV被害者支援のNPOを紹介してもらう、接近禁止命令、退去命令、電話などの禁止命令などの保護命令を裁判所に出してもらう（違反すれば検挙）などがあります。[*47] まずは、早い段階で警察に相談に行くことが重要です。警察に相談していることが保護命令を申し立てるための要件となっているからです。

DVを受けて別居しているとき（離婚手続き中）や別れたあとに、慰謝料や治療費、引っ越し費用などの損害賠償を請求する道もあります。DVが原因で別居し、離婚を求めて裁判を準備中に、加害者が押しかけてきて面談を強要したり殴ったりする場合、正式な裁判を待たずに、すぐに面談強要禁止の仮処分を出してもらうといった手もあります。

## 4–7　ストーカーに対する対応の仕方

上記のDV加害者との別れ方と重なる点がありますが、ストーカー被害

---

\*46　夫婦であっても独立した個人であり、各人に秘密があって当然であり、携帯電話の履歴情報などは個人のプライバシーの一部であるので、夫婦の片方が相手の同意なしに携帯メールをチェックした場合、プライバシー侵害として損害賠償の理由となりえます。行動監視アプリなどを相手の携帯電話やスマホにひそかにインストールして利用するのも、不正指令電磁的記録の作成罪、提供罪、供用罪、取得罪、保管罪などとして違法になりえます。その行動監視結果を第三者に公表した場合には、名誉毀損罪が成立します。携帯電話にセキュリティ・ロックがかかっている場合に、通信回線を通してひそかにロックを解除し、監視ツールをインストールした場合には、不正アクセス罪が成立しえます。

\*47　DV法ではなく、民事保全法による接近禁止の仮処分を申し立てることもできます。

状態の場合の対応の仕方をまとめておきます。DVカップルの別れ話やストーカーでの傷害・殺人事件が相次いでおり、警察は失敗を重ねてきました。そのため、ようやく近年、警察も対応を充実させてきています。

ストーカー行為をされたら、まずは警察や男女共同参画センター、被害者支援NPOなどに相談し、対策を練ることが必要です。そのときに、図表4-10（p.141）で示すような、これまでの経緯を詳しく書いた文書を持っていって、「私の安全の確保をお願いします」と明記することが有効でしょう。そのためにも、友人や相談を受けてくれるところで話をして、被害の全体をまとめる作業はしておいたほうがいいでしょう。事前にできなければ、相談先でしてもらいます。

警察庁のホームページには、「恋愛感情等のもつれに起因する暴力的事案の特徴」として、「事態が急展開して、殺人などの重大事件に発展するおそれが大きい」「早期の対応が決め手」と指摘し、相談してくださいと書かれているので、最寄りの警察に相談することを躊躇する必要はありません。

そして、もし明確に拒否の意思を示していないなら、一度明確に、被害者（および支援者、できれば弁護士名なども記して）から、ストーカー加害者に拒否の意思を示すことが必要です。ストーカーが元パートナーであれば「あなたとはもう完全に別れています。復縁する意思はまったくありません。恋愛感情はまったくありません」「二度とつきまとい／ストーカーなどの行為をしないでください。今度したら、警察や裁判所に訴え、闘います[49]」などとはっきりと拒否の意思を伝え、その後何かがあれば、すぐに警

---

*48　福島章『新版ストーカーの心理学』（2002年）は、ストーカーを「精神病系」「パラノイド系」「ボーダーライン系（境界性人格障害）」「ナルシスト系（自己愛性人格障害）」「サイコパス系（反社会的人格障害）」の5つに分類していますし、ほかにもいくつかの分類をしている人がいますが、私は、こうした区分をしても、被害者がとる対策には役に立たないことが多いので、あまり意味はないと思います。

*49　ストーカーは、相手（別れたいほう）には自分（別れたくないほう）を納得させる義務があると思い込んでいますから、DVの場合と同じように、「別れについての基本の考え」を伝えることも、場合によっては有効でしょう。しかし、たぶんすぐには納得しないでしょう。

察に動いてもらうというのが基本です。付き合ったことがない一方的なストーカーなら「二度とつきまとい／ストーカーなどの行為をしないでください。今度したら、警察や裁判所に訴え、闘います」とだけ言えばいいでしょう。

急に警察が来る前に、ワンクッション、このままでは警察から警告されるよと事前に伝えるようなことが大事だと、小早川明子さんも言っています。

それでもストーカー行為があるような場合、危険なストーカー加害者とは被害者が話しても無駄ですから、基本は、警察など第三者を入れて毅然とした警告をすることです。まずは警察から「注意、口頭警告」や「文書警告」をしてもらいます（できるだけ文書警告を出してもらうほうがよい）。警告や禁止命令が被害者の居住地だけでなく、加害者の住む地域やつきまとい現場の警察などでも出すことができるようになりましたので、それを積極的に使うことです。警察から、「NPOヒューマニティ」のような「**加害者が相談できるところ（話を聴いてもらえるところ）**」を加害者に紹介してもらうように求めることもひとつの手です。

また、**警察には、加害者に頻繁に接して、様子や危険性をチェックしつづけてもらうことが大事なので、それを強く求めることです**。現実には、警察だけではその能力が十分でないので、加害者に接していく「加害者教育」や「加害者治療」、「NPOヒューマニティ」のようなカウンセリングの機関を養成し、それを利用させることをめざしていくべきです。しかし、現状はそこまで行っていないので、とにかく警察に加害者に接しつづけてもらうようにすることと、次に述べるように、告訴することが大事です。

警察から警告を出すこと、携帯の着信拒否、番号変更などは状況を悪化させるという意見もありますが、連絡をとらないことが基本なので、相談のうえ、そうした対処をして、自分を守ることはしたほうがいいです。警察なども入れて強い意志を示せば、多くの場合、ストーカー行為は収まります。ただし、**警察に警告などをしてもらった直後は、十分な警戒が必要**です。警察や支援者は、被害者に、だれかと常にいるとか帰宅しないよう

に勧めて、安全確保をしっかりやってから、文書警告を求める必要があります。危険性が高い場合は、非常に理不尽なことですが、とにかく２～３カ月、身を隠す（引っ越す）ことを真剣に検討すべきです。仕事や学校のことなどで引っ越しが無理で、同じ場所にいつづけるなら、警察に定期的に自宅を見回ってもらうことを要請します。証拠をとるためにメールなどを残す手もあります。ケースごとに被害者の耐性や危険度なども違うので、相談のうえで対処します。[*50] さまざまな嫌がらせに対してどの法律で対処すべきかは、警察などと相談してください。

　注意点としては、ストーカーでも、**別れたあと（明確に警告したあと）は、被害者は加害者に絶対に会わないこと**です。小早川明子さんも「加害者の特性として、会えば執着心が復活する。被害者から頼まれても警察は面会を認めてはならなかった」と述べています。[*51] 家族や親戚、職場や学校に協力してもらって、加害者がやってきたらどう対応するかを決めておくことも大事です。[*52]

　警察に少し相談しても、末端警察官では、無知なことや熱意が足りないことがあります。その場合、ほかの人に相談するなどして、あきらめないことが大事です。たとえば、改正ストーカー規制法の対象ではありません

---

*50　小早川明子さんは、ストーカーの危険度を、軽い段階の『Risk』、中ぐらいの段階の『Danger』、重度の段階の『Poison』の３段階に分ける案を提起しています（フジテレビ・プライムニュース2013年10月22日放送より）。『Risk』とは、「やり直したい」「最後に一度会ってくれ」と言っている、注意しておくべき段階。『Danger』は、「相手がいないと生きていけない」などと言っている、相手が戻ってくるかもしれないと希望をもっている段階です。これは危険性が高く、１対１では解決できないので、第三者の介入が必要といいます。『Poison』は、ストーカーがもう復縁は無理と思い、死んでもいいやとまで感じている時期で、こうなっているストーカーは存在そのものが非常に危険、つまり毒だといいます。これには警察などによる拘束が必要だといいます。これも参考にすべきひとつの分類指標だと思います。

*51　『毎日新聞』2014年２月22日記事「SOS・なくせストーカー：加害者の再犯防止策　避難徹底／心理士と面会／治療義務づけ」より。なお、同記事中で、小早川さんは、事件化・悪化を防ぐためにも「警告を受けた人にカウンセリングや治療を義務づけ、様子を定期的に把握できるようにすれば臨機応変に対応できる」と話しています。

*52　基本的に、被害者のことは知らないと言いつつ、すぐに警察や関係者に加害者が来たことを連絡するようなことを確認しておく、などがあります。

### 図表4-8　ストーカーに対して被害者がとりうる対応策

●警察関係・法的対処関係
＊警察で「ストーカー・DV対応のチェックリスト」文書（巻末資料3「警察に来られたあなたへ」、p.231）での説明を聞き、どのように安全を守ってもらえるのかを明確にしてもらい、被害届（告訴）などを出す積極的な対応を考える。
＊警察に「援助申出書」を提出して、ストーカー行為をした人物の氏名を教えてもらう、被害を自ら防止するための措置を教えてもらう、被害防止交渉のために相手方に警察から連絡してもらったり、警察施設を借りるなどをする。
＊被害拡大を防止するための交渉についての助言を警察から受ける。
＊被害拡大を防止するための交渉の場所として警察を使わせてもらう。警察官に待機してもらったり、同席してもらう。
＊警察から「注意、口頭警告」と「文書警告」をしてもらう。
＊警告に従わない場合、ストーカー法での禁止命令（公安委員会）を出してもらう。あるいは、脅迫罪などで検挙していくように要請（告訴）する。
＊緊急的に、嫌がらせ行為を禁止する裁判所命令を求める仮処分命令の申し立てを行う手、具体的な嫌がらせをやめることを求める民事訴訟を行う手もある。
＊壊された物の費用、ビラの回収費用、防犯設備費用、弁護士費用や、精神的苦痛による病気の治療費、引っ越し費用など、嫌がらせによってこうむった損害に対して、損害賠償請求（民事）をする手もある。[*53]
＊警告や禁止命令、仮の命令について、実施したことを明らかにする書面、あるいは実施しない場合、その理由を示した書面を交付してもらう。
＊告訴したときに、被害者の情報が伝わって加害者に利用されないよう、匿名化などの配慮の対応を頼む。
＊警察の緊急通報登録システムに登録する。
＊被害防止のための物品（防犯ブザー、緊急端末など）を警察から借り、所持する。[*54]
＊警察に家のまわりの警備・パトロールをしてもらう。帰宅時間に合わせて警察官を派遣してもらう。
＊警察官に加害者および加害者の親に接触して、切迫度を見極めてもらう。
＊警察に自宅周辺に監視カメラを設置してもらう。
＊警察などから加害者の気持ちを聞いてくれるようなところ（カウンセリング、DV加害者プログラム）を紹介してもらい、加害者に行ってもらう。

●支援者関係
＊ストーカーやDVに詳しいNPOや配偶者暴力相談支援センター、弁護士を紹介してもらう。[*55]
＊犯罪にならない程度の嫌がらせ行為の場合に、弁護士から配達証明付きの内容証明郵便で、そのような行為をやめるように求める警告書を発送する。
＊弁護士を入れて、加害者との話し合いの結果として決まったこと、二度とストーカー行為をしないということを書いた誓約書を作成する（過去の嫌がらせ行為を列挙し、今後しないことを記載し、加害者の署名があるもの）。

### 図表4-8　ストーカーに対して被害者がとりうる対応策

**●個人でできる対応関係**
＊携帯の着信拒否、電話番号やメルアドを変更する。
＊連絡先を知られないよう、行政関係文書の閲覧制限を役所に申請する。
＊ストーカーが偽の婚姻届を勝手に出すことを防ぐために、ストーカーの氏名や住所などの情報と申出理由を付して、役所に不受理申出書を提出する（先に婚姻届が出されていた場合、婚姻無効の調停を家庭裁判所に申し立てる）。
＊被害記録をつける、自分でメモする、これまでの記録をまとめる。
＊証拠を残す（カメラ、録音機、ビデオ、メール・SNS記録保存など）。
＊毎日の行動を読まれないこと、部屋の中を望遠鏡などで知られないこと、厚手のカーテンをすること、自動引き落としにすることで、コンビニなどで公共料金を支払う際に住所や名前などの個人情報が漏れることを防ぐ、防犯ブザーの携帯、エレベーターにはなるべく1人では乗らない、SNSにあまり情報を出さない、住所や電話などの情報を知られないようにするなど、個人的な注意対策をとる。
＊ストーカー関係の情報を集め、学ぶ。
＊逃げることの検討。公的機関・民間シェルターに逃げる場所を紹介してもらう。避難を援助してもらう（ホテルや親戚宅に避難すること、当分自宅に帰らない、引っ越しをするなど、安全確保を考える）。
＊脅しに使われかねない写真・個人情報などへの対処を詳しい人に相談し、決めていく。
＊交際中に借りたもの、もらったものを返して、口実を与えない。

---

＊53　訴訟のときは、訴状に住所などを書かねばならないので、ストーカーに個人情報を知られる危険性があります。近年、DVやストーカーの事案については、逮捕や裁判のときに個人情報を出さない工夫も追求されています。

　なお、交際相手の20代男性からDVを受けてマンションから転落し重い障害を負ったとして、札幌市南区の女性（26）が男性に5,000万円の賠償を求めた訴訟で、2014年2月、札幌地裁は、男性に全額支払いを命じる判決を出しました。判決によると、二人は2008年5月ごろから交際を始め、男性が女性を殴ったり、携帯電話を壊したりするなどの暴力が7カ月続き、女性は思い詰め、2009年1月7日の暴行で自殺を図ったということです。

＊54　警視庁は、2015年度からDV・ストーカー被害者に新たな通報機器を貸し出すこととしました。被害者が、ボタンを押すだけで自分がいる位置を警察に送信できる端末で、これによって警察官が即座に現場へ急行できるようになります。このGPS機能を搭載した端末を警視庁本部に34台配備し、被害者の要望に応じて貸し出すということですが、すぐに全国で希望者全員に貸し出せるようにすべきでしょう。

が、SNSのメッセージに記載されている内容が、脅迫行為に該当するのであれば脅迫罪で、被害者の名誉を毀損しているのであれば名誉毀損罪で対応できます。

　そして、その他、被害者および被害者の支援者は、図表4-8のようなさまざまな対策をとることを検討します。必要なら要望します。

　警察からストーカー被害防止の援助を受けたいならば、具体的に要請します。また、被害届（告訴）を出して、暴行、傷害、脅迫などで**捜査・検挙**してもらう手もあります。警告のあと少しでも何かあれば、すぐに逮捕してもらうよう**告訴することが大事**です。警察以外を使う手としては、配偶者暴力相談支援センターやDV被害者支援のNPOを紹介してもらう、DV法での接近禁止命令、退去命令、電話などの禁止命令などの保護命令を裁判所に出してもらう（違反すれば検挙）などがあります。

　なお、別の人と付き合いはじめたり結婚したりしたときは、注意が必要です。違う人と仲良くなったことで、ストーカーの嫉妬心に火が付き、逆恨みを強める可能性があるからです。パートナーができたから安心というわけではないのです。ですから、新しい恋人（結婚）の情報は隠すのがいいでしょう。また、SNSへの書き込みは、ストーカーに自分の情報（住所、活動場所、交友関係など）を教える行為だということも忘れないようにすべきです。自分のSNSに書きこまなくても、友人のSNSにコメントをするだけで情報が伝わります。さまざまな情報を知られて悪用されないかという

---

*55　ストーカー対策としては、本では、たとえば馬場・澤田法律事務所編『ストーカー・DV被害にあっていませんか？』（中央経済社、2011年）といったもので対策を学ぶことができます。具体的な相談・支援をしてくれるところとしては、たとえば「NPOヒューマニティ」が有名。その他、地元で、DV被害者の支援をしているNPOやDV加害者プログラムを実施している団体を調べるといいと思います。

*56　友達申請もしないで、継続的にこっそり元恋人の動向を監視しているということがあります。名前を出していなくても、友達一覧、友達の友達になる、写真などから簡単にばれます。メールアドレスを変えるとか、SNSから一度、完全に離脱するのがいいのですが、それはSNSの友人／つながりを切ることになるということで、なかなかできないようです。しかし、ストーカー対策としては、自分の情報を無防備にあまり出さない、SNSでの公開範囲を制限するなど、完全切断して、再度、親しい人に個別に連絡して新しいアドレスなどを伝えることを一度真剣に検討すべきでしょう。

ことへの目配りもいります。*57

## 4–8　リベンジポルノなどへの対応

　脅しに写真や個人情報をばらす（ネットにさらす）という手段を使ってくる場合もあります。その対処を、専門家の力も使ってすることが必要です。復縁を迫る手段、あるいは復讐や嫌がらせの目的で、人に知られたくない個人情報や写真・映像を世間にバラまくぞという脅しがなされることがあります。

　たとえば、顔の写真、住所や電話番号などに加え、「風俗・水商売」で働いていたこととか、病気のこと、過去の犯罪歴などの情報も、脅し／嫌がらせに使われる可能性があります。別れの腹いせに、元パートナーの嫌がる「裸や下着の写真や映像、キスなど性的行為をしている写真」「顔写真をヌード写真と合成したもの」などをネットにさらすことを「**リベンジポルノ**」と呼び、他人が性行為をしている動画に、加害者が攻撃したい人物の名前や住所、個人情報をつけて拡散することなどさえあります。性的なものだけでなく、ネットに流してほしくないことを流す攻撃全体を「**サイバーリベンジ**」といいます。

　リベンジポルノは、日本では2013年の三鷹の高校生殺人事件で有名になりました。いったんネットに流されると完全に消すのは困難で、半永久的に残る可能性があり、*58 被害者への誹謗中傷も広がりやすく、二次被害がもたらされます。被害者にしてみれば、もしこの画像を職場の人や現在／将来のパートナーが見つけたらどうなるか、非常に不安で、働けなくなったり、関係が破綻したりすると考えます。家族などは、いつだれに見られるかという不安を共有し、ともに苦しみつづけてしまいます。子どもへの

---

*57　住所や家族、出身地、出身校、会社、交友関係などの情報、さまざまなパスワード、ネットバンクの情報、クレジットカード情報などを知られていないか、注意してください。また、携帯電話をスマホに変えるとか機種変更時の移行作業をパートナーにやってもらったことで、知らぬ間に監視される設定やアプリが入れられていることもあります。そういうことがないかのチェックも必要です。

影響を考えても、一生不安が付きまといます。

　アメリカでは以前から問題になっており、ニュージャージー州では2004年、本人の許可なく性的な画像を流出させることを禁止し、2013年10月1日には、カリフォルニア州で、別れた相手の裸の写真や動画を相手の同意なくインターネット上などに公開する行為（リベンジポルノ）を禁じ、罰則を科す法律（最高6カ月の禁錮刑または最高1,000ドルの罰金）が成立しました。同意のうえで撮影された写真でも、写った人の了解なく公開されれば処罰の対象となります。同様の法律はその後、アイダホ州やニューヨーク州などでも制定され、多くの州で法制化の動きがあるようです。米国では、リベンジポルノを専門とする投稿サイトが経営的に成功して、広がっているといいます。元配偶者や元恋人らが、別れた夫や妻の裸の画像や動画を、相手の身元がわかるかたちで投稿するのですが、削除のために法外な料金を要求する"恐喝"サイトとなっており、高額なために、被害者が泣き寝入りするケースが続出しています。

　問題のひとつは、自ら写真を撮っていて被害にあっている人が多いという点です。互いの意思で裸体を見せ合ったり、写真に撮って送り合ったりする行為を「**セクスティング**」といい、スマートフォンやスカイプなどの普及で社会問題となっています。仲がいいときに恋愛相手から「会えない

---

＊58　被害者にしてみれば、被害が深刻になる前に画像の拡散を防ぎたいわけですが、どこにどれだけ削除したいものがあるかを見つけることが困難で、かつ、たとえ見つけても、それを削除するには、それを提供しているプロバイダーに削除要請し、応じてもらわなくてはなりません。海外のプロバイダーの場合、日本の法律が適用されず、削除に応じてくれない場合が多いといわれています。消したいネット情報をすべて消し去る方法は、いまのところありませんが、画像を検索して一挙に見つける技術の開発は進んでいます。問題は、そのあとの削除の困難性です。LINEのグループトークで画像が回されている場合など、発見がよりむずかしいです。

＊59　日本でも類似事件は以前からありました。児童福祉犯罪を手がける奥村徹弁護士によると、「ネット上に写真をばらまくといった行為は以前からあり、法律で処罰されている。名誉毀損罪で正式な裁判になる事件の3分の1程度は、元交際相手による画像公開事案だ。悪質なため、初犯でも実刑になることがある」ということです（「リベンジポルノ『恨み』の拡散、スマホで加速」（『産経新聞』2013年11月8日）。警察庁のまとめでは、全国で2013年、児童ポルノ禁止法違反（製造）の疑いで摘発された事件のうち、18歳未満に自画撮りの画像を送らせていたのは318件で、前年の1.3倍でした。

ときさびしいから、写真を送ってよ」などと言われて送ってしまうものです。米国などでは、以前から社会問題になっていましたが、日本でも近年、中高生を中心に広がっているといわれています。当人たちは、当初は危機意識もなく、自主的に楽しみのひとつとして行っているのですが、恋人同士あるいは相手とだけでやりとりするはずだった映像や写真が、ネット上に流出したり、脅迫の材料に使われたりする事例が相次いでいます[*60]。

好かれたい気持ち、プレゼント感覚、親しさや強い絆のあかし、二人だけの秘密を共有するという感覚や、嫌われたくない、気分を害してほしくないことから断れないなどで行われているようです。付き合っていなくても、親しい友人から「セクシーな写真、送ってよ」と言われて送ってしまう人がいるのが現実です。軽い気持ちで行われているのですが、それが悪用される可能性など想像だにしていないのです。携帯電話・スマホの普及で、簡単に写真や動画が撮れるようになってしまったために広がっているのが実情です。

「全国webカウンセリング協議会」への被害相談は、従来、月３件ほどだったが、2013年半ばから急増し、2014年には１カ月約30件になったといいます。過去２年間に寄せられた相談の約９割は女子中高生からで、約７割は交際相手からのもの、約３割はネット上で交流していた相手ということです。リベンジポルノという言葉が浸透してから、不安になって自分の画像をネット検索して見つけたというケースが目立つといいます。被害内容には、別れた交際相手との画像トラブルと、ネット上での疑似恋愛のような関係から相手に自分の裸の画像を送ってしまったトラブルの２種類があります[*61]。

米国の法律（カリフォルニア州の法律）でも、自身の意思で撮影し交際相

---

＊60　一例として、2012年10月、「スカイプ」で通話中の女子中学生に脱衣させ、その様子をネットで生中継していた男が大阪府警に逮捕された事件があります（動画は約2,500人が視聴）。

＊61　「10代襲うリベンジポルノ　スマホ普及で被害拡大」（『朝日新聞』2014年５月６日）、「本当に怖いリベンジポルノの実態　親しい間柄でも一線…」（『ZAKZAK』2014年10月６日）などより。

手の元に渡したものが破局後に公開された場合は、カバーできません。[*62]

日本では、リベンジポルノを直接扱った法律はありませんでしたが、問題が大きくなったことを受けて、2014年11月、リベンジポルノ防止にむけて「公表罪」や「公表目的提供罪」を制定する「私事性的画像記録の提供被害防止法」(リベンジポルノ法) が成立しました (図表4-9)。性交やそれに似た行為の電子画像 (私事性的画像記録[物]) などを本人の同意なしに「第三者が撮影対象者を特定できる方法で、不特定もしくは多数の者に提供または公然と陳列」した場合を**「公表罪」**(3年以下の懲役か50万円以下の罰金)、画像を拡散させるために、無料通信アプリ「LINE」などによって特定少数者に提供した場合は**「公表目的提供罪」**(懲役1年以下か30万円以下の罰金)としています。

プロバイダ責任制限法では、プロバイダーが情報を削除する際、従来は、情報の発信者に連絡し、7日の間に反論がなければ削除できるとしていましたが、今回の新法で、それが2日間に短縮されました。プロバイダーの直ちの対応に法的根拠を与えたことになります。今後はこの法律を使っていくことが中心となるでしょうが、同時に、これまでと同じく、サイト管理者への削除要請をすぐにすることが大事です。

基本は、自分で証拠を保存し (問題の書き込みや写真のページをプリントアウトし、そのURLを記録し、また、それが映っている画面の写真も撮っておく)、それを持ってすぐに警察に被害届を出すこと (犯人不明のままでよい)、および、掲示板の管理者やプロバイダーに、被害届を出したことを明記して書き込みの削除依頼をすることです。二次、三次被害のページにも、できるだけすぐに削除依頼をすることです。[*63]

\*62 『MNS産経』2013年11月7日記事「破局後の復讐『リベンジポルノ』の卑劣、罰則新法設けた米国…陵辱、恐喝、日本でも"猛威"」より。

\*63 和歌山県田辺市のNPOは、警察の委託を受けて、ネットのなかの違法性がありそうな画像などをチェックし、本人からの削除依頼がなくても警察に連絡し、プロバイダーに削除を要請しているそうです。しかし、被害者にとって見られたくない画像が、私服とか下着とか水着とかの場合、違法の範疇に当てはまらないことも多く、限界があるとのことです。(NHK番組「かんさい熱視線／ネットの暴走をどう止める――悪意と誤解から身を守るか」2014年2月28日放送より)

### 図表4-9　リベンジポルノ法の内容

| | |
|---|---|
| リベンジポルノの対象の定義（「性的画像」の定義は児童ポルノの定義と同じ） | ・性行為や似た行為の電子画像<br>・本人や他人が性器を触る行為で性欲を刺激する電子画像<br>・衣服をつけないあるいは一部しかつけないもので性欲を刺激する電子画像<br>・本人が第三者に見られることを認識したうえで撮影を許可した画像（アダルトビデオや写真集など）は対象外 |
| 罰則 | ・公表罪（不特定多数）＝3年以下の懲役または50万円以下の罰金<br>・公表目的提供罪（特定者）＝1年以下の懲役または30万円以下の罰金 |
| 電子画像の削除 | ・画像発信者に削除を求め7日反論を待ってから削除できる規定（プロバイダ責任制限法）を、2日に短縮<br>・被害者が亡くなった場合、遺族の連絡でも削除できる |
| 責任 | 国と自治体に、被害者が告訴や相談をしやすくするような被害者支援に必要な措置を義務付ける |

（新聞報道などにより伊田が作成）

　日本で、相談に乗ったうえで削除する作業を請け負ってくれるところとしては、「全国webカウンセリング協議会」「インターネット・ホットラインセンター」などがありますので、これを利用したり、自分で削除依頼をできるだけ早くして、警察や法務局にも早めに相談（被害届を提出）してください。二次、三次とコピーされて拡散する前に、できるだけ早く削除することが大事です。削除依頼に応じない相手なら、書き込みの発信者情報の開示を請求することが必要ですが、こうした対応策はふつう素人ひとりでは大変なので、警察に相談するとともに、弁護士に相談することも必要でしょう。最近、画像や動画を送ったあと自動的に消去されるアプリもあるので、それを利用して安心している人もいますが、それも完全ではありませんので、過信は禁物です。

　また、デートDV防止教育で、できるだけそのような危険な情報や映像を相手に持たせない（撮らせない）ようにすること、および、加害者にな

---

[64] 相談を受けると、サイト管理者に連絡して削除してもらうよう努力してくれます。ただし、どこにその写真があるか見つけること自体が困難であるし、海外のサーバーなどもあり、協力してくれない場合なども多く、完全に消せると安心することはできないのが実情です。対応が遅れると拡散してしまい、手の付けようがないほど広がってしまいます。いまのところ、完全な対処法はありません。

るのは最低の人間だから絶対にしてはならないことを啓発すること、リテラシー能力を高めることが大切です。また、これらについては、現行法の脅迫罪、名誉毀損罪など[*65]も使って闘っていくと同時に、法律にも新状況に対応したことを犯罪だと明記して罰則化していくことが必要です[*66]。下着姿であったり顔が写っていないと、うまく法律が適用できないなど、法律は現実に対応できていません。

SNS被害に対しては、まず、自分の情報をどんどん出すことをやめる必要があります。乗っ取られて悪意の情報を流されないよう、パスワードなどを定期的に変えることや使いまわしをしないこと、位置情報の発信機能をできるだけ使わないことも自衛策として必要でしょう。GPS発信機がどこかに取り付けられていないか注意することも必要です。

以上、見てきたように、ストーカー（およびリベンジポルノ）については、最悪の場合を想定して、対抗策を常に考え、打てる手はすべて打つようにすることが大事です。

## 4-9　警察の使い方

### (あ) 経緯の聞き取り（被害説明書の作成）

警察に相談しに行くとき、支援（安全確保）を頼みに行くときに、状況がわかる資料（被害説明書）があることと、支援者が同行することが望ま

---

*65　脅迫罪（最高刑懲役2年）、強要罪（同3年）、名誉毀損罪（同3年）、わいせつ物公然陳列罪（同2年）、わいせつ電磁的記録頒布罪（同2年）などで処罰できます。被害者が18歳未満の場合は児童買春・児童ポルノ禁止法の公然陳列罪（同5年）に問われます。

*66　NHK番組「かんさい熱視線／ネットの暴走をどう止める――悪意と誤解から身を守れるか」（2014年2月28日放送）では、米国デジタルミレニアム著作権法のことが紹介され、この法律の発想で、リベンジポルノに対しても適用できる法律を作ることが提案されていました。デジタルミレニアム著作権法とは、1998年に米国で成立（2000年施行）した法律で、デジタルコンテンツが著作権を侵害していると申告があった場合に、プロバイダーがとりあえず検索に出ないように遮断したり（アドレスをクリックしても画像や動画が見られないようにする）、詳しい調査や発信者に対して確認をとる前にコンテンツを迅速に削除・遮断しても罪に問われないというものです。調査の結果、問題があると確定すれば削除し、問題がなければ遮断規制を解除するとしています。

しいです。

　支援者（相談に乗った人）は、信頼関係をつくり、話を聞き、メモをとっていきます。「なんとか対処を考えるために話してね。秘密は守るからね。あなたのことをなんとかちゃんとしたいから、メモをとらせてもらうわね」といったことを伝えます。一度に聞き出さないこと、調査／取り調べのようにしないことが大事です。自然な会話のなかで、徐々に聞いていきます。時系列・順番どおりに聞いていく必要はありません。あとで時系列で整理すればいいので、被害者が話しやすいところから話してもらうことです。話の流れに任せて、自然に聞いていきます。聞き手の感情やDV情報も少し入れながら、の場合もあります。

　一度にすべて聞かずに、２回目とかその後、さらに必要なことを聞いていけばいいです。わかりにくいところを聞いて、徐々に全体がわかるようにしていけばいいのです。たとえば、「ここはどうしてそういうことをしたの」「どんな気持ちだったの」と聞いて、第三者にも被害者の心理、追い込まれたりコントロールされている理由、逃げられない状況、表面的には仲良さそうにふるまった理由などがわかるようにしていきます。被害者の気持ちを否定せずに、被害状況全体を正しくつかむことが大事です。

　ただし、「なぜ（Why）？」の連発は、問い詰める感じになることがありますので、注意が必要です。付き合い始めから、いままでに何があったか、どういう気持ちだったか、対応策をどう考えているか、どういう支援を求めるかなどを明らかにし、結果として、図表4-10のようなことができるだけ明確になっているといいと思います。

### (い) 支援の利用をすすめる

　支援者は、相談者（被害者）に、一緒に警察に行って相談することを提案し、同意を得ます。支援事例を入れながら、警察を使ったほうが効果的なことが多いということを伝えます。心配や質問に答えます。

　そして、上記の「経緯のまとめ（被害説明書）」の文書作りをし、被害者に見せて、これでいいか、同意を得ます。そして、警察に行っても、警察

の言いなりになる必要はないことを伝えます。どのような支援を求めるか、どのような闘い方を選ぶかは、あくまであなたが自分で決めたらいいこと、同行するので、不安になったらタイムをとって相談してください、と言っておきます。

　警察に同行するときは、事前に生活安全課に簡単に事情を説明して、近々被害者とともに相談に行くことを電話しておきます。

　警察では、まとめた文書を手渡し、本人から簡単に状況を説明してもらいます。警察もそれに合わせて質問してきます。そのとき、警察官が威圧的だとか、無理やりな感じ、ちゃんと聞いてくれない、大声で説教する、被害者のペースや気持ちを尊重しない、などがあれば、同行支援者が介入し、相談者の安全確保・抗議などをして、相談者を守ることもあります。

　話のなかで、関係資料、証拠なども提出します。

　「被害説明書」の最初には、「私が彼（元カレ）にされてきたことをまとめました。私の苦しさを知っていただき、私が安全かつ幸せな生活を取り戻せるようご協力ください。よろしくお願いいたします」という一文を入れておきます。

　「被害説明書」の最後に「警察に具体的にお願いしたいこと」を個条書きでまとめておきます。

　現在は、DV法、ストーカー法は不十分ですので、住居侵入罪、器物損壊罪（壊された携帯など）、傷害罪、暴行罪、脅迫罪などで刑事課に動いてもらうようにすると、警察も真剣に動いてくれる可能性が高まるようです。[67]

　なお、当該警察の対応に問題があれば、ちゃんと記録し、文書（日付を入れる。回答を文書で求める）にまとめ、警察署長、都道府県警など、上部に文書提出することも大事かと思います。そうすることで、真剣に動いてくれると思います。できるだけ初期の段階で対処していくことが重要です。

　警察は、次の項目でも示すように、積極的な対応に変わりつつあります

---

　＊67　ストーカー法の適用状況としては、現状（2013年）は、「警察本部長等の援助」（そのなかでは被害防止措置の教示が多い）が6,770件、「警告」が2,452件ですが、それ以外は非常に少なくなっています（禁止命令などは103件、ストーカー規制法違反検挙が402件）。

第 4 章　被害者へのかかわり方・相談の乗り方・リスク対策

### 図表4-10　被害説明書に書くこと（聞き取り項目）

- 相談者（被害者、可能性）の名前、住所
- 相手（恋人）の名前
- 相手との関係性：出会った時期　始まり方　うまくいってたときのこと、様子、気持ち
- 暴力の具体的様子、DV的なことの始まり：具体的に　言われたこと・されたこと、場所、時間、継続時間（継続期間）……
- 最初はDV的なことをされても、嫌じゃなかったという場合もある。その気持ちも聞いていく
- その後　現在：暴力、脅しの言葉、ばかにした態度などの具体例　すべて具体的に
- DVの程度、危険性などをグレーゾーンの図を使って理解・把握
- 理解されにくいところの説明（なぜ逃げなかったか、なぜデートや性関係があったかなど、心境も含めて）
- 気持ち、感じていること、どうしたいか
- 精神的なしんどさについて：絶望感、死にたい気持ち……
- 証拠：メール記録、写真、モノ、メモ、日記や手帳、友人への話、病院記録……
- どんな支援が必要か、知られたくないこと、だれに知られたくないか
- 知りたいこと、質問、疑問、不安
- 親に連絡できるか
- 学校、警察、私（支援者）ができること、希望
- この件を知っている人はいるか（友人、家族、同僚……）、その人に聞いていいか
- これまでの警察対応（交番、電話対応のひどさなど）もあれば書く

が、現場では警察官によっては対応が不十分なこともありますので、図表4-11「警察に求められている改革の方向」のような姿勢であるべきだと念頭に置いて、積極的に要望を言っていくのがいいと思います。「こういう方向に動かれていると思いますので、ぜひ積極的に動いてくださるようお願いします」というスタンスで臨めばいいかと思います。

#### （う）警察の対応の変化の意義

　警察に行っても、ちゃんと対応してくれないのではないか、かえって加害者が怒って事態が悪くなるのではないかと思って、躊躇する被害者が多

いようです。しかし警察は、多くの事件で不適切な対応をしてしまったために反省し、この数年、急速に対策を整えてきています。しかも、やはり現実的には、加害者を抑える力をもっとももっている機関のひとつが警察なので、積極的に使うべきだと思います。

　警察の対応の変化は、詳しくは巻末の表（資料2、p.227）を参照していただきたいのですが、簡単にいうと、従来、DVやストーカーを扱ってきた生活安全課だけでなく、刑法にもとづいて逮捕する刑事課も一緒になって、積極的に加害者に対して強気で注意・警告し、逮捕・起訴も辞さないようになってきているということです。中央の警視庁も各道府県警も、各警察署の対応が適切か、チェックしていく体制をとりつつあります。

　基本は、相談に来た被害者に、「ストーカー・DV対応のチェックリスト」（巻末資料3「警察に来られたあなたへ」、p.231）を見せながら、被害者がとれる選択肢を説明し、勇気をもって加害者と対峙（たいじ）していくことをすすめるようになってきています。ストーカーの場合なら、状況を聞いて「ストーカー危険度判定チェックリスト」で危険性を見極め、危険性が高いものを見逃さないように努力しています。警察の対処レベルを順次引き上げていくのではなく、事態の初期段階から最悪の脅威を想定した対処を行うよう指示しています。

　また、逮捕状への被害者情報の記載について、被害者情報を加害者に知られないように工夫するようにもなっています。女性被害者が多いことをふまえ、女性警察官の数も増やしています。

　警察を使わずに個人的に対処しようとすると、かえって加害者の思うつぼになることが多いので、少なくとも配偶者暴力相談支援センターなどの相談機関に行ったうえで、警察にも相談には行っておくことをお勧めします。

## 4–10　被害者の自立支援について

　米国などで行われていることを参考にすれば、被害者支援としては、以

### 図表4-11　警察に求められている改革の方向

・この種の犯罪への危機感をもつ。
・初めに電話連絡を受けた警察署が責任をもって対処する。
・警察に相談があった時点で、すぐに自宅などに出動する仕組み。
・容疑者から送られたメールや手紙など証拠を積極的に確認する。
・問い合わせか相談かという区別をして、勝手に問い合わせ程度と軽く見ないで、ストーカーと聞いたら内容をよく尋ねて、事情を聴きに積極的に出向く。被害者本人に要望を聞くことも必要だが、被害状況やストーカーとの距離／危険度を把握し、警察から被害者に対応を積極的に提案する。
・現場の警察官が機動的に対応できる体制を確立し、被害者やその家族の保護やパトロールに積極的に取り組む。
・名前や住所、詳細な被害状況なども把握し、内容を記録して、上司にすぐに報告する。
・「ストーカー・DV対応のチェックリスト」文書（巻末資料3「警察に来られたあなたへ」、p.231）をもとに、放置していると起こる危険性を説明し、被害者の身辺保護など何があっても助けるという姿勢を示し、被害届などを出す積極的な対応をとることをすすめる。
・警察の緊急通報登録システムに登録するようすすめる。
・連絡先を知られないよう、行政関係文書の閲覧制限を提起する。
・被害記録をつける、自分でメモする、これまでの記録をまとめる、証拠を残す（カメラ、録音機、ビデオ、メール保存などで）などの援助。
・家のまわりの警備、帰宅時間に合わせて警察官を派遣すること、自宅周辺に監視カメラを設置するなどの検討。
・加害者および加害者の親に接触して、切迫度を見極める。
・逃げることの検討。公的機関・民間シェルターに紹介する。避難を援助する（被害者をホテルや親戚宅に避難させること、当分自宅に帰らせないなど、安全確保を考える）。
・加害者にカウンセリングを受けるように紹介する。

（伊田が、過去の警察の対応の失敗や不十分点から導いたものを整理して作成）

下のようなことが求められていますが、日本では、被害者支援がまだまだ不十分です。

　まず、ワンストップショップと呼ばれるような、そこに行けば被害者を全面的に支援してくれる場所が必要です。そのなかにリソースセンターをつくって、どんな民間支援団体があるかをぜんぶ把握し、相談者が来たら、

行政が民間のことを伝えられるようにすることが重要です。そこで被害者に対して食料やリサイクル品も提供されればいいでしょう。保護命令を出してもらう、調停のときの支援、医療支援、子どもへのカウンセリング紹介など、裁判所や社会サービスに対する援護もしてくれる場所であるべきです。

　また、DV被害者はまず相談に行き、ひどい場合は加害者から逃げて、シェルターと呼ばれるようなところでしばらく隠れて過ごすので、だれもが知っているDV・ストーカー問題の24時間ホットラインや、もっと多くのシェルターが必要です。

　そして最大の問題は、ずっとシェルターに住めるわけではないことです。それはあくまで、暴力から臨時的に逃げている状態にすぎません。シェルターを出たあとの生活の再建が非常に大事なのですが、むずかしいのです。にもかかわらず、そこに対する支援がとても貧弱なのです。

　しかも、DV被害を受けていたことによる心身のダメージもあります。再就職はただでさえむずかしいのに、長らく働いていなかったことやDV被害の影響もあり、生活再建にはさまざまな困難があります。

　そのために、心の回復・自立支援として、個人カウンセリング（セラピー、感情処理法、自尊心、怒りについて、薬）だけでなく、学びと癒しのサポートグループ（DV自体の学び、DV体験について語り合う、親子の絆(きずな)、女性のネットワークづくり、瞑想(めいそう)、怒りの管理、ダンス、親業、ヒーリング、アサーティブネス、自立に向けての支援と教育、ほかの人が被害にあっているときの支援方法、健康な人間関係、お楽しみ会……）の情報提供、セルフヘルプグループ参加の場所の提供などが必要です。

　保護命令の取り方、告訴の仕方、仕事の見つけ方、職業訓練の受け方、給付金や生活保護の取り方なども学ぶ必要があります。

　シェルターを出たあとのアフターケアもいりますし、引っ越しの情報提供もいるでしょう。その他、身分証明書として何を持つか、クレジットカード、弁護士へのアクセス、学校手続き、税金、再婚、薬物依存などについての情報提供や支援もいります。

しかし、日本でも一部で改善が見られてきています。たとえば長崎県では、民間と行政が連携した「**長崎モデル**」と呼ばれるものが進んでいます。[68]簡単に紹介しますと、民間団体である「DV防止ながさき」(2002年設立)は、独自に電話相談、面談、支援活動、啓発講座、各種講師派遣、予防教育をしてきました。その蓄積のなかで、「DV防止ながさき」のやってきたことをベースに、行政がそれを官民連携で行うようになっていきました(定例的に県職員、DVセンター管理職、NPOスタッフで「サポート会議」をもち、連携)。

具体的には、長崎県のDV対策基本計画にある「相談から自立までのきれめのない支援」「暴力を未然に防ぐための予防教育の充実」「民間団体との協働」の実現のために、DV被害者の自立支援事業、ステップハウスの運営事業、一時保護所への訪問教師派遣、退所者の就労支援、一時保護所の屋内体育館整備、母子並行心理教育インストラクター養成事業、DV予防教育指導者養成事業、などを民間と行政が連携しながら実施するようになりました。

DV被害女性が暴力から離れたあとに必要なことは、安全の確保(保護命令、加害者からの隔離・非接触、職場や近隣でのセクハラ防止など)、経済面の確保(生保受給申請、就労支援、就労訓練、就労継続支援、家計管理など)、住居の確保(ステップハウス、DV枠公営住宅・民間アパートなど)、医療の確保(精神科、内科、外科、歯科などへの通院確認、服薬確認、通院同行など)があります。また、離婚までの支援(法テラス、調停や裁判への同行、相談)、子育ての支援(託児、保育園入所、学習支援)、日常生活の支援(孤独感の解消、日常生活や子どものことでの相談、居場所づくり、仲間づくり、レクリエーションの場の提供)なども必要で、上記のための相談、同行(アドボケイト)、引っ越し手伝い、衣類や生活用品の提供、母子並行プログラムへの参加などもあればいいでしょう。

---

[68] この「長崎モデル」の説明は、2013年に盛岡で開催された全国シェルターシンポ「DV被害女性の自立支援プログラム」という分科会でのパワーポイント資料をもとにしています。

次に、NPO法人「**女性ネットSaya-Saya**」の「DV被害者女性自立支援プロジェクト燦(SUN)」が充実した内容をもっているので、この事例を紹介しておきます（図表4-12）。これは、DVなどの被害にあった女性たちが生き生きと解放されて自分の道を歩みはじめるためのプロジェクトで、以下のステップに沿って多様なプログラムが準備され、時間をかけて元気を取り戻していくものとなっています。こうした時間をかけた支援なしに、「ハローワークに行って仕事を見つけて自立しなさい」などと言っても無理なのです。

## 4-11　早期のDV発見の重要性

　早期にDVが発見されれば、被害の程度は軽くすみます。学校や家庭で友人や先生、親などが気づくことも大切ですが、現実的に、大人のDVも含めて早期発見する確率が高いのは、病院や保健所、訪問する保健師（および、子育て関係の相談を受ける人）です。DVによってけがをして病院に来るときがあります。また、妊娠・出産で病院に来るときに、DVを発見できる場合があります。ですから、医師や看護師、保健師、助産師などがDVの知識、被害者への対処の仕方を知っておくことが必要です。

　まず、DVを発見するサインを知っておいて、そのようなことがあると、DVを疑って適切な質問をして（聞き取りの場を設定して）、実態を把握する必要があります（図表4-13）。できるだけ早い段階で、直感、総合判断で、DV的可能性を見いだすことが大事です。

　話を聞くとき、一般論としては、本書4-4のような聞き方を参考としますが、とくに医療関係者は、以下の点にも注意しながら聞くことが大事かと思います。

　まず、被害者の可能性があると思った人に対して、信頼関係をつくっていかなくてはなりませんので、次のようなことを伝えることがいいと思います。

○あなたの味方になる（すぐに見捨てない）。

○心配している。秘密は守り、力になるから、話してほしい。

○信頼して話してほしい。あなたの安全を守り、赤ちゃんと幸せになれるように、一緒に考えていきたい。

○グレーゾーンも含め、同じような被害者がたくさんいる。あなただけじゃない。

○避妊できなかったら、すぐに言ってくれたら緊急対応方法（妊娠しない処置）がある。

○こんな相談機関もあるよ。あなたが決めればいい。DV情報もある。

　そのうえで、ケースに即してですが、早い段階でゆっくり聞き出す機会をつく

### 図表4－12 DV被害者女性自立支援プロジェクト燦(SUN)

**STEP 1　気づく・安全安心を得る**
・DVのメカニズムを知り、自分のために必要な情報を得る
・安全安心な環境を得る
・生活保護・婚姻費用分担金での生活
　プログラムの例：女性への暴力防止プログラム「エンパワメント」、ステップハウス入居、行政・裁判所などへの同行支援、弁護士による法律相談（簡単な、離婚についてのレクチャーのあとで、グループでQ＆A）、家事支援

**STEP 2　心身をいやす**
・カウンセリング・治療など、これまでの自分の気持ちの整理と心の回復
・心理教育グループなどへの参加
・仲間と出会う
・身体と心のバランスを取り戻す
　例：10ステップワークショップ、女性のためのクローズドミーティング、気功、フラダンス、ミントカフェ、アロマテラピー、ルーシーダットン・ヨガ、Saya-Saya工房

**STEP 3　自分にできることを探そう**
・就労支援講座などに参加
・対人関係研修講座
・就労練習やボランティア活動など
・パート労働
・支援者養成講座などへの参加
・資格取得講座への参加
　例：女性のための自己表現トレーニング「アサーション」、メイク講座、ITサロン、セルフエスティームなど

**STEP 4　社会参加しながらメンテナンスしよう**
・就労（正規雇用）
・メンテナンスグループ・カウンセリングなど
・対人関係スキルの練習など（SSTなど）
　例：SST（ソーシャル・スキル・トレーニング）実践編、メンテナンスグループ、キャリアワークショップ、キャリアセミナー

**GOAL**
・自分らしく、生き生きと生きていくことができる
・自尊心が高まる
・経済的な自立、生活保護からの自立
・自分の体験を生かし、支援者となる
・地域のなかで自分の居場所、役割をもつことができる

（「女性ネットSAYA—SAYA」のHPおよびパンフレット資料より伊田が作成）

### 図表4-13　DVを発見するサインなど

- けが、不審なアザ、やけどなどがある
- 束縛、言いなり、元気がない、などが観察される
- 表情が暗い、能面のよう、表情がない
- 友人など人間関係がない／非常に狭い、外出が制限されている、引きこもっている、外出しない
- 自分独自の活動ができていない、学校や職場を休みがち
- 恋人／パートナーの話ばかり

- 避妊できていない
- 飛び込み出産、知識の偏りや不足
- 健康保険証・母子手帳などを持っていない
- 不眠、健康面の心配がある、やせている

- お金が自由にならない
- 携帯電話で縛られている（携帯電話を切れるか、見られていないか）
- 話を聞くときにパートナーが横にいようとする
- パートナーになんでも相談（連絡、事前許可、報告）しようとする
- 付き合ってすぐに同棲や結婚や妊娠

- 何かを隠している感じ
- うつ病的、気力低下、家事や仕事、自分の身なりなどをかまわない、びくびくした感じ
- 自殺未遂している
- 子ども／子育てに無関心、あるいは子どもに過剰執着
- 子どもへの虐待がある
- 電話に出ない、連絡がつきにくい、音信不通
- 近隣の人が、怒鳴り声や妻や子どもの悲鳴、泣き声などを聞いている
- 住所不定、転居多い

- さまざまなバランスの悪さがある、家族に問題がある（離婚、未婚、経済面、人間関係面……）

（宮地尚子編著『医療現場におけるDV被害者への対応ハンドブック』[明石書店、2008年] などを参考に伊田が作成）

ることがいります。自宅訪問も有効な選択肢のひとつですが、家庭だと夫がいて、安心して話せない場合があるので、それ以外に、**加害者が絶対に来ない安全な場所**でゆっくり話すことも必要です。まずは1時間以上を2回ぐらいとって、全体像を把握することが望ましいと思います。

妊娠、母子手帳交付、けが（外科）などの機会をとらえて、状況をつかみ、話を詳しく聞く機会をつくり、一人のケースについて関係者で共通認識をもち、保健師、医師、看護師らが連携していくこと、相談体制、チーム体制をつくることが重要です。

その後、毎週、様子を聞き出すようなかかわり（経緯の見守り、DVされていないか）を続けていくなかで、信頼関係を保ちながら、4-4（相談の乗

> **図表4-14　DV的な関係の継続的見守りのときに見ていくポイント**
>
> ○**身体的状況**……DVによく見られる身体所見を知っておく
> 　外傷、内出血、古い傷、説明の不自然さ、過去の緊急措置、心身症、不定愁訴、ストレスからくる身体症状、精神安定剤などの頻用、望まない妊娠、繰り返しの中絶、性感染症、妊婦の外傷……
> ○**精神的状況**……DVによく見られる精神所見を知っておく
> 　不眠、慢性疲労、抑うつ症状、自殺念慮、不安症状、明確な理由がない身体化症状、アルコールなどの依存症、解離症状、おびえ、ボーッとする、自責感、低い自己価値、PTSD症状……
> ○**支援してくれる人がいるかどうか**
> ○**関係性**……パートナーが過保護、被害者の代わりに返事、加害者が必ず同行、パートナーがキャンセルの連絡、被害者がパートナーの前では緊張、問題がないと言う、被害者が予約を守れない
> ○**子ども関係**……児童虐待があるかどうか、子ども自身に退行症状、落ち着きのなさ、不安感、ビクビク感、親の顔色をうかがう、表情のなさ……があるか
> ・パートナー（加害者）が、子どもにどんな態度をとっているか
> ・被害者が、子どもにどんな態度をとっているか（子どもに関心をもてない、イライラをぶつけてしまう、放置・無視してしまう……）
>
> （宮地尚子編著『医療現場におけるDV被害者への対応ハンドブック』［明石書店、2008年］などを参考に伊田が作成）

り方）のような話をしていくことがいいかと思います。もめたときは、もめたときの様子を具体的に聞いていきます。図表4-14のようなポイントを観察しながら、話を聞きつづけていきます。子育て状況、家の様子なども見ていきます。大事なことは、雑談的関係、相談できる関係が続くことです。よくないことは、「ここに来たらいろいろ説教される／調査される」と思って、来なくなることです。

　DV法第6条では、医師その他医療関係者は、DVを発見したときは、配偶者暴力相談支援センターまたは警察に通報することができるということと、被害者に情報を提供しなければならないということを規定しています。また、DV法第23条では、職務関係者は人権尊重、安全、秘密の保持に配慮するよう規定しています。医療関係者／福祉関係者は、消極的姿勢、無関心、見逃し、見て見ぬふりなどは許されない、DVや虐待の発見の第一線なのだという使命感、責任感をもって、積極的にかかわることが必要な時代になっていると自覚していただきたいと思います。

# 第5章

# 加害者へのかかわり方と加害者プログラム

## 5-1 加害者へのかかわりについて

**(あ) DVの情報提供・教育が必要**

　この世の中にはDV加害者は数多くいます。被害者のいるところには、加害者もいるのです。もうすでにDV加害をしてしまった加害者、グレーゾーン程度の緩やかなDV的なことをしてしまっている人、加害者予備軍の人たち、みなに対して、DVではない恋愛観（結婚観、カップル観）を身につけてもらうよう、社会が働きかけることが必要です。

　本書で繰り返し指摘しているような「別れに同意はいらない。片方が好きでなくなれば、関係は終わり。いくら好きでも相手が断れば、あきらめるしかない。謝罪したから許せ、ではない。別れないのが愛情ではない。別れは裏切りではない。嫉妬・独占・束縛の権利はない。いくら付き合っていても（結婚していても）異性の友人はOKである」ということを、多くの人が知っていくようにせねばなりません。

　DVは昔からありましたが、DVという概念（それは人権侵害でダメなことなのだという考え方）が社会的に広がらないと、それは認識されません。ある人がDVの知識を得て、それを通過して、「これはDV被害だ」「私は被害者だ」と認定できるようになります。それによって、それをもたらしたある行為はDV加害（その人が加害者）であると見なされるようになります。[*1]

　一般的にいえば、加害者は最初、抵抗、否定、抗議、怒りを示します。しかし、外的（法的）圧力や学びを通じて徐々に「ああ、これはいまはDVといって、世間的にいってダメなことなのだ」と自己認識するようになります。これは、学習や社会の圧力（パートナーからの突きつけ）がない

と自覚されません。

　つまり、DVへの知識・理解（人権意識の深まり）がないと、DVは他人事になりがちなのです。見えないのです。悪いことと自覚できないでやってしまう人がのさばりつづけるのです。ですから、加害者（予備軍を含む）に対して、DVの情報提供・教育が必要なのです。加害行為をしてしまった人への罰則／処罰も必要ですが、それだけでは不十分です。つまり、現状の対応はまったく不十分です。

　このような基本を押さえるだけでも、総合的な加害者対応が必要ということは明白です。これは、いじめに対しても、罰則に加えて予防教育がいるのと同じです。しかし、むずかしいのは、こうしたDV情報（いじめ情報）にふれることで、過去のつらい体験を思い出して、しんどくなる人がいるという点です。

　たとえば、NHK『あさイチ』という番組で、加害者対策も含めて「いじめ問題」を扱っていたとき、一部の視聴者から「こんな番組自体、やめてほしい」「いじめの方法が広がるだけ」「大人、親が介入しても、状況は悪くなるだけ」という反応がありました。また、「加害者のことなど考えるのでなく、被害者のことを考えてほしい」といった意見もありました。

　こうした意見は、ある意味、被害者の厳しい現実の一側面を反映してはいますが、ここに表れているのは、いじめといった暴力問題に対する無力感、絶望感と加害者への恐れ、そっとしておくしかない、何をしても無駄、どうしたらいいかわからない、といった無展望の感覚だと思いました。

　こうした被害者の感覚には、個別的には十分な注意と配慮が必要ですが、それを社会全体として言っているだけでは、問題は少しも解決しません（解決とまでいわないとしても、いじめが減ることさえありません）。あきら

---

*1　信田さよ子［2012］「DV加害者」参照。「これらの加害の特徴は、第三者の審判による、ある種の客観性に基づく加害・被害の同時構築ではなく、被害者による申告によってその行為を行使した人が加害者と呼ばれる点にある。自らの受けた影響・傷つきを被害であると認知し、被害者性が構築されて、はじめて加害者という存在が生まれる。DVという言葉がなければ、夫の行為は暴力と認定されず、したがって被害者は存在しなかった。」（同書p.77）

め、したがって被害の受容こそ、加害者が被害者や世間にもたせようとしている感覚なのです。ですから、社会としては、あきらめてはなりませんし、ほんとうは、適切な学習や支援や加害者への闘いがあれば、展望はあるのです。早く相談し、逃げたらいいし、あるいは強く対応（闘う）したらいいのです。できるだけ早い段階で相談して、対処策をとればいいのです。社会は、放置ではなく、加害者に毅然として対処していく必要があります。以上のことは、DVについても同様にいえます。

### (い) DV加害者は責任をとることが必要

　DV加害者について、拙著『デートDVと恋愛』で述べた基本原則を再確認しておきます。

　一定以上の暴力行為を行ったDV加害者は、犯罪行為を行ったのですから、社会的制裁を受けるのが基本です。DV加害の程度にもよりますが、注意を受けたり、逮捕、裁判、処分・処罰、罰金刑、接近禁止命令、退去命令などを科される必要があります。保護命令を言い渡すときも、出頭させて対面で、厳しく指導することが必要です。そして、刑罰の一部あるいは刑罰の代替として、強制的に加害者（更生）プログラムを受けさせることが必要だと思います。逮捕されていない場合でも、多くのDV加害者が加害者プログラムを受けるようにする社会的合意（多くの人がその方法があることを知り、それを選択するようになること）が必要だと思います。DVを罰則付きで犯罪化するよう、DV法を含めた法体系の抜本改正が必要です。[*2]

　DV加害の程度がひどくない場合や、法的処罰を受けていない場合でも、DV加害者は自分を変えていき、二度としない人物になっていく責任があります。いまの社会には、DVをやめたいという意思をもつ人や、DVを反省し、パートナーとの対等な関係を築きたいと思っている人もいるので、

---

*2　DVだけでなく、すべての性暴力を犯罪規定し、加害者を処罰し、強制的な再教育を施すようにすると同時に、被害者の保護と回復支援のシステム（緊急支援施設、裁判や警察での被害者保護に関する法律を含む）をつくりあげるような包括的性暴力禁止法が必要です。性暴力をなくそうキャンペーン事務局編・発行［2009］、全国女性シェルターネット編・発行［2009］、波田あい子［2003］など参照。

その人が自分を変えていくことを援助してもらえる学びの場（加害者プログラム）は必要です。

### (う) 加害者を変えるのはだれか

　DV被害者には、加害者を変えることも、変わるのを助けることも、基本的にはできません。被害者にできることは、加害者に「自分は変わらなければならない」と感じさせることだけです。加害者がほんとうに変わる可能性があるのは、加害者本人が本気で変わろうと努力をしつづけるときだけです。そのためには、被害者が「加害者（彼）なしでも生きられる」ということを示す必要があります。DV加害者の変化を促す方法として現実的には、別居すること／別れることがもっとも有効です。加害者を変えてあげようと、被害者がそばにいてがんばってしまうことは逆効果です。

　加害者を変えるのは、治療する医師でもありません。DV問題は、基本的には、「怒りのコントロールができない病気の人（精神疾患患者）」という個人の病気の問題ではないからです。加害者の多くは、ほかの人に対しては怒りをコントロールできています。「病気だ」と言ってしまうことで、仕方のないことだ、本人の責任ではないとなってしまうので、基本的に病気のせいにするのは誤りです。もし病気の人であったとしても、被害者の安全が優先されるべきなので、両者を引き離すことが大事といえます。[*3]

　一部には、性格的問題、パーソナリティ障害、精神疾患、アディクション（嗜癖、依存）などの問題がからまっている場合もあります。DV容認的な誤った考え方の保持に加えて、病気・障害、強いストレス、性格上の問

---

[*3] 表層を見れば、別れに対して怒るDV加害者やストーカーは、一時的な「禁断症状」におちいっている人と見ることもできます。「NPOヒューマニティ」理事長の小早川明子さんは、「お酒に依存するアルコール依存症や薬物に依存する薬物依存症と同じです。その人がいないと生きていけない。その人を支配し、時に殴らずにはいられない。自分の感情をコントロールできず、相手にがむしゃらにしがみついている状態です。『その人さえいればすべてうまくいく』と……」というように、加害者を説明しています。ただし、そのようにとらえたとしても、加害者は仕方なくやってしまうのだと見る必要はないし、加害者の思想自体を問題にすべきという原則は揺るぎません。

題、コミュニケーション能力の欠如、クスリの影響など、多様な要素が関係している場合があるのは事実でしょう。しかし、その場合でも、加害者に責任がないとはいえません。病気なら、病気ということを前提に、加害をしないように離れる責任があるからです[*4]。

　加害者の行う虐待・暴力がアディクションである場合、本人自身を表面的に責めるだけでは、通常は言動は変わらないでしょう。むしろ、そうなってしまった状況や自分のつらさを聞いてもらい、「つらい人生環境だったんですね」と共感してもらって、本人自身が自分の被害者性を認識できてこそ、自分の加害者性（責任意識）も認めていけるのだと思います。また、本人自身が変わらざるをえないように、環境を変えることも重要でしょう（依存対象からの引き離し）。暴力をしなくなることをめざす「治療」や「更生」といったことを「援助」というならば、被援助者は、批判にさらされずに自分の被虐待体験の過去を語る場を、どこかで保証されることが必要であるといえます（信田さよ子『DVと虐待』pp.158-165）。ただし、その「更生」「援助」行為は、DV被害者が行うべきこと（責任、義務）ではないし、行えることでもないし、行ってはなりません。第三者が行うべきものです。加害者からすれば、パートナーにではなく、第三者に助けを求めるべしということです。

　そして加害者は、表面的な反省や今後の関係のもち方のテクニックを学ぶのではなく、自分のなかにあるDV加害行為を正当化する考え方の誤り（ゆがみ）に気づき、DVにならない考え方（尊重、共感、非暴力、シングル単位、ジェンダー平等）を学ぶことも必要です。それ抜きの「治療」は、暴力容認になると私は考えます。加害者を変えるのは加害者自身なのです。

---

[*4]　DV加害行為を行ってしまう者のなかには、双極性障害（躁うつ病）やパーソナリティ障害（境界性、反社会性、妄想性パーソナリティ障害など）の状態である場合があります。考え方にひどく偏りがあり、異常に攻撃的になってしまうという病的な症状が、DVと結びついている場合があるのは事実です。ケースによっては、そうした病的な面も理解しておくことが有効な場合があります。

## 5-2　加害者プログラムの必要性をめぐる議論

### (あ) 加害者更生プログラムの効果について

　DV加害者プログラム[*5]の必要性について、日本では十分な議論がなされていないまま、勝手な意見がはびこっている状況です。よく聞くのは、「加害者は変わらない」「加害者プログラムは効果がない」「予算や人手が少ないなかで、被害者支援に力を割くべきで、加害者に予算やエネルギーを使うべきでない」「加害者プログラムは、加害者を擁護する面があり、被害者の立場と対立し、有害である」「加害者プログラムは、加害者が変わるかもしれないという間違った期待を抱かせ、被害者が離脱（離婚）することを妨げる」「被害者の側に立つなら、加害者にかかわれるわけがない（中立などないのだから）」といった意見です。

　しかし、「加害者は変わらない」という主張は極端に偏った意見で、変化する加害者がいるのは事実です。私は、デートDV防止教育を受けて反省した人を知っていますし、個人的に相談を受けた事例や、日本で2002年４月から加害者プログラムを実施している「アウェア」（山口のり子代表）および私が行っている「NOVO」などでの加害者プログラムの実態を見ていますが、変化している人はいます[*6]。考えていただきたいのは、子どもに手を上げてしまった母親、子どものころにいじめをしたことがある人は、一生変わらないといえるかということです。変わらない人もいるでしょうが、適切な教育や支援があれば、変わる人はいるのではないでしょうか？実際、毎週毎週、DVのことを学び、お互いチェックしあうことで、暴力を振るわないようになっている人はいます。

　完全に変わるかどうかといえば、それは、アルコール依存や麻薬・ギャ

---

[*5]　加害者更生プログラム、加害者教育プログラム、加害者治療プログラムなど、多様な呼び方がありますが、「更生」や「治療」という言葉には、社会秩序に適応させるとか、病気の治療ととらえているといった問題があるので、加害者教育プログラムか、単に加害者プログラムと言うのがいいかと思います。しかし、世間ではよく加害者更生プログラムと言われているので、それを用いるときもあります。

ンブル依存などと同じく、一生もう手を出さない人もいる一方で、「再発」「スリップ」を5年後や10年後に起こす人もいます。しかし、だからといって、アルコール依存対策（AAのような当事者の集まり）が無意味だと言うのは言いすぎであり、それと同じで、DV加害者プログラムによって努力しつづけ、一日一日、DVしない日々を積み重ねていくことはできます。そして、それは意義のあることです。ですから、「加害者は変わらない」と言って加害者プログラムの必要性を否定することには、積極性はないと思います。自分の息子や娘が20歳ぐらいでDV加害をしてしまったからといって、「おまえはもう変わらない。一生だれとも恋愛も結婚もするな」と言うことにリアリティがあるかどうか、考えていただきたいと思います。

　加害者がどれぐらいの割合で変化するかという加害者プログラムの効果の話になれば、その測定はむずかしく、正確なところはいまだ不明といえます。

　高橋郁絵さんは、「DV加害者更生プログラムの効果については様々な研究がある。身体的暴力については効果が見られるが、心理的、経済的な暴力など身体以外の暴力についてははっきりした結論は得られないというのが通説になっているが、これらの調査はより本質的な効果をとらえていないとの批判もある」と述べています[*7]（高橋郁絵［2012］p.198）。

　これについては、『DV加害者が変わる』[*8]の10章で詳しい検討がなされ、従来のプログラムの効果を測る方法には、多くの問題点／限界点があることが指摘されています。すなわち、従来の評価の方法論には、比較グルー

---

[*6] 現実にDV加害者プログラムに来ている人を20人ほど見れば、その多様性に驚くでしょうし、一部は、礼儀正しく好感がもて、ほんとうに反省しているんだなということがわかります。そして、それは各人、程度問題です。ここを理解するためには、「普通の人」「DVしていない人」のなかにDV加害者の可能性を見ることが大事で、そうであるにもかかわらず、「DVしていない人」になっているということをふまえれば、DV加害者も、ある条件がそろえば「DVしない人」になるわけです。DVをしている程度もさまざまで、その人がDVをしなくなるのも程度の問題という場合があります。DV加害者をDVをしていない人と切断して、特別異常な人（絶対に変わらない）と見ること自体が、実態を反映していないと思います。

プが存在しない、回答率が低い、義務的参加のためもありプログラム脱落率が高く調査対象者が偏っている、プログラム実施者が調査にかかわるという私利的問題、生活背景や外的条件のコントロールができていない、調査対象者が移動するなど追跡が困難、評価が身体的虐待に限定され精神的虐待が無視されていること、暴力行為のない関係の質自体が評価されずただ身体暴力の有無だけが評価されること（過度の単純化）、評価そのものが逮捕記録であったりパートナーの主観であったりばらつきがあること、成功に寄与するプログラム内の要素に注目していないこと、などなど多くの問題点があるため、いまだ定まった評価方法は得られていない、と主張されています。

　要は、十分に科学的、学術的な調査はいまだ存在しないのです。2003年の米国連邦司法省の加害者プログラムの「無効性報告」には賛否両論があります[9]。ですから、ひとつの調査（論文）を例にあげて、「ここで加害者プログラムは効果がないと証明されている」と言うのは、説得力ある意見ではありません。

　たしかに「加害者プログラムを受ければ、ほとんどの人が暴力を振るわなくなる」ということは、残念ながらいえないと思います。しかしそれは、人間はなかなか変わらず、DVは、いじめ加害や各種依存症などと同じように根深い問題であるから当然なのであり、2割でも3割でも変化したなら、意義はあったともいえるものです（2〜3割の変化と言ったのは、効果測定でそのような数字があり、それが低すぎるというような批判があるからです）。人が完全に変わることと完全に変わらないことの間には「ある程度変わ

---

＊7　高橋郁絵［2012］では、2004年に内閣府が東京都に「DV加害者プログラム」の試行を委嘱したときに自分たちがかかわったこと、それは1年で終わったが、その後、高橋さんらがNPO法人「RRP研究会」を立ち上げてプログラムを継続している経験をふまえて、そのプログラムでの前後の変化を調査していることを報告しています。

＊8　モー・イー・リー他［2012］『DV加害者が変わる――解決志向グループセラピー実践マニュアル』。この本については、5-3で詳しく紹介します。

＊9　2003年に米国連邦司法省がブルーワードとブルックリンにおける加害者プログラムを調査した報告書『Batterer Intervention Programs : Where Do We Go from Here ?』のこと。それに対する評価については、山口佐和子［2010］p.163を参照のこと。

る」というものがあり、それは「加害者プログラムを受けずにまったく変わらないこと」に比べれば、ましな変化だといえます。

　米国の調査では、逮捕され有罪となった加害者は、強制的に加害者プログラムを受けさせられているため、自分を変えようとする意思が低い人も多く、受講の期間も限定されているため、変化する人が少ないことは当然、推定されます。日本の場合、参加する人は自分を変えたい意思を強くもっている人が多いので、変化する率は米国の数字よりは高くなると推定されます。

　そして、そんな状況のなかで行われている加害者プログラムの現実は、多様なプログラムがあり、それなりに成果をあげているものもあれば、欠点を有しているものもあるということだと思います。加害者の立場に近寄りすぎ、被害者支援にとってマイナスの影響を与えるような側面をもった加害者プログラムも、一部にあったと思います。

　どのプログラムであろうと、いい面と悪い面があり、微妙な使い方やファシリテーターの個人的力量（熱意、性格、人格的能力）に左右されるし、アプローチのなかのプログラム内容にも成果は大きく左右されるし、集まる人の構成、偶然性にも左右されるといえます。『DV加害者は変わる』の執筆者たちが行っている解決志向アプローチに対する調査研究（プルマス・プロジェクト）では、かなりの効果が見られたということです。

　以上より、「加害者プログラムは効果がない」と言うことはできないのが現実であり、今後、詳細な調査が求められるところであるということ、および、もし仮に２〜３割の人にある程度の変化があったとしたときに、「効果がない」と言うのは言いすぎであることがいえると思います。

## （い）変わりたいと思う加害者がいる事実

　シェルターに逃げ込んだり離婚裁判をするなど、重度のDVを受けた被害者の支援をしている人が、「なかなか被害者の立場に立って反省するというようにならずに、敵対してくる加害者」を見て、経験的に「加害者はひどい」「加害者は変わらない」「別れるのが唯一の対応策」と思うのはわ

かります。

　しかし、それは一部のケースを見ての判断であるといえ、それが適切な場合もあるが、そうでない場合もあると認めるべきです。DV加害者教育プログラムを受けて、日々、暴力をしない自分になっていこうと努力しつづけている人を見たこともないまま断定するのは、理性的かつ公平な態度とはいえません。それはステレオタイプなものの見方です。

　実際に、時間とお金をかけて真面目に通っているDV加害者がいるという実態を直視すべきです。何か気づきのきっかけがあって（たとえば、保護命令を出されたとか、けがをさせたとか、離婚／別離を言われたとか）、それを契機に、これではダメだと思って、自発的に心を入れ替えようと加害者プログラムに来る人はいます。また、パートナーのすすめ、あるいは「関係継続、結婚継続の条件」として通うことを強制されて来る人もいます。パートナーから「あなたはDVだ」と言われて来た人もいます。

　離婚はするけれど、子どもと面会を続けていき、子どもの結婚式に呼んでもらうように信頼を取り戻したいと思って来る人もいます。子どもを愛している、失いたくないと思うことが加害者プログラムに参加する動機になっている人はかなり多くいます。被害者側弁護士が勧めたから来た人、加害者側弁護士が勧めたから来た人もいます。妻や恋人と関係をうまく続けるために学びに来る人もいます。何かしらの病気だから治療しないといけないと思って来る人もいます。自分のしたことでパートナーが傷ついたと知って反省して来る人も、被害を受けたにもかかわらず、子どものために離婚を我慢しているパートナーを見て、絶対に償おうと決心して来る人もいます。パートナー（妻）が「夫は加害者プログラムに行って変わった」と言うケースもあります。プログラムに参加するなかで、実際に３カ月、６カ月と、DVを振るっていないという状況を続けている人はかなりいます。

　これらの事実をふまえずに、偏った情報やうわさで聞いたことと、単なる経験的主観で「加害者は変わらない」「加害者プログラムは効果がない」と言うのは軽率であるといえます。過ちを反省し、愛する者を失いたくな

いと願い、変わりたいと思う加害者にセカンドチャンスを与えるためにも、加害者プログラムは必要です。ゆがんでいるとか、認識が間違っている、まだDVを正しくわかっていない、被害者へ与えた被害をまだ十分わかっていないということがあるにしろ、加害者プログラムに来ようと思うような加害者には"苦悩"があります。被害者のためを考えると同時に、この加害者の苦悩にも真摯にかかわることが加害者プログラムの課題です。

### （う）被害者のニーズを満たすためにも必要

　次に、被害者のために加害者プログラムが必要であるという視点からも述べておきます。

　被害者の支援のためにも、加害者が少しでも変化するようにしていく加害者プログラムが必要だということが、なかなか理解されていませんが、被害者の多様な現実的ニーズを知れば、加害者プログラムが必要ということは、のちに示すように明白です。

　「予算や人手が少ないなかで、被害者支援に力を割くべきで、加害者に予算やエネルギーを使うべきでない」という意見もありますが、DVをなくしていく（減らしていく）ため、および、いまいる被害者を支援していくためには、本書「はじめに」でも述べたように、DV対策として、①**DV被害者支援**、だけではなく、②**DV加害者教育プログラムを含む加害者対策**、③**DV環境に育った子どもへの支援**、④**DV予防教育**、⑤**支援者向けの研修**などの各方面を充実させて、総合的に対処することが必要です。

　DVやストーカーの多くは、そこにいたるまでに一定の時間を伴う関係性があるのであり、かなり多くの被害者が、「別れる」「離婚する」までは**考えずに、「パートナーに反省してもらい、DVやストーカー行為をやめてくれればいい」「できれば処罰（逮捕・拘留）はしたくない」**と思っています[*10]。とにかくとりあえず、殴られずに安心して暮らせるようになりたいと願う被害者は多くいます。怒りと愛情のアンビバレントな感情があったり、「縁があった人だし……」「私にも悪いところがあった」などと思いがちです。経済面とか、子どものことや世間体などを考えると離婚はむずかしい

ので、離婚はしないが別居して、生活費や養育費をちゃんと受け取り、恐怖心を与えられないような距離で、結婚という形態を継続することを望む人もいます。離婚はしたいがすぐにではないので、**冷静に離婚を受け入れてくれるように**、加害者に認識を改めてほしいと願う人もいます。離婚などを求める裁判や調停において加害者に十分反省してもらって、**離婚の条件に抵抗しないで素直に受け入れてくれるようになってほしい**と願う人もいます。恋愛でも、別れる気はないという被害者は多くいます。

　被害者が別れるという結論（この人は変わらないのだと確信できること）に納得的に到達する手前に、まずは加害者が変わるかどうか様子を見る時間が必要な被害者もいます。こうした**多様なニーズが被害者にはある**のであり、加害者を罰するだけが被害者の共通の願いとは限らないのです。

　そうしたニーズに応えるために、加害者プログラムが有効なのです。さまざまなニーズがあるために、すぐには加害者と離れない選択も認めつつ、支援をしていく必要があるという主張がありますし、私も賛成です。[11]被害者は、加害者と別れる選択肢も、別れない選択肢も持てるべきです。被害者の自己決定を尊重すべきですし、それを支える支援を行うべきです。

---

＊10　DV問題で先進的な経験を積んできた米国では、1970年代末から加害者プログラムが始まりますが、1981年に「ミネアポリス実験」（ミネアポリス警察署が、軽罪のDV事案で、逮捕、アドバイス・調停、一時的引き離しのいずれが、加害者の再犯防止に効果があるかを調べた実験）が開始され、警察によるDV犯罪者逮捕が促進され、刑事法廷でDV加害者拘置の判決が頻繁に出されるようになりました。それに対して被害者側から、拘留ではなく暴力の停止を望んでいるのだという声が上がりはじめ、加害者への教育プログラムが注目されるようになったという経緯があります。山口佐和子［2010］p.37参照。なお日本では、2001年段階で、アメリカの加害者プログラム、被害者プログラムを紹介した山口のり子『DV　あなた自身を抱きしめて』がもっとも早い紹介かと思います。

＊11　高橋郁絵［2012］では、世界のDVに関する文献をデータベース化しているオーストラリアの機関から出された「暴力的な関係に留まる女性への支援」という論文を紹介し、同居していたり加害者との関係が続いている女性被害者に対して、**離れない選択を認め、支援を提供する必要がある**と主張していること、**暴力的な男性と同居しながら生き延びるスキル**についても評価すべきと主張していることを紹介しています。また、高橋［2012］では、容赦なく加害者を犯罪者として逮捕するような対応は、時には**被害者にとって不利になる場合がある**ことも指摘しています。たとえば、逮捕により経済的な面などで生活が行き詰まる場合や、女性の主体的選択権が侵害されること、再暴力へのリスクの上昇などです。

ある被害者にとっては、加害者がどうなろうと知ったことではない、とにかく離れたいというニーズがあるでしょうし、それならそのニーズが満たされることが大事です。その場合も、別れる条件を相手に受け入れてもらいやすくするために、加害者プログラムを使うメリットがあります。別れたあと、安全に暮らすためにも、やはり加害者プログラムを受けてもらって認識を変えてもらったほうが、被害者には都合がいいでしょう。

　しかし、別の被害者の場合は、加害者が変わる様子を見ることで、理解不能で世界（社会、他者、人間、自分の人を見る目など）に対する信頼を失っていたことから回復できるかもしれません。それならば、加害者が変わり謝罪してくれることを望むそのようなニーズを尊重すべきであり、加害者プログラムはそれに対応してなされるべきでしょう。

### （え）福祉的支援を通過しての加害者性の構築は重要

　若い人は更生可能性が相対的に大きく、また、加害者は次のパートナーにも同じようなことをしていくのですから、予防教育も、再発防止の加害者教育プログラムも必要です。「加害者は変わらない」というようなことをデートDV防止教育で若い人たちに言うのは、展望を奪い、努力を奪う間違った教育です。教育の現場としては、加害者も生徒／学生であって、見捨てるのではなく、人権意識をもった人に変えていくこと自体が教育の目的です。加害者の間違ったDV容認的思い込みをまずは"つぶして"おくために、早い段階で予防教育を一回は通過させるのは、社会（大人）の責任です。一度も聞いたことがない、教えられたことがない人が、間違ったことをしてしまっても仕方ない面がありますが、デートDV防止教育を一回受けた人には、そのような言い訳は通用しないといえます。**罰する前提に教育は必要**です。

　犯罪学的・法的・福祉的・制度的・心理臨床的に考えても、加害者対応が必要だといえると思います。すなわち、犯罪、非行、虐待、DV、いじめ、ストーカーなど「加害者−被害者」が生まれる事象に対して、固定的・一面的に「『加害者−被害者』という直線的な関係でとらえて、一方

の当事者だけに関与することが問題をさらに根深くしかねない」(廣井亮一 [2012a] p.11)といえるからです。

　少年犯罪や児童虐待について、加害少年や加害親に対して法による罰だけを強化することが危険で効果が低いことは、歴史的にすでに示されており、多くの者が認めるバランスは、加害者に対して法による処罰的対応を行うと同時に、「援助されるべき加害者(家族、親子)」に寄り添う福祉的支援も必要だということです。

　福祉的支援という場合、加害者のもっている社会資源に目を向けさせたり、本人をエンパワメントし、それによって自己決定の主体にしていき、自分の加害者責任を引き受けさせるということを含みます。非行少年の罪悪感が深まりにくいことをふまえて、村尾泰弘さんは、被害者意識の核となる心の傷を癒す側面と、罪意識を自覚させる側面の二重構造にする必要があるといい、加害者の心のうちに対する傾聴や共感と、自分の行動を選択させて、その結果に責任をもたせるかかわりがいるといいます。したがって廣井亮一さんは、司法アプローチだけでなく、臨床的アプローチ、あるいは司法と臨床の交差領域に生成する司法臨床的アプローチが必要といいます。(廣井亮一 [2012a] [2012b]、村尾泰弘 [2012]、坂野剛崇 [2012])

　これらの知見をDVに当てはめるならば、加害者を法的に罰するだけでなく、**加害者の被害者性**や加害者を取り巻く人間関係全体に目を向け、傾聴するなどして、援助すべき対象として寄り添い、エンパワメントし、その結果として**罪意識を自覚する主体**にしていくという面(**加害者性の構築**)にも目を向けることが必要だということです。加害者プログラムは、加害者が被害者にちゃんと謝罪し、DVをしないようにするために、「加害者性を構築」することをめざした学習の機会の提供なのです。

　ですから、予算や人手が少ないことはわかりますが、被害者の支援のためにも、加害者教育プログラムも予防教育もいるのだと思います。被害者支援のためにも、被害者の希望を聞き、その希望の方向に事態が進むように、加害者を少しでもましにしていくことが必要です。5-8でも述べるように、被害者と加害者の双方から話を聞いて全体像をつかんでいくなかで、

解決策を探る努力が大事です（加害者や被害者の片方の話を聞くだけではわからないことは、数多くあります）。ですから、**被害者の話を聴かない加害者プログラムや「治療」には、私は批判的な立場**です。

　被害者支援とそれ以外を対立させて、優先順位を機械的に決めるというのは古臭い感覚であり、DV法ができて10年以上がたつなかで、DV対策のネクストステージとしては、世界の実績に学び、ぜひとも、被害者支援に加え、加害者教育プログラムも、予防教育も、同時並行的に充実を追求していく課題だと、認識を改めるべきだと思います。加害者プログラムは、被害者の現実的ニーズに対応しようとしており、被害者支援や予防教育、DV家庭に育った子どもの支援と並んで、DV対策の一翼を担うことは、世界の実情を知る者にとっては常識なのです。

　先にも述べたように、加害者に対しては何をしても無駄（離れるしかない。でも離れられない）というのは、無力感、絶望感につながり、結果として、加害者への恐れとDV実態を存続させます。対処できるのだ、教育すれば変わりうるのだという展望をもつことに躊躇する必要はないと思います。加害者が反省しようとしないとわかれば、離れる決断もつきやすいでしょう。加害者にも、「あなたは、加害者プログラムに通って自分を変えることを放棄しました。そこにあなたの本性が出ているから、もう期待できません。あなたの反省も謝罪も口先だけです」と突きつけられると思います。

　「被害者の側に立つなら、加害者にかかわれるわけがない（中立などないのだから）」というのも間違いです。被害者の立場に立つ者こそ、まともな加害者プログラムをするところと連携すればいいのです。なにも、**一人（ひとつの組織）が被害者と加害者に常にかかわるべきといっているのではありません**。中立になれといっているのでもありません。被害者だけにかかわる人も必要ですが、だれかが加害者にかかわる必要があります。そのときに、被害者の利益を尊重して加害者にかかわることには、高度な力量がいりますが、可能です。そこと連携しない「被害者支援」は、重要な選択肢・対処策のひとつを被害者から奪っていることになります。

なお、「加害者プログラムは、加害者を擁護する面があり、被害者の立場と対立し、有害である」という意見に対しては、被害者支援を中心に置いた加害者プログラムにすることで解決できると、私は思っています。これについては、次節以降でもふれます。

加害者プログラムの現実を知れば、「加害者プログラムに批判的な人」の認識は変わると思うので、まずは、かなりの人が実際お金と時間をかけて通っている事実を見て、次にそのなかで何が行われているのかを見て、その結果（効果）がどうなっているのか（被害者のプラスにつながっているのか）を見ていく、というようなことがいると思います。

以上を「加害者プログラムをする理由（目的）」として簡単にまとめますと、**①社会全体の加害者を減らすため、②被害者を守るため、③被害者の多様なニーズを満たすため、④真面目に反省して自分を変えたいと思っている加害者を支援するため、⑤DVだとも知らずにDVをしていた加害者に学ぶ機会を保証するため**——などがあります。

## 5-3　加害者プログラム①　さまざまなやり方の紹介

### (あ) 主に3つの流派がある

DVの根絶のためには、被害者を支援するとともに、加害者対策、加害者教育も必要です。問題の根源は、暴力を振るう側にあるからです。アメリカやカナダでは、加害者をまず逮捕して、「更生」のための加害者プログラムを受講させるなどの法律がつくられています。カリフォルニア州認定のDV加害者プログラム実施者向けトレーニングを受け、それを応用したプログラムを日本で実施している「アウェア」などが主張しているように、日本でもDV加害者プログラムとその受講を加害者に義務づけることが必要だと思います。[12]

DV加害者プログラムには、さまざまなやり方（流派）があり、その背景には思想的違い（フェミニストかどうか、人権派系か、リベラル系か、人間観、社会観、家族観の違いなど）や専門領域・理論の違い（心理学系か、社会学系

か、社会運動系か）などがあります。

　加害者プログラムには、大きく分けて、①ジェンダー、家父長制を重視する**フェミニスト系アプローチ**、②個人的特性（個人的病理、個人的生育歴）を中心に暴力を理解する**心理療法的アプローチ**、③相互作用的・人間関係的側面から暴力を説明し、解決を提起する**家族システム的アプローチ**──などがあり、詳しく見れば、この３つに入りきらないものもあります（男性運動系アプローチ、宗教系、AAの12ステップ・アプローチなど）［図表5-1］。

　フェミニスト系アプローチとしては、「Emerge」[*12]や「ドゥルース・モデル」[*14]と呼ばれるものが有名です。女性に対する男性の暴力に焦点を当て、家庭内で男性が権力をもつために振るうのがDVであるとし、原因としてジェンダー、男性優位社会、家父長制、性差別があることを中心に見る立場です。ですから、ジェンダー（性役割分担意識と制度）が男性をそのような行動に走らせていることに気づき、加害行動をした責任を自覚し、ジェ

---

*12　日本での男性への取り組みとしては、「男らしさ」を問い直し、「互いの個性尊重」「役割規範からの自由」をめざした取り組みをしてきたメンズリブの活動もあります。一部のメンズリブのグループも、男性に向けての「暴力なしで暮らす方法」を提案し、米国などで学んだことをふまえて、DV加害男性に向けた「男の非暴力ワークショップ」などを行ってきました。また、日本で男性問題に取り組む運動団体が連携して、「私は暴力（DV）を振るわない」と男性が意思表示するホワイト・リボン運動を進めています。ホワイト・リボン運動は、1991年、カナダの３人の男性が始めたもので、男性に命を奪われた女性への哀悼と、男性の非暴力の意思を表す白いリボンを胸につけるキャンペーンで、現在は30カ国以上で行われています。

*13　「エマージ」とは、ボストンで1977年に、女性への被害者支援をしている団体からの要請で、全米で最初のDV加害者への教育的介入プログラムとしてスタートしたものです。被害者の立場を理解したうえで、DV加害男性に情報と資料を提供して、脱暴力を選び、暴力の責任をとらせるスタンスです。

*14　ドゥルース家庭内暴力介入プロジェクト（Duluth Domestic Abuse Intervention Project：DAIP）は、1984年からミネソタ州ドゥルース市で実施されている加害者更生プログラムで、「力と支配」を中心にして、車輪の図で加害者の考えを変える構成となっています。グループセラピーやロールプレイなどで、被害女性の気持ちや立場を理解させて、対等・尊重の関係を学ばせます。被害女性のさまざまなニーズに対し、シェルター、警察、裁判所、福祉局、医療機関などが連携して対応し、そのシステムのひとつとして、加害者に加害者プログラムを受けさせることが位置づけられ、そのプログラムがドゥルース・モデルです。ペンス＆ペーマー『暴力男性の教育プログラム──ドゥルース・モデル』（誠信書房、2004年）参照。

## 図表5-1　DV加害者プログラムの潮流

- **フェミニスト系アプローチ**
  女性に対する男性の暴力に焦点を当て、そこに、ジェンダー、家父長制を見る立場。および、「力と支配」概念を中心的に重視するドゥルース・モデルなど
- **心理療法的アプローチ**
  個人的特性（個人的病理、個人的生育歴）を中心に暴力を説明する。「治療」「カウンセリング」という言葉を使う。認知行動療法的アプローチなども入る
- **家族システム的アプローチ**
  相互作用的・人間関係的側面から暴力を説明
- **その他**

  男性運動系アプローチ
  　男性が集まり、男性のつらさを語ることから、脱暴力を志向する

  AA系アプローチ
  　アルコール依存症（AA）の治療の分野で確立された「12のステップ」療法を応用するもの

  解決志向グループワーク・アプローチ
  　『DV加害者が変わる』の立場。解決志向短期療法

  統合的アプローチ
  　上記のものを組み合わせるもの

  その他
  　所属する社会階層、文化、人種の影響を考慮するものなど

（山口佐和子［2010］（とくにp.40）、リー他［2012］を参考に伊田が作成）

ンダーにとらわれない平等な関係のモデルをめざすことを求めます。女性（被害者）の立場重視が現実的な特徴です。

　心理療法的アプローチとは、人格的欠陥や生育歴のなかでのトラウマ経験／犠牲性（個人的生育歴）が原因と見る説明スタンスをとるもので、「治療」という概念を使い、加害行為もその人なりの理由がある点に重点を置く傾向があります。[*15] 精神療法／カウンセリング的思考がベースですから、グループ心理療法も使いますが、個人治療もあり、精神科医や臨床心理士などが行うことが多いものです。認知行動療法も含みます。もちろん、この流派にも多様なものがありますが、加害者の怒りの感情を否定しないで、暴力によって生き延びてきたんだと（少なくとも個人のトラウマなどの問題が

解決するまでは）暴力を「容認」する場合があります。[*16]

　加害者個人の資質の問題と見る考え方としては、「精神的病気、メンタルヘルスの問題、脳の器質問題」「対立を解決する力がない」「コミュニケーション力が欠けている」「怒りをコントロールする力（衝動を抑える力）に欠ける」「ゆがんでとらえる認知状況」などがあります。ストーカー加害者に対応する方法としても、この心理療法的アプローチが使われ、一定の効果を得ています。[*17]

　家族システム的アプローチは、加害者個人の責任というよりも、家族の機能不全、相互作用的・人間関係的側面から暴力を説明するもので、具体的には、カップル・カウンセリングを重視し、双方のコミュニケーション

---

[*15] 一般的にいって、個人の意識変容をめざす心理療法的アプローチでは、クライアント（ここでは暴力加害者）と治療者の治療同盟が重要で、クライアント中心主義で、クライアントの個人的差異・個人的ニーズ（家族との関係性、危険度や疾患を含む）を考慮した介入や治療となります。また、DV暴力加害者のなかには、DV以外の深刻な問題、たとえば精神疾患、反社会性人格障害、アルコールなどの依存症、発達障害などをもっている者がおり、暴力行為の原因がそこにからんでいる場合があります。その場合、DV以外に深刻な問題がない者との区別された対応が必要とはいえるし、ある場合には、コミュニケーションの問題だという言い方が適切な場合もあります。「ドメスティック・バイオレンスを犯す男性のためのプログラム──介入プログラムの有効性の背後に隠された問題に関する一考察」（日本嗜癖行動学会編［2010］所収）では、加害者各人の加害行為の質や原因を詳しくアセスメントすることが必要であり、具体的には加害者のタイプ別分類が有効としています。また、行動変容モデルなど、既存のものをDVプログラムに統合することで、より大きな成果が得られると指摘しています。ただし、複雑性があるために簡単ではない点も指摘しています。

[*16] ある暴力治療プログラムでは、暴力を嗜癖問題と同様にとらえて、以下のように治療行為をしたといいます。すなわち、強迫性、反復性などの特性をもつ嗜癖的暴力問題を抱える男性（以下、「暴力加害者」）を対象に行われる集団精神療法において、他の嗜癖と同様の治療プロセスによって、暴力にいたる物語の書き換えを行うことで、暴力加害者の暴力嗜癖からの回復をめざします。そこでは、自分も他者も苦しいのに、なぜ暴力嗜癖を繰り返すのかと悩む暴力加害者に、「暴力を繰り返す必要」があったのではないかと投げかけ、それはさびしかった自分が母を求める感情の爆発であり、さびしい自分と向き合わないために繰り返す必要があったのだと語らせ、暴力や嗜癖の罪悪感で自分を責めることで、さびしさによる自己崩壊を防止していたという「暴力の効果」を自覚させます。この気づきのあとでは、暴力や嗜癖では罪悪感が得られなくなり、自分の痛みの自覚にいたり、暴力や嗜癖が消失していったといいます。（「グループ獏の冒険──自己治療としての暴力をあきらめた男たち」日本嗜癖行動学会編［2010］所収）

がうまくいくことや葛藤解決スキルの習得を解決の手段と見なします。原因よりも問題解決のためのスキルに重点を置きます。

　解決志向グループワークによるDV加害者処遇プログラム（プルマス・プロジェクト）という立場もあり、1991年以降の実践にもとづき、実績をあげているようです。このやり方は、従来型（上記3大潮流アプローチ）のいずれのプログラムとも大きく異なる側面をもっており、それが、プロブレム・トーク（だれがいつ、なぜ、どうしたなど、問題について語る）でなく、ソリューション・トーク（どうなりたいかなど、解決に向けての話）を中心に行う短期間集中型の「治療」だということです。相手（加害者）には解決する力があると敬意をもってかかわり、加害者の長所や小さな変化に注目し、それをほめ、短期に実際の加害者の具体的変容（暴力停止）を獲得することをめざすものです。

＊17　「NPOヒューマニティ」理事長の小早川明子さんは言います。「たとえば警察や弁護士は『おまえは悪い奴だ』と言いに行くわけですけど、カウンセラーは悪いというよりもあなたは病んでると。病態にあるんだよと、心の。たとえば失恋の痛みとかみんな経験あると思うんですよ。それが過度にひりひりする人は、これじゃ生きてけないって思う人は、どうしても相手に寄りすがっちゃうわけですよ。それが満たされないと恨みになって、あるいは心中しようという心理になる。これはですね、いくら警察が取り締まっても、最終的には解決はしないんです。ストーカー問題の最終的解決っていうのは、加害者がもうしないと決めるだけのステージにあがるってことなんですね。このステージに一旦あがってもまた蛇口がゆるんでくることもあるんです。この蛇口をずっと自分で閉め続けて、新しい方向に自分を持っていくためには、たとえば、そういった加害の経験をした人が集まって時に話し合いをし、客観視していくうちに実は、この方が将来の相談員になる可能性もあるんですよ。」（NHK『週刊ニュース深読み／なぜ防げない！　ストーカー被害』2012年11月24日放送、http://www1.nhk.or.jp/fukayomi/maru/2012/121124.html）

＊18　これを説明する文献としてモー・イー・リー、ジョン・シーボルド、エイドリアナ・ウーケン『DV加害者が変わる——解決志向グループ・セラピー実践マニュアル』（金剛出版、2012年）があります。詳しくは、拙稿「書評『DV加害者が変わる』」（『女性学』21号、新水社、2014年）を参照のこと。この解決志向アプローチの優位点・積極点としては、成果があいまいな抽象論での意識批判（差別構造の理解による性差別意識の批判）の話ではなく、進歩が明確に測れる小さな目標（暴力とは別の、意義ある何か）を設定することを助け、それを実践的にクリアして、変化を確実に獲得するものであること、暴力でない対応の可能性を考えさせて内省を促すよい質問が具体的に出されていること、などがあるとされています。

### (い) 米国の加害者プログラムの実態

山口佐和子［2010］は、米国の加害者プログラムの実態を調査したもので、とても参考になります。それによれば、「米国では男女のペアでファシリが行われている」という日本でよく広がっている情報は間違いで、実際には、男女ペア以外に、男性1名、女性1名、男性2名、女性2名のパターンなどもあり、ひとつの機関内でも複数ある場合があるということです。プログラム開始の理由も、個別事件での被害者支援の延長もあれば、一般的に被害女性を救うため、あるいは、ほかの組織や地域や裁判所／国からの要請で始めたものなどがあります。

また、加害者プログラムが注目を集めるなかで、ファシリテーターをめざす人が増え、その際に、従来のような被害者の実態を知らないまま、自分の専門領域だけを重視するという**専門化の弊害**[*19]（加害者の味方になってしまう問題）が出てきているということです。

「怒りの管理とタイムアウト」についても、実施しているところと、していないところがあり、批判があるということです（5-7（う）、p.200参照）。1回のセッションの時間もまちまち、「修了」までの期間もまちまちです。ファシリテーターが厳格で叱るようなタイプもあれば、穏やかで非忠告的なものもあります。講義中心のものもあれば、ワーク中心のものもあります。加害者プログラムへの熱意にも個人差、地域差があり、セラピーやカウンセリング的な手法に対して、批判も賛同もあります。[*20]

## 5-4　加害者プログラム②　私の見解

### (あ) 心理療法的アプローチに関して

私は、上記したように、それぞれにいい面と悪い面／限界があり、ファシリテーターの個人的力量にも左右されるし、加害者のタイプ[*21]や個性によっても効果的なものは異なると思うので、単純にどのやり方が正しいと

---

*19　山口佐和子『アメリカ発DV再発防止・予防プログラム——施策につなげる最新事情調査レポート』（ミネルヴァ書房、2010年）p.166、p.169など。

言いきるべきではないと思っていますが、以下のような点はふまえておくべき、というスタンスです。[22]

すなわち、一般的にいって、犯罪を解説する理論は、構造的・社会学的なものや、犯罪者個人の資質や心理で説明するもの、運命論的なものなど、多様にあり、ひとつの暴力的犯罪行動にはさまざまな要因がからまっていて、構造要因や個別要因があり、複数の変数や因果関係があるのが当然です。DVも犯罪ですから、その説明理論が多様にありうるとはいえます。また、その理論にもとづく多様なモデルやアプローチがありえます。[23]

心理療法的治療では、暴力加害者本人はすでに多くの場合、自己否定感、罪悪感をもっているのだから、それを責めるのではなく、逆に、自分のなかに抑圧してきた「被害者性」の感情を吐き出すことが重要だと考え、加害者に正直に心の奥にあるものを語らせます。厳しい状況のなかで生き延

---

*20　高橋郁絵［2012］では、高橋さんらがNPO法人「RRP研究会」を立ち上げて行っている加害者プログラムの紹介がなされています。認知行動療法的アプローチ中心のもので、カナダのブリティッシュ・コロンビア州のものを参考にし、12回1クールで、卒業や免許皆伝はなく、何回も受けることを勧めているといいます。1クールのみの参加は約半数だそうです。プログラムの後半では、積極的にロールプレイを用いるといいます。そして「①暴力は行動であり、人格・性格・病気・アディクションなどではない。②行動が問題なのであり、人格は尊重する。③暴力は行動選択の結果である。したがって選択した行動については本人に100％責任があり、被害者には責任がない」ということを原則としているそうです。

*21　加害者の分類についてはさまざまな研究がありますが、信田さよ子さんは、ホルツワース・マンローとスチュアートの3分類、「家族のみ型」「不快・境界線型」「暴力常習・反社会型」がわかりやすいと紹介しています（信田さよ子［2012］）。通常、加害者は、家族にだけDVをして、外では紳士的にふるまっているといわれますが、それは、加害者への偏見に対して実はそうなんだという強調として有効であっても、実際は、多様な加害者のタイプがあり、非常にキレやすく、公衆の面前で道行く人に暴力を振るったり、パートナーにDVをする加害者もいます。職場で部下や同僚に威圧的な人もいます。何事にも執着し恨みをもつ、コミュニケーションが苦手な人もいます。みなが社会生活を外部では円滑にするというわけではありません。ただし、日本では強制性はなく費用もかかるので、加害者プログラムに通ってくる人には「暴力常習・反社会型」はほとんどいないと思います。

*22　本節については、拙著『デートDVと恋愛』の再掲部分がかなりあります。

びてきた、そんな自分を認めてやろう、暴力を繰り返す必要と暴力の効果があったのだ、と物語を書き換えさせようとします。[*24]

　それは時には意義があるとは思いますが、広義の意味で加害者の「精神療法的治療」の必要性を認めるとしても、被害者の苦しみを十分考慮することなく、加害者に過度に同情的になって、加害者のとった行為に対する責任を免罪してはならない（疾病化による免責も許すべきでない）というのが私のスタンスです。[*25]

　いいかえれば、「治療」において使った「暴力を繰り返す必要」と「暴力の効果」という概念を、対被害者、対社会において、自分の暴力行為の正当化に用いてはならないということです。心理療法において、しばしばセラピストは、目の前のクライアントだけを見て、問題行動に対する道徳

[*23] 「ドメスティック・バイオレンスを犯す男性のためのプログラム——介入プログラムの有効性の背後に隠された問題に関する一考察」（日本嗜癖行動学会編［2010］所収）では、暴力の治療のための個別的アプローチと構造的アプローチを融合させた方法——ドゥルース・モデルに支えられた多くのもの——は失敗に終わっている場合が多いと指摘しています。しかし、それも個別によるということも認めています。私の見解は、そもそも暴力加害者を非暴力者（DVをしない、男女平等の考えの人）に変化させるのは非常にむずかしい課題であるので、どのやり方でも成功率は低いのであり、ドゥルース・モデル系のものを否定するのでなく、「暴力低下率（成功率）」が低くても、ジェンダー観点を入れて原則的に行うべきであるというものです。

[*24] 嗜癖には、触れてはいけない情動を封印するふたの役目があり、その意味で、生き延びるために嗜癖を肯定するという、精神療法のスタンスがあります。嗜癖が、ある種の問題への対処のひとつであることは、一般論として認められますし、摂食障害や自傷行為、薬物依存、関係依存などが、説教や批判だけでは治まらないことは明らかです。しかし、DVという他害行為は、それが他者を巻き込むがゆえに、自分への加害とは質的に区別される必要があります。

[*25] 信田さよ子さんは、加害者が親から虐待を受けていたなど、加害者の被害者性に焦点を当てるのは、加害者プログラムとしては危険であるので、扱うとしてもプログラムの終了間際にする（カナダではそうしている）といいます。加害者が自分の被害者性を承認してもらうと、自分の行為の正当化の意識につながりやすく、親への怒りのエネルギーが被害者に向かう危険性があるからです。しかし、適切に扱えば、加害者に「他者に与える痛み」を理解させ、被害者へ共感させ、加害者の「加害者性の構築」に貢献するといいます。心理療法やカウンセリングに精通している臨床家ほど、加害者を変えたいという衝動に駆られて、被害者性を扱うことに性急になりがちなので、信田さんは、危険性と有効性の両義性を忘れるなといいます。（信田さよ子［2008］pp.158-160、信田さよ子［2012］pp.80-81）

的価値観をもたないようにしようとしますが、加害者にかかわるならば、被害者の気持ちを同時的に考慮しながら、DV行動は人権侵害であり批判されるべきものであるという価値観をもつ必要があります。

これは、被害者がこうむった被害について焦点化し、加害者の事情がどうあろうと、基本は被害者の人権回復を中心にすえるということです。また、加害者にかかわるときも、被害者のためということを忘れないということです。私はこれをフェミニスト的な立場と考えています[*26]。これをふまえた心理療法的アプローチならばいいのですが、そうでないならば、加害者プログラムとしては問題があると思います。

また、心理療法的アプローチそのものがもつ傾向として、加害者の人格という個人内の一要因に焦点が当てられて、個人の心理的問題に還元しすぎて、加害者を取り巻く環境、社会の要因を軽視する欠点（狭義医学モデルの限界）があります。加害者の行為が家庭環境や社会の風潮の影響を受け、人権軽視で、性差別的で、反社会的であることからすると、DVも個人と環境・社会との交互作用としてとらえるべきといえるので、家族やジェンダー意識や恋愛観、さらに社会システムとしての差別構造（ジェンダー秩序、カップル単位システム）も入れ込んで、各要因がどのように関連してDV加害を起こさせているのかのメカニズムの解明が必要です。しかし、狭い心理療法的視点では、その点が弱くなります[*27]。

以上より、現実的には、「被害者のため」を忘れないカウンセリング（とくに認知行動療法的なもの）にはまともなものが多いと思いますが、中立的立場を保ちながらのクライアント中心主義（とくに加害者の被害者性に焦

---

*26　性暴力問題において、中立主義やクライアント中心主義ではなく、被害者の側から問題を見ること、および、加害者に向き合うとき、加害者プログラムを行うときなどにおいても被害者の立場を重視することを、「被害者中心主義」と呼ぶこともあります。（沼崎一郎「愛と暴力――ドメスティック・バイオレンスから問う親密圏の関係倫理」『岩波応用倫理学講義』5巻、岩波書店、2004年）

*27　信田さよ子さんは、家庭内性暴力に向き合う場合、単なる心の問題、精神内界を対象とするだけでは、来談するクライアントのニーズに応えることはできないといって、家族関係における今ここにある暴力に対処することが必要だとし、被害者の立場に立って、被害者を信じてかかわるといいます。（信田さよ子［2008］p.184）

点を当てるもの）は、時に加害者を擁護・免罪してしまい、被害者を危険にさらすので、心理系の人はとくに注意すべきです。[*28]

　私の立場は、性暴力における暴力を振るう側と振るわれる側の体験の非対称をかんがみて、性被害者の立場に立って被害者支援をするフェミニストたちの運動実践から学んだDV構造の理解と対処、それにもとづく防止教育を重視すべきというものです。加害者がDV支配していることに対して責任逃れするような材料を与えないことと、被害者支援のフェミニスト視点をもっていることは不可欠な点だと思います。そのうえで、ほんとうに変わりたいと思う加害者に寄り添うということです。

　経験豊富なランディ・バンクロフトの著作においても、[*29]加害者にかかわる者のなかにDV加害者の味方になっている者が多いこと（うまく加害者に利用されてしまい、自覚なく協力者になっている者がいること）に警告を発しており、加害者側に立って被害者を攻撃する心理カウンセラーや医師や弁護士などを糾弾しています。[*30]DV問題において、被害者と加害者の間に立つ中立ということさえありえず、中立は事実上、加害者の味方になっていると批判します。[*31]私もこの観点は重要だと思います。とするならば、心理療法においても、この観点に注意を払うべきでしょう。

　とくにDV加害者は、多くの場合、一見「虐待するタイプ」には見えま

---

＊28　DV加害者やストーカーを、アルコール依存症などと同じ依存症患者だとする考えがあります。「NPOヒューマニティ」理事長の小早川明子さんは、ストーカーは「ラブ・アディクション（愛情依存）」という依存症なので、人格を非難するのでなく、「あなたは悪くないよ」と言い、「でも、あなたの病気は悪い。あなたは依存症という病気なのよ」と言っていく、そして加害者の絶望的な気持ちを前向きなものに変えていくカウンセリングが有効だといいます。そして小早川さんは、他者支配の排除と自立をめざすゲシュタルト・セラピーで、相手の気持ちも自分の本当の気持ちも理解するようにもっていくといいます。実践的に行い、実績を積み重ねられているので、こうしたとらえ方による「更生」もありえるとは思いますが、加害者がとった行動は悪いこと（加害責任）はおさえるべきです。信田さよ子さんは、社会的に中立と見なされる位置とは、加害者寄りであるので、DV被害者支援を行う者は中立であってはならないといいます（信田さよ子［2008］）。訓練を受けた心理療法家は中立になろうとする癖があるが、そうしているかぎり被害者の信頼が得られないことを信田さんは指摘しており、私も同意見です。

＊29　バンクロフト［2008］11章を参照のこと。

せんし、しばしば「虐待の濡れ衣を着せられた。悪いのは被害者のほうだ、自分こそ被害者だ」、あるいは生い立ちなどからもたらされた病気（性格）だから仕方ないと主張しますが、それを信じてしまうことに警戒的になることが、実践的には重要です。だからこそ、**被害者からの情報（被害者支援）を重視しないとダメ**なわけで、加害者をクライアントと見る通常のクライアント中心主義の原則だけでは、決定的に不足しているのです。*32 **実践的には、被害者からの聞き取りを必要要件としないで、加害者とのみかかわるカウンセリングでは非常に危険**だといえると思います。被害者と面談し、被害者の顔を思い浮かべながら、加害者にかかわるような姿勢（加害者と被害者の両方を意識したかかわり）が必要です。

男性というグループは、全体構造のなかの位置づけとしては、たしかに加害者／抑圧者側なのですが、個別／ミクロ的には、**加害者性と同時に何らかの被害者の側面**ももっていることがあることは、私も理解し賛同します。しかし、それを身近な「弱者」に向けての支配（相手の主体性を剥奪す

---

\*30　バンクロフト（[2008] pp.331-336）は、第三者が加害者を守ったり虐待行為を助長することは、虐待そのものと同じくらい道徳に反することだ、虐待に加担することは、被害者や子どもたちを見捨てるだけでなく、加害者から変わるチャンスを奪うことにもなるといいます。弁護士が、ただ加害者側だからといって、被害者を攻撃するようなこと（それは、弁護士自身が加害者の攻撃の武器となること）は許されてはならないと批判し、DV加害者の弁護士に対する法的基準を設ける必要があると提起します。加害者が自分の言い分を言う権利は守られねばなりませんが、専門家である弁護士が被害者攻撃を行うことは制限されねばならないのです。しかし、そういうことがわからず、勝てばいいのだというような、DVに加担する弁護士がいるのが現実なのです。精神科医やカウンセラーも、この点を肝に銘じるべきでしょう。

\*31　信田さよ子さんは、カウンセラーであり中立的立場であるべきというカウンセリング理論を信奉していたが、現実に向かうなかで、親子関係やDV関係において、中立ではなく被害者の立場に立つことが大事だと認識するようになったと告白しています。だから彼女は、加害者プログラムも被害者の安全と安心のために加害者に学習の機会を提供しているととらえるのですが、実践的にこの基本を守りつづけることは、想像以上に困難であるとも指摘しています。（信田さよ子 [2008] pp.106-108）

\*32　さまざまな事情があるので必ずとはいきませんが、「被害者の気持ちを想像する」というのではなく、実際に聞き取りをすることが非常に重要です。実際に聞けば、現実はほんとうに多様で、予想を超えます。加害者にかかわるためには、被害者からの個別具体的な情報はきわめて重要です。

る、自分に有利な人権侵害行為、法的にはひどいものは犯罪）として発現させてはなりません。どんな理由があろうと、です。犯罪や人権侵害に対しては、まず被害者を助け出し（加害環境から離れさせる）、加害活動をやめさせ、加害者を処罰することが、それはそれとして当然、必要です。

　ですから、「DV加害者がもっている被害者の面」へのケアは別のところで行うとしても、どこかでDV加害者自身が、「自分がどういう人間か、自分の怒りがどこからくるか、DVという犯罪をしてしまったこと、なぜ暴力を振るってしまったか、男のプライドはどこからきて、どうしてそんなに大事にしているのか、自分も苦しいが被害者はもっと苦しんでいること、自分の本当の感情、自分の行動を変えられること」などに気づき、DVの構造を知り、自分の間違い（ゆがんだ考え）を理解し、暴力を振るったこと（被害者を深く傷つけたこと）を真摯に反省し、暴力的でない関係のもち方を学ぶことが必要です。[33]自分の「被害者性」をDV行為の言い訳に利用させてはなりません。

　また、精神的な病気という見方に対しては、加害者にとくに精神的に病的な人が多いとはいえ、メンタルヘルス上で病的な人は一部だという点をおさえておくべきです。加害者が、境界性人格障害など、病的な様相と似かよっているとしても、病気が主たる原因ではなく、「暴力容認意識、ジェンダー意識、カップル単位意識」をベースにしており、「ジェンダーフリー、シングル単位的な人権意識」を育てていないことこそが、主たる原因だといえます。

　個人の資質問題とすると、病気（薬物）治療、認知療法といった狭い対策になってしまいます。病気だという判定は、免責につながりやすくなります。[34]加害者は、自分の優位・支配性を維持するための戦略としてDVと

---

[33] 加害者更生プログラムのなかで、加害者に対して「突きつけ」「ショック」があること——パートナーからの批判や別居・離婚提起、法的強制力など——が重要だというのがアウェアの立場であり、私もそれに賛同します（アウェア［2008］pp.2-3、pp.44-45）。アウェアでは、「DV加害者プログラム」をDV被害者支援のひとつの方法として実施しています。そこに参加した男性の様子がわかるものとして、アウェア編［2008］『DVって何だろう？——DVをしてしまった男性たちからのメッセージ』があります。

いう行動をとっているのですから、その優位・支配を維持しようとする意識を「自然」「当然」「問題なし」と思わせる社会的意識自体を問題とすべきなのです。[*35]

なお、上記の点をふまえたうえでいうならば、フェミニズム的に、男性支配の差別社会の問題がカップル関係にも出ているとし、被害者の苦しみを中心に置くことで、ともすればそれが加害者への一方的批判・説教になる危険性があることには、注意がいります。女性の言うことが正論であり、男性が言う「加害者の本音・言い分・我慢・心理」は言い訳になる場では「正解・正論」と言われること（模範解答）を言っておきながら、裏で男同士のときに、そうは言っても女性にも問題がある場合があるよなあ（本音）と言わせてしまうようになることには、警戒的になるべきです。これは米国での経験でも指摘されていることです。人権の教育は、たてまえでふたをするようなことになってはなりません。

## (い) 家族システム的アプローチについて

家族システム的アプローチは、加害者の個人的病理と見るのではなく、

---

\*34　カナダ、オンタリオ州のDV加害者更生プログラムでは、「治療」「回復」という「疾病モデル」を想起させる言葉は使用されず、犯罪ととらえて、そこからの更生をめざす「司法モデル」の形をとっているといいます。（信田さよ子［2012］p.78）

\*35　岡本茂樹『反省させると犯罪者になります』（新潮新書、2013年）は、犯罪加害者の更生にかかわっている臨床心理士の見解を述べたもので、臨床心理の積極点と限界点がよく出ているものです。同書は、浅い「形式的な模範解答＝反省文を書かせるようなワンパターンの教育的対処」を批判している点で正しいのですが、それに対して、ただ繰り返しカウンセリングの原則（加害者がだれかに話を聴いてもらうことが大事。自分の苦しみをまずは吐き出せ）を対置するだけで、本書でいう心理療法的アプローチの問題点をもっているものです。すなわち、「自分を大事にできないから、人にもひどいことをする→まずは自分が加害を行う心境を語れば、感情が戻ってきて、自分を大事にできる→そうすると、ほかの人の痛みもわかるようになる→被害者のことを考えられる」という浅い理屈を言うだけです。自分の加害の理由を語れば反省にいたるとか、被害者の痛みも理解できるなどというのは、現実的には、当てはまる場合もあれば、当てはまらない場合もあるものです。岡本さんは「反省させたり、被害者の気持ちを知る教育は間違いだ」と極端なことを言っており、被害者視点を重視すべき加害者プログラムの大事な点がわかっていません。

暴力を関係性のなかでとらえ、加害者を取り巻く家族関係や社会との関係性においてとらえます。親密な関係のなかで、その相互作用を通じて夫婦システムが形成されると見て、DVは加害者と被害者の相補的な関係として成り立つものだと見なすものです。しかもシステム論的には、家族を超えて、友人、学校、職場、地域、国家制度、社会意識などにも、影響する要因は及びます。これはDVの一面をとらえているでしょうし、そこから導かれる「システム的・相補的だからこそ関係性を修正して、その連鎖を断つ。たとえば加害者に接近しないようにすることが大事」「二人を一体のものと見て、そのからみあいを放置するのでなく、支配のメカニズムを明らかにし、加害と被害という対立関係だと明確にし、シングル単位的に関係のあり方の考えを変えること」といった視点は有効だと思います。

　しかし、この家族システムというとらえ方は、しばしば家族内だけにシステム理解を制限し、「夫婦のコミュニケーションの問題」ととらえて、カップル・カウンセリングをして、関係の修復をめざすことにもなりがちで、それはDV対策としては問題です。カップル・カウンセリングに対しては、被害者支援の現場から根強い批判があり、私も危険性が高いと思います。

　権力関係にある二者を同席させるのは危険で、被害者が不満を言うと、あとで暴力を受ける可能性があります。加害者の多くは、面談の場ではうまく立ち回るでしょうが、また二人に戻ると、前と同じように振る舞う確率が高いと思います。加害者が、外面、公的な場面では、うまく立ち回る人が多いことを忘れてはなりません。

　DVの家裁調停で、男性は社会的地位があり、公的な場で話すことに慣れているため、弁舌鮮やかに自己の行為を正当化しますが、女性はDV被害を受けて心身が不調になっていたり、訓練の機会を奪われてきたため、話はまとまりがなく、要領を得ないということがあり、そのため、男性加害者の主張が通りやすいということがあります。加害者の口のうまさにだまされてはいけません。

　同席した場所では、双方に問題があるとされ、「女性被害者にも悪いと

ころがあった」「男性の気持ちもわかってあげて」ということにされがちです。被害者にも問題がある場合や、夫婦で話し合うことが有効な場合もあるでしょうが、その前に、DV容認的な考えを加害者が脱ぎ捨てて、シングル単位の考え、非暴力の考え方を身につける必要があります。被害者に問題があろうと、だからといって、DV加害行為をしてはならないし、被害者が別れたいなら別れを受け入れるというシングル単位的な感覚が大事です。それなしに、「コミュニケーションの問題」に解消してはならないと思います。

　加害者の「ケア（傾聴）」をだれかがすべきとしても、被害者がそれにかかわる必要はない（それは危険）のですが、DVの本質を理解していない人が行うシステム的アプローチでは、「カップルでよく話し合ってください」というようにされかねません。

　もし加害者がその行動を変えることができないのなら、被害者は自分（と子ども）の安全や成長のために離婚（別居／別れ）を考えることが適当なのであって、関係の修復が常に大事なのではありません。その点で、家族再生を重視するようなかかわりは、DV対応としては間違っていると思います。

　心理療法的アプローチや家族システム的アプローチなどに共通にかかわりますが、加害者は、一部の被害者になる人にだけ暴力的となっており、そのほかの人とは、怒りや衝動を抑え、適切にコミュニケーションをとっているのですから、単にコミュニケーションの方法がわからないだけだということで、加害行為に甘くならないように注意すべきです。

## (う) 解決志向アプローチについて

　解決志向グループワーク・アプローチには、積極点もありますが、欠点、問題点、限界点として私が感じたことを指摘しておきたいと思います。

　わずか3カ月（その間に、1回1時間のグループセッションが8回もたれる）のプログラムで、あまりに短期・短時間であること、獲得目標が小さな各人のゴールをクリアすることに絞られ、たとえその部分での改善が見られ

たとしても、深い反省や思考の変化が期待されないため、その後が心配なものであること、実施者が心理系でその枠に限定されすぎており、「治療」という言葉を平気で使う鈍感さがあること、従来、専門家に対して期待されていた要求は達成不可能な高すぎるものであったとし、自分たちにできることは限られているとして、臨床家的な限定に甘んじ、責任逃れをしている面があること、処罰や法的決定と変化の責任をとらせることを機械的に分離／対立させ、自分たち治療提供者（臨床家）は参加者個人の前向きな変化と成長を大事にするという言い方で、加害者に差別や暴力への加担責任をとらせないアプローチとなっていること、それは同時に、従来のフェミニスト系アプローチを「加害者に問題の責任をとらせ、善悪を教えて社会的にコントロールする」「暴力問題の理解と反省にこだわり、何かを禁じ、衝動的な行動を抑制するプログラムで、加害者の態度を防御的にするもの」というように、あまりに敵対的、非難的に規定し、フェミニスト系のもっている被害者への共感、暴力を許せないという心情や熱意といったものを軽視している点があること、こうしたことの全体として、被害者や被害者支援をしている者にとって、あまりに加害者に甘く限定的な目標に終わっているものであること、などです。

　アルコールや薬物、ギャンブルなどの依存症患者が簡単に治療できるものではなく、長期にグループにかかわりつづけて環境を整えることで転落（スリップ、再発）を防ぐことが現実的な対処であるように、DV加害者も、根深い問題がある場合には、簡単に「治療」などはありえず、長期の学習と自分がしたことの理解、自分の思考や感覚の変革とともに、長期的に暴力をチェックする環境（仲間の存在）に身を置くような姿勢こそが大事なのであって、数カ月通って「修了証」をもらって、「もう変化した」「治った」と言って終われるものではないというのが私の立場です。

　動機づけが乏しい状態で法的な裁定を反復するプログラムは脱落者が多く、加害者の防衛的な態度を強化してしまうという意見もありますが、そのようにならないように、被害者の気持ちや苦しさを学んだり、対等な関係の考え方を知ったり、加害者同士で気づいたことを指摘し合い、自分で

気づいていくようにすることなどが大事です。被害者の苦しみを知ることや、加害者の間違った考えや言い訳を批判することは必要です。「暴力問題の理解・反省、加害の責任」と「前向きの変化、変化への責任」を対立させる必要はないのです。

なお、日本のストーカー加害者対策でも、精神科医による「治療」では、思い込み（考え）を正す（変える）のではなく、話を聞いて、具体的に法律に違反する行為をやめる経験を積み重ねさせていくといっています。これは解決志向アプローチ的です。それもひとつの対応と思いますが、説教や押し付けでない「考えを変えていく学び」もあると思いますので、被害者の苦しみなどに目を向けることを強調しない点で、危険性があると思います。

### （え）まとめ

大事なことのひとつは、加害者へのかかわりと、被害者へのかかわりを区分することであり、加害者への一定有効な「治療」的かかわりを、被害者中心のDV把握・対策に混同的に紛れ込ませてはならないということです。暴力は犯罪行為であると規定したうえでの加害者への罰則や、被害者の支援中心の対応体制は必要です。そのうえでの話ですが、被害者支援のためにも、加害者の状態を把握し、再教育し、暴力加害を減らして、危険性を除くよう努力していくことは重要です。

---

＊36　精神科医・福井裕輝さんは、どんな治療を行っているのかという問いに対し、相手の話（言い分）をじっくり聞き、思い込みを正すよりも、法律に違反する行為をやめさせることに重点を置きつつ、思い込みと現実のギャップを認識させていくといいます。たとえば、駅で待ち伏せをしてしまうという人には、「本を読む」「コンサートに行く」など、自分にとって効果的な方法を試してもらい、待ち伏せに行くことを1回でも2回でもよいからやめさせるということです。「苦しみを終わりにするために、いまの状況を変えていったらどうですか？」などと働きかけ、被害者にだけ向かっていた意識を、仕事や家族などに向けさせるのです。そして、待ち伏せにいたった経緯、感情を書き出してもらい、いらいらする認識の変更を示唆するなどしていき、歯止めになるような経験や行動パターンを増やし、少しずつ依存の対象から離れさせるといいます。（「ストーカー：加害者診察100人超の精神科医に聞く」『毎日新聞』2014年4月5日／「質問なるほどリ：加害者、なぜ「治療」？＝回答・川辺康広」『毎日新聞』2014年2月17日など）

被害者支援の観点から、加害者の暴力行為を免責するべきではないことを保持したうえで、フェミニズムの要素も入れ込んだ加害者教育プログラムを社会は行っていくべきです。**加害者にかかわるときに、その後ろに常に被害者の存在を意識してかかわる必要があります**。その原則のうえで、ある場合には、認知行動療法は有効なことが多いですし、上記のような「加害者中心的な精神療法的加害者プログラム」や家族システム視点のアプローチの利用が認められるべきと思います。

　つまり、精神療法的な、あるいは家族システム的な加害者プログラムを行うにあたっては、慎重な配慮が必要ということです。もちろん、「加害者は病気ではなく、暴力行為を選んでいるのだ」という命題も、文脈を考慮して適切に使うべきで、すべてに機械的に当てはめるべきものではないといえます。また、フェミニスト的なスタンスをとる場合、それが「すべてをジェンダーの問題だと言って、女性が男性を批判し、反省と正論を言わせることにこだわって、表面的な反省に終わらせるようなもの」にならないような注意がいると思います。加害者の変化や努力、被害者性にも着目し、ジェンダー以外の要素も適切に認めていく寛容さが必要です。

　日本でも上記のような潮流の違いを反映したものが、すでにいくつか存在しています[*37]。加害者プログラムといっても多様であり、相互に批判もあり、うまくいっているものも、そうでないものもあることを知って、今後も改善を重ねていき、成果を増やしていくことが求められていると思います。実際には、多様なやり方があっていいということと、よいやり方を組み合わせて総合的に効果の高いプログラムに改善していくことが重要だと

---

　[*37]　フェミニスト系としては、アウェアのほかに、たとえば、NPO法人「女性・人権支援センター ステップ」（横浜市）が2011年から行っているものや、DV防止教育センター（名古屋市）、原宿カウンセリングセンター（東京都、信田さよ子さん）などがあり、さらに、アウェアで学んだ人が全国各地で始めています。SEDA（東京都）、notice（千葉県船橋市）、YURURAN（三重県）、リエゾンちょうふ（東京都調布市）、松林カウンセリングルーム（静岡県藤枝市）、地域支援ネットそよ風（徳島市）、などはその事例です。ほかには、男性グループが行っているものや、信田さんたちの「RRP研究会」など精神科医・心理系の人が行っているものがあります。

いえると思います。加害者プログラムの内容を知らずに批判だけするのは、非生産的な姿勢だといえます。また、ファシリテーターが自分の専門分野の考え方や方法だけを重視するのも狭量で、異なる立場を尊重することも大事でしょう。そして、より一般的には、自分の専門性というものに自信をもつことや自分のやり方だけが正しいと思うような「傲慢さと愚かさ」を減らすことが重要でしょう。

## 5-5　ストーカーに対する教育的／治療的かかわり

なお、ストーカー加害者についても、基本は同じだと思っています。[*38] メディアによく出てくる事件がストーカー殺人といわれていることもあり、警察は、DVというよりストーカー対策を中心に、「治療」として動きはじめています。警察は、2014年度にストーカー警告した加害者に対し、被害者の了解をとったうえで精神科医による定期的なカウンセリングの受診をさせて、「治療の効果」を測ることを決めました（東京都内に限った実施）。治療を受けるかの判断は加害者に委ね、受ける場合、費用は警察庁が負担します。精神科医や臨床心理士などを紹介して治療を促す仕組みを試み、効果を検証するということです。その予算（2014年度予算案に加害者35人分程度の治療費や研究費用）として、約1,140万円を計上しています。加害者一人あたり32万円ほどですから、引き受けた精神科医にとってはある

---

[*38]　東京都三鷹市の女子高生殺人事件（巻末資料、p.244参照）で、殺人罪などで起訴された元交際相手の加害者は、以下のような心境を語りました。（「Listening：ストーカー、治療に重点　特有心理　再犯防止で警察庁」「東京・三鷹の高3刺殺：ストーカー、特有心理　三鷹事件の被告『彼女の死、考えると楽に』」『毎日新聞』2014年1月28日より）

　「殺意を抱いたのはなぜか」という問いに対し、「昨年2月に別れを切り出され、翌月に別れた。でも、直後は殺そうという気はなかった。6月に彼女の父親から連絡があり、これ以上連絡してこないように言われた。携帯電話やメールの着信も拒否された。殺意が芽生えたのは7月後半ごろ。いったんはあきらめようと考えたが、彼女の死を考えると気持ちが楽になった。（殺害することで）終わりが見えるから」。別れたあとも連絡をとったことについては、「（連絡が途絶えて）すべてを手放すのは勇気がいる。だから連絡の強要はした」。ここからは、彼女が交際を求めていないことに対する、シングル単位感覚の尊重がまったくなく、DV／ストーカーの知識がないことが見てとれます。

程度、経済的メリットのある仕事になっています。

　私の意見は、処罰だけではダメなのは明確であるので、こうした危険性の高い人に教育的にかかわることは重要だと思いますし、試験的に試みて、データを蓄積することも意義があると思います。とにかく、いままではDVも含めて加害者にはまったく手付かずであったので、ストーカーやDV加害者に教育的/治療的にかかわれる人材を増やすことや、実績のある民間組織と連携してこうした方向を追求することには意義があります。この試みをふまえて、今後は、DVやストーカーの危険性の測定や再教育/更生の枠組みをつくっていくことが大事でしょう。

　ただし、そのとき、DV/デートDV、ストーカーに対する基本教育をしていく必要もあると思っています。警察は、いまはもっぱら精神科医と連携してやっていこうとしていますが、精神科医にほんとうに、DVやストーカーについてこれまで世界中で培われてきた知識（性暴力などの被害者支援の経験にもとづくもの）が継承されて、その適切な教育能力があるかどうかは不確定です。一部精神科医が、DVについて正しく学び、被害者視点もちゃんともって経験豊富で的確な人材であるとしても、ほかの精神科医（やカウンセラー）が適切だとはいえません。精神科医やカウンセラーなら、だれでもストーカー/DV加害者対応ができると思ったら大間違いです。上記の心理療法的アプローチや家族システム的アプローチのマイナス面を意識していないで「治療」と言っている医師やカウンセラーには、限界/一面性/危険性があると見るべきです。[*39]「病気−治療」の枠でとらえるべきでないという意見もあるなかで、安易に「病気−治療」の枠でいいと決めつけるべきではありません。いまのままだと、精神科医の利権になる可能性もあります。[*40] 広く、被害者支援、加害者対策にかかわってきた人たちの知見を集めて、多くの人の手を借りて、多様な加害者へのアプローチを試み、複線的な対策を整備していくべきでしょう。[*41]

　毎日新聞の記事では、[*42]サイバー犯罪の捜査などで民間から採用されている「特別捜査官」をストーカー対策にも導入することが提案されていました。精神科医やカウンセラーなど専門家の意見も取り入れてチームで対応

第5章　加害者へのかかわり方と加害者プログラム

に当たるようにすれば、重大事件に発展するのを防ぐためのより適切な対応が可能だろうといいます。被害者支援を行うNPOや避難させるシェルター、警備業者や各種相談機関などとの幅広い連携も重要だと指摘しています。もっともな提案です。

　また、DVやストーカーに対して、治療／加害者プログラムの受講を義務づける米国などと違い、日本は、今回の警察庁の実験も含めて、任意で自主的に来る者だけしか加害者対策に触れません。それでは、困っている多くの被害者を助けることはできないでしょうし、効果の測定にも偏りが出るでしょう。強制的・義務的に受講／受診させる仕組みも将来的には必要といえます。

　さらに、**兵庫県の取り組み**が注目され、今後、全国に広げられていくことが2013年12月に決められたということで、これは評価できると思いま

---

*39　この警察庁の「治療」の試みは「再犯を根本的に防ぐには警告や刑罰だけでなく、治療が必要」とする専門家の意見を取り入れて決定したということです。たとえば、加害者治療に取り組み、警察庁の治療検証の受け皿となる**「性障害専門医療センター」**（東京・大阪など）を運営し、およびストーカー事案に対処する**「男女問題解決支援センター」**（東京都千代田区）を2013年6月に開設し、代表理事として加害者の治療に当たっている精神科医・福井裕輝さんは、「たとえ死刑になるとしてもやめない独特な病理を持った人がいる」として、これを「ストーカー病」と名づけ、「ストーカーは単なる加害者ではなく、『ストーカー病』の患者」「ストーカーの8割は警告などで収まるが、残りの2割は人格に踏み込んで治さなければ、何度逮捕されてもストーカー行為を繰り返す」といいます。同センターは、認知行動療法や薬物療法を提供して対処するとしています。実績として効果をあげているということですから意義は一定あると思いますが、安易に「病気」扱いするのは、対策を狭い「病理－治療」の枠に入れ込むことにつながり、危険と思います。福井医師は経験豊富でも、ほかの精神科医が適切とは限りません。しかし、多様な受け皿があることはいいので、これもひとつの受け皿としてはいいと私は思っています。

*40　警察庁の治療検証にかかわっている福井裕輝医師は、治療できる人材を増やすために、ストーカー対策の講習会を開き、認定制度をつくるなど、治療する側の育成も急務と述べています。人材育成は大事ですが、認定制度などと言い出すのは、特定の人たちだけの権限＝利権につながる可能性があり、時期尚早ではないかと思います。

*41　「NPOヒューマニティ」の小早川明子理事長は、警察庁の新方針を評価しつつ、対策を警察だけが行っていることを批判し、厚生労働省や法務省もかかわって、効果があった場合の態勢づくりをめざすべきだと述べています。

*42　「記者の目：ストーカー事件どう防ぐ（松本惇記者）」『毎日新聞』2014年3月26日記事。

*43 す。兵庫県警は、独自のチェック表（図表5-2）でストーカー加害者の危険度を見極め、最低数カ月間にわたり警察署員が電話で経過を見守るという、兵庫独自の「ストーカー安心コールシステム*44」を2010年以来、確立してきました。

そして、悪質なケースは積極的に事件化し、2012年のストーカー事案の摘発件数は135件で、4年連続で全国最多となりました。兵庫県警は、2006年5月、当時16歳の女性が元交際相手の男に刺殺された事件をきっかけに、「次に何かあったら連絡して」という受け身の姿勢を改め、警察官が扱った男女がかかわるもめごとはすべて県警本部の生活安全企画課に報告するようルールを改めました。

| 図表5-2　兵庫県警が使用しているストーカー行為チェック表（一部） |
|---|
| 〈目的〉<br>□好意が怨恨の感情に転じている<br>□元交際相手などに復縁を要求する<br>□一方的に好意感情を抱いている<br>□目的がわからない<br>〈他法令の抵触状況〉<br>□逮捕監禁（身体の拘束を伴うもの）<br>□住居侵入（合鍵で室内に侵入など）<br>□器物損壊（今までに何回も被害に遭っている）<br>□脅迫（凶器を示されて脅迫された）<br>〈被害者の状況〉<br>□相手方が怖いので、口頭警告を躊躇している<br>□被害届の提出を躊躇している<br>□相手方との間に子供をもうけている<br>□相手方以外の異性と交際あり<br>〈特異性など〉<br>□性的羞恥心を害する画像を所有している<br>□勤務先・実家・密接関係者らにもつきまとう<br>□深夜（昼夜を問わず）つきまとう<br>□交際期間が長期間にわたる |
| （新聞報道などから作成。他法令の抵触状況は「過去に受けたもの」も含む） |

*43 「ストーカーチェック表：警察が独自に　相談者に電話、兆候把握　最多摘発『兵庫方式』全国へ」（『毎日新聞』2014年4月5日大阪朝刊）より。

*44 具体的には、警察官個人の主観ではなく統一基準で危険度を判断するために、ストーカー行為の種類や頻度、暴行や脅迫など計44の項目に印をつけて、点数をはじき出し、合計から危険度をA～Cの3段階に分類します。担当者はランクに応じて1週間～1カ月に一度の割合で相談者側に電話し、最低3カ月は状況に変化がないか気を配ります。経過はパソコンで管理し、連絡日が近づくと画面上で色が変わって知らせるようになっているので、忘れることがないような仕組みとなっています。なお私は、**加害者に接触してチェックすることも加えるべき**だと思います。

警察庁は、この取り組みを評価して、2014年以降、同様のチェック表を全国警察に広げることを決めたとのことですが、チェック表だけでなく、すべて兵庫方式と同様にすべきでしょう。

## 5-6　加害者プログラム③　私のスタンス

　私と仲間が大阪で2014年から始めている加害者プログラム「NOVO」[*45]の簡単な紹介もかねて、私の加害者プログラムへのスタンスを示しておきます（これはあくまで私個人の考えであって、NOVOを一緒に行っているほかの方の見解を代表しているものではありません）。

　まず、それは、DV被害者支援のひとつの方法として実施する、暴力を振るう男性向けDV加害者プログラムであるべきだということです。NOVOは、性暴力、性差別、DV、ストーカー、セクハラを許さない立場で、「アウェア」で学んだ者たちが大阪で加害者プログラムを始めるために立ち上げたものですが、そこにあるのは、フェミニスト的な感覚です。アウェアは、日本での加害者プログラムを始めた老舗（しにせ）のひとつであり、米国のフェミニスト系のものをベースとしており、実績もあり、よく被害者のことをふまえているので、私はこれをベースにするのがよいと判断しています。

　加害者プログラムには多様な立場があると述べましたし、私は、さまざまな方法の統合が重要だと思いますが、男性の相談を受ける相談員および適切な相談相手に必要な要素の項（4章注8、注39）でも述べたように、ジェンダー平等の視点に加え、DV／ストーカー問題、性暴力問題、セクシュアルマイノリティ、DV被害者の実態を知っていること、被害者支援組織との連携をもっていること、などが重要だと思っています。[*46]それがあってこそ、男性の被害／加害を適切に見極めて相談に乗ることができま

---

　*45　「NOVO（ノボ）」は「非暴力ルーム・大阪」（No Violence Room Osaka）の略称です。HPに詳しい説明が載っています。

す。加えて、専門の研修を受け、**目の前の加害者と、その奥にいる被害者を両方意識**しながらかかわる能力が必要です。男性加害者の苦悩や後悔を受け止め、相手を一人の人間として見なし、尊厳と共感をもって接すると同時に、被害者の安全も考慮し、加害行為には毅然として対抗するスタンスを堅持することも大切です。被害者となんとか接触して、ふたたびコントロールしたいと意識的／無意識的に思う加害者も多いので、被害者の秘密と安全を守り、被害者の決定を尊重することを忘れないことも大事です。[*47]

 私は加害者プログラムを行うに際して被害者の面談も行いますが、被害者が逃げているような状況（別居、離婚、保護命令）において加害者から被害者に接触する口実になってはいけないので、加害者が被害者に連絡をとるのがまずいと判断されたら、弁護士や親など第三者に私から連絡をとることも、場合によっては必要と考えています。

 一方、加害者には、やってしまった加害行為への責任があり、自業自得の面があるとしても、痛みや苦しみ、悩みがあることを受け止め、傾聴し、自分を暴力をしない人に変えていく努力、状況を改善していく努力を続けていることへの肯定的評価を与えるべきだと思います。DV加害者をただ悪い人間で変わらないと見なし、叱責するだけでは、結局、問題は解決していかないと思います。それは被害者のためにもなりません。

 つまり、私が加害者プログラムでめざすことは、DV加害行為を真摯に反省し、変わりたい、パートナーと対等な関係を築きたいという人に教育プログラムを提供すること、それにまつわる被害者支援、および、デートDV防止教育の普及によって、日本社会からDVやストーカー被害にあう

---

 [*46] この点に関連して、信田さよ子さんも「従来の心理療法とは異なる原則を踏まえて実践される加害者臨床」でなくてはならず、加害者臨床は被害者からの信頼を勝ち得ることが必要で、そのためにも加害者にかかわる者は、DV被害者支援の経験をもつことや被害者支援員との緊密な連携をもっていることが大事と述べています。(信田さよ子［2012］)
 [*47] シングル単位の原則に立って考えれば、被害者が加害者と連絡をとるかどうかは被害者が決めることです。加害者プログラム実施者が加害者の伝言を伝えるなど、仲介的に介入すべきではないと思います。プログラム実施者が被害者と接触しているかどうかを加害者に伝える必要もありません。ただし、被害者が望めば、加害者に被害者からのメッセージを伝えるなどは、加害者プログラムの性質上、してもいいと思います。

第5章　加害者へのかかわり方と加害者プログラム

人を減らし、対等な関係を営める「非DVのカップル」を増やすことです。

このとき、注意している点は、**被害者自身と連絡をとることと、被害者支援の運動・組織と連携し、加害者の横暴に加担しないということ**[48]です。被害者の立場を中心に置くために、女性ファシリテーターなどに被害者の視点を語ってもらうようにします。[49]そして、傷ついた被害者や子どもの気持ちを考える視点、被害者が不利にならない視点、二次被害を受けない視点を大事にします。たとえば、短期間のプログラムを受講したことに対して「修了証」などを発行すると、離婚裁判や調停において悪用されることがあるので、そのような危険なものを発行しないということを決めています。

実際、数回学んだから「この人はもうDVしません」と保証することなど、だれにもできません。むしろ、一生、再発（ふたたびDV加害をしてしまうこと）の危険性があると思って、一日一日、注意しつつ生きていくというような姿勢こそ大事だと思っていますし、それをチェックするためにも、仲間とつながりつづける学びの場が必要なのだと思います。それは、5-2で述べたように、依存症の人が簡単に「治療完了＝回復」するわけではなく、10年飲酒していなくても、また飲んでしまうことがあるからこそ、気をつけつづけることがいるということと似ています。[50]

この加害者プログラムに参加しようと来る人は、DV的なことをやってしまって反省している加害者もいれば、パートナーから加害者プログラ

---

\*48　カナダのブリティッシュ・コロンビア州のプログラムでは、女性のファシリテーターが被害者と定期的に連絡をとっています。また、カナダ・オンタリオ州のプログラムでは、加害者プログラム実施団体に被害者支援専門の女性スタッフを配置して、対応しています。

\*49　私はできれば、女性ファシリテーターに被害者の経験を代弁してもらうのがいいと思います。男性でも女性でも加害者プログラムのファシリテーターになれると思いますが、男性ファシリテーターには、同じ男性だということで信頼や共感を得やすい面があると同時に、「男性同盟」になって、男性加害者に甘くなる危険性もありますので、女性ファシリテーターがいることは有益だと思います。また、私は、被害者のほうにもシングル単位感覚を知っていただき、適度な距離をとることが、加害者の変化に有効であると考えています。女性被害者が、加害者に対し「あなたが変わらないなら別れる」というスタンスをとることで、加害者が真剣に向き合うことを重視します。

ムに行くように言われて来る人もいます。相談は、DV被害者で、パートナーに暴力を振るわないように変わってほしいとか、プログラムに参加してほしいと思う方からもあります。

　プログラムの内容は、多岐にわたっていますし、ここでその具体的内容をぜんぶお伝えすることはできませんが、テーマとしては、以下のようなことを扱います。

1　DV支配の多様なあり方を批判的に学ぶ（暴力容認、カップル単位意識、ジェンダー意識、多様な支配の方法など）
2　被害者について学ぶ（相手と子ども・子育てへの影響・結果）
3　自分に気づく（自分の過去と社会を学ぶ）……社会のなかにあるDV容認感覚、ジェンダー、育った家庭など
4　DVでない対等な関係について学ぶ……自分を変える、シングル単位感覚、責任、共感、尊重、Ｉ（アイ）メッセージ、傾聴、アサーティブネス、別れについての考え、感情のとりあつかい、怒りのコントロールなど

　こういったテーマの学習を通じて、単に表面的にDVがダメだと理解するのではなく、自分がもっている「愛や家族や関係性やDVについての間違った信念／考え／やり方／クセ」に気づき、それとは異なる考えややり方を学び、それに近づくように実践的に学んでいきます。多くの加害者は、この自分の信念自体に気づいていませんし、それとは異なるものもあるのだという相対化もできていません。

　私はとくに、「別れに同意はいらない。異性の友人OK、秘密OK。嫉

---

＊50　DV／ストーカーに関連して、犯罪者の治療では、先駆事例として薬物犯罪があります。警視庁では毎月１回、警察署で薬物乱用者が家族、警察官、民間団体などと対話するプログラムを実施し、参加させつづけることで再犯を防止しています。捜査を担当した警察官が、プログラムへ参加するよう、判決前から乱用者や家族に働きかけています。警察官はふだんから家族や乱用者と連絡をとり、欠席すれば直接電話して説得するなどして、継続率を向上させてきました。プログラムに卒業はないということです。

妬で相手を束縛する権利なし」「相手の問題は相手に任せる。何が自分の課題で、何が相手の課題かを見極める」といったシングル単位的な考えを知ってもらい、DV加害者の論理をつぶしていくことを特徴としたいと思っています。自分のDV的な行動は、自分のゆがんだ考え（カップル単位、ジェンダー意識など）による選択の結果であるということを理解してもらい、シングル単位的な感覚に考えを変えることで、感情や態度を変えられると知ってもらい、実践してもらいます。相手を自分の思うように変えようとするのではなく、相手は自分の所有物ではなく別人であり、自分の思いどおりには変えられない、それを前提に関係を変えていくしかないと理解してもらいます。

　自分が行った加害行為の意味・形態・実情を理解し、その行為によってもたらされた結果（被害）を自らの責任として引き受けること、そのために具体的にこれから何をするかを重視します。

　被害者、加害者の両者が関係を改善したいと思うなら、それを支援しますが、同時に、結果的に被害者の不利につながらないように注意することも忘れないようにします[*51]。

　こうしたテーマについての具体的な参加型プログラムを一定の周期で、繰り返しやっていくことで、途中参加の方でもいいようになっています。グループで行うのは、同じようなことをしている人を見て客観視し、気づくことが多いからです。また、人に自分のことを開示したり、思ったことを説明したり説得することで、学びが深くなるからです。他者の経験を聞いて自分との類似性を見つけて、気づくことも多いです。講義や個人面談で少し説明を聞いても、人はすぐには深く自分のなかに染み込ませることはできませんが、グループで時間をかけて多様な角度から繰り返し学んでいくことで、自分の思考が間違っていることに次第に気づいていきます[*52]。

　また、プログラムでは、自主的に毎週お金を払って来なくてはならないことや、自分のした暴力行為（過去も直近も）を隠すことなく参加者に開示しないといけないことなどにより、徐々に変化が見られる人が一定います。各人は、自分の変化の計画（行動計画、方針）を立てて、それを実践

できているかをチェックしていきます。いま悩んでいる問題に個別的にも相談に乗りながら、次の自分の変化の方針を意識してもらうようにしていきます。

　加害者に甘くなりすぎないように注意しつつも、加害者も尊厳をもった人格であるので、一人の人として尊重し、行為と人格を分けて考えます。先述したように、被害者との関係性を大事にすることと、加害者との関係性を大事にするという二重性が必要です。加害者に自分がやった加害行為の責任を自覚してもらうようにしつつ、同時に、加害者の人格を尊重し、その加害者が変わる機会を奪わないように接することも、プログラム実施者には必要です。加害者がプログラムに通いつづけるように動機を醸成しつづける必要があるのです。そうしないと「加害者に変わってほしい」と願う被害者自身に不利益が及んでしまいます。こうした**二重性**をもたねばならないという点で、通常の「目の前のクライアントだけを相手にする心理臨床」とは異なった能力が必要です。

　一般的には、どうしても加害者はパートナーへの不満を言いがちですが、繰り返し「パートナーがどうあろうと、あなたがどのような思考をし、どのような言動をとるか、それはあなたの選択の結果であり、DV的にも、非DV的にも変えていける。そこを見直していくことが大事」ということを伝えていきます。相手の課題に介入するな、自分の課題に向き合えとい

---

＊51　加害者プログラムが、被害者の加害者からの離脱の遅延に加担しないように（被害者に幻想を与えるようなことをしないように）注意することは大事です。加害者からの離脱は、被害者がいつでも自由に自己決定すべきことです。DV被害者はパートナーが立ち直ることを期待しがちであるので、加害者更生プログラムに期待して、加害者から離れることが先延ばしにされる場合があります。加害者も、プログラム参加を口実に離別に抵抗することがあります。加害者に改善が見られるならいいのですが、加害者に態度の変更が見られないなかで、加害者プログラムに参加しているからということで離別の障害になってはならないと思います。また、当然、被害者が加害者に対して「病気だから仕方ない」とか「私が見捨てずに治療に協力しなくてはならない」と思う必要はありません。

＊52　他者に自身のことを開示したくない加害者が多いと考えている臨床家がいるようですが、実際は、グループに参加すれば、多くの人は積極的に自身を開示します。それが現実です。このことからも、自分の経験を一般化することには警戒的になる必要があると思います。

うことです。自分がどうしたいのかを考えてもらい、そのためには、何が現実的かつ合理的な選択なのかを自覚してもらい、その実践を求めます。

　並行してNOVOでは、できるだけ積極的に被害者と連絡をとりながら、加害者プログラムを進めていきます。[*53]被害者が望めば、加害者のプログラムへの参加の様子も伝えます。

## 5-7　感情の取り扱い　「感情にいい／悪いはない」といえるか？

　感情について、従来、フェミニズム、フェミニスト・カウンセリング系では、「感情にいい／悪いもない。どんな感情も否定せず大事にし、感情を吐き出すことが大事。感情の処理／対処の仕方が大事」と言うことが多かったと思います。しかし、DV加害者へのかかわりにおいては、その考えだけでは問題があると思います。「感情にいい／悪いはない」というテーゼの意義を確認したうえで、加害者プログラムにおいては「悪い感情、間違った感情がある」ととらえることも必要であるという問題提起をしたいと思います。

### (あ) 感情と行動は区別するという考えの意義

　エリザベス・クレアリー［2002］［2007］、および、そのなかの田上時子さんの解説では、「感情と行動」について図表5-3のような知見がありま

---

*53　NOVOでは、できるだけ被害者と連絡をとるようにしています。プログラムの参加条件に「パートナー面談が可能な人」というものも、アウェアに見習って採用しています。被害者に会えたほうがいいのは、以下の理由によります。①事実を知るため＝加害者が「うそを言う」「正直に話さない、過少申告する」可能性があるので、ちゃんと実情を知るために、パートナーから情報をいただくためです。毎週、DVをしていないかチェックをしていく点でも、これは必要です。②被害者支援をするため＝被害者が支援につながっていない場合、被害者支援組織・弁護士・カウンセリングなどにつなげていきます。③被害者に、加害者プログラムのことを知ってもらって、安心してもらうため、④被害者に加害者プログラムを利用してもらうため＝たとえば、養育費をちゃんと払うなどの被害者の希望を加害者に受け入れるように話す、などです。また、被害者が困ったことがあって加害者に反省してもらいたいときに、加害者プログラムに情報や要望（この事例を検討してほしいなど）を出せるようにします。

す。大事なことがたくさんあるので、ここに要約して紹介しておきます。

　これをDV問題に適用すれば、加害者が自分の怒りの感情に対処する方法（怒りのコントロール*54）として、タイムアウトをとるとか、肯定的なセルフトークをするといった対処策につながります。また、嫉妬心や独占したい／束縛したい感情をもったとしても、それを実際の束縛行動や怒りの発言、暴力の発動、相手の自由の侵害という行動につなげてはならない、という話になります。内心で何を考えるか、感じるかは自由ですが、それを行動として、他者である相手に対して人権侵害に当たる行動をとってはならないということです。怒りは自然な感情で、怒ってもいいけど、あとであなたが困らないように、暴力を振るったり、物を壊したりしないようにしよう、怒りをコントロールする方法を学んでおこう、というまとめ方をします。

　しかし、多くの加害者はここを混同し、自分の感情を理由に暴力言動という行動を正当化しています。たとえば、愛しすぎているからこそ、嫉妬し、束縛するし、暴力を振るってしまうのだと言い訳します。その言い訳を許さないためにも、単に「感情を我慢して抑え込め」ではなく、適切に感情に対処しろと言うことには意義があります。

　さらに、「感情にいい／悪いはない」と言うことには、傾向的、一般的にいって、女性ジェンダーが「我慢して男性の言うことに従順に従うのが女性の役割であり、美徳」とされてきたことに対して、感情は自分の状態を教えてくれるメッセージ、自己主張してもいいのだ、感情を抑え込む必要はない、怒りをもってもいいのだ、抗議してもいいのだ、アサーティ

---

*54　1970年代に米国で始まった「怒りの感情との付き合い方」を学ぶプログラム（怒りの感情を上手にコントロールする方法の学び）を「**アンガーマネジメント**」といいます。アンガー（怒り）をマネジメント（適切に配分）するという意味です。日本でも日本アンガーマネジメント協会などがあります。直訳では「怒りの管理」となりますが、本書では「怒りのコントロール」と呼んでおきます。「カッとなったときに、6秒間待つようにする」「感情は大事にしたらいいが、自分を傷つけない、他人を傷つけない、モノを壊さないという3つのルールを覚えておく」「怒るべきことと怒る必要のないことを区別し、変えられないことなら、怒らずに受け入れるようにする」「怒るとしても、怒りに任せず、表現方法や場所を選ぶ」などを身につけるようにいいます。

## 図表5−3　感情と行動についての従来の知見のポイント

- よい感情と悪い感情があるのではなく、感情自体はよくも悪くもない。
- どんな感情も、それ自体は肯定したらよいが、行動にはよいものとよくないものがある。つまり、感情と行動を混同、あるいは同一視するのではなく、区別することが重要。
- 「よい感情＝楽しい、うれしい」「悪い感情＝さびしい、悲しい、つらい、失敗、泣きたい」というように分けるのは単純すぎる。
- 悪い感情だからということで、感情に無理やりふたをしてはいけない。感情に向き合い、名前をつけ、対処すればいい。振り回されないことが大事。
- もてあますような感情に対しては、どう感情を変えていくか、また、その感情を否定的な行動につなげず、どのようにして肯定的な行動で表現していくかが大事。
- 怒り自体はよくも悪くもないが、怒りを表現する行為によって問題を引き起こすことがある。そこを意識し、その行動の結果や影響には責任をとらねばならないので、怒りを表現したらいいと単純に肯定してはダメで、感情と行動の区別を意識しなければならない。
- 怒りは怒りを増幅する。だから、怒りやイライラをうまく発散しなければならない。他者への暴力、自分への暴力などのマイナス行動にしてはダメ。たとえば、腹が立ったからといって人をたたいてはダメ（怒りの感情をもつのはいいが、その感情を相手にぶつけることはよくない）。
- 感情を表す言葉を豊富にして表現していく。小出し（感情のガス抜き）にすれば大爆発はないが、我慢して溜め込むと、いつか大爆発する（弱い者に八つ当たり。暴力的かかわりをしてしまう。自分の心身がおかしくなる、など）。だから、感情は単に抑圧してはダメで、適切な対処が必要。
- 感情が変化したことに気づき、「気分がよくなった」など、口に出すのがよい。「ああ、痛い！　悪い気分をふるい落とそう。あー、気分がよくなった」など、感情とのうまい付き合い、非暴力的な発散のお手本を見せる。
- 子どもが取り乱していたら、優しい声で「深呼吸してみる？　それとも怒りをふり落とす？」などと、子どもができる方法のなかからどれかを選ぶように言う。
- 人はほんとうに怒っているとき、アドバイスされるのはいやである。
- 失敗的なことをしても、怒りのエネルギーに振り回されるのでなく、「前よりもよくなっている」「自分は愛される存在だ」「問題解決の方法を考えよう」など、前向きな独り言を言う。
- 子どもに怒ってしまって後悔したときも、「私は子どもの感情と向き合う方法を学んでいるところだ」と、前向きな言い方に変えて、全面自己否定にいたらないようにする。
- 感情をなだめる方法を身につけ、それを楽しむことが大事。幸せの感情を感じよう。否定的な感情がきたときには、それに対処すればいいだけ。
- もちろん、その感情をもたらした本当の問題に対処し、解決していくことができればいいし、それが必要な場合もある。しかし、根本的なところまでは対処しなくても、とりあえずの感情に対処する具体的な対処策をもっておくことも重要である。

（エリザベス・クレアリー［2002］［2007］、田上時子の解説、その他より伊田が作成）

ブに自分を主張しよう、と伝える文脈では大きな意義があったと思います。性的主体になっていこうとする性解放の文脈でも、性的な欲望の肯定ということと重ね合わせれば、感情を抑圧する必要はないと言ったことにも積極性があったと思います。

とくに性暴力被害者のエンパワメントの文脈では、抑え込んでいた記憶や怒り、憤りの感情、自責感、恥ずかしさの感情を出して、自分を責める必要がない、怒っている感情を伝えることは私の権利だ、悪いのは加害者だと気づいて（認識を変更して）、被害から立ち直り、新しく自己肯定感を獲得していくためにも、感情を吐き出すことは有効でした。

これは性暴力被害者に限らず、トラウマになるような重い心の傷を抱える人にとって、感情を大事にし、感情を吐き出すことが必要な場合は多く、カウンセリングはそれに対応したものといえます。

### (い) 感情にいい／悪いはないか？

しかし、DV問題を考えるとき、加害者のことも視野に入れなくてはなりません。その場合、加害者に「感情にいい／悪いもない。感情を大事にし、感情を吐き出すことが大事」と言うと、危険な場合があります。つまり、それを聞いた加害者は、自分の怒りの感情、それにもとづくDV行為を正当化する理屈だととってしまう場合があるのです。ですから、「感情にいいも悪いもない」と言って、**先に感情があるとして無条件にそれを前提にする**ということには、注意が必要で、場合によっては間違っているといえます。

私が理解し、実践しているデートDV防止教育や加害者教育プログラムでは、先に感情があると見なすのではなく、その人の考え（思想）がゆがんでいることが原因で、加害者は間違った怒りの感情をもち、DVが行われるのだと見ます。怒っているから虐待的になるのではなく、考え方が虐待容認的でゆがんでいるから、怒りの感情をもつのだと見なします。「嫉妬心など、DV行為になるような怒りの感情が湧いてくるのは自然で、どうしようもない。したがってDV（虐待）はやめられない」のではなく、

やめたくない、やめなくてよいと考えていることが問題だと考えます（この考えは、ドゥルース・モデル、バンクロフト、アウェア、アドラー心理学、認知行動療法などから学んだことをベースに、私なりに整理発展させたものです）。

　ここは大事な点ですので、もう少し詳しく説明しておきます。「DVは、キレやすい自分が思わず怒ってしまって手を出してしまう行為だ」「愛しすぎて嫉妬して怒ってしまう」「相手（彼女）が悪いから怒ってしまい、DV行為をしてしまう」という理解がよくあります。

　しかし、それは事実ではありません。加害者は、「支配する快感を捨てる、家事・育児をする、やさしくなる、非暴力的にコミュニケーションをとる、相手の立場になって考える」というのが嫌で、手っ取り早く力で支配（DV）する快感、勝つ快感、ジコチュウになる快感、大声で怒る快感を得たいがために、「相手が悪い」として怒りの感情をつくりだし（それをもつことを自分に容認し）、使用しているのです。それは無意識ですが、日ごろからそれでいいと思っていて、瞬時に怒りの感情を出せるようにしているのです。

　怒りの感情や嫉妬（束縛したい）の感情は、自然なのではなく、加害者が選んだ結果です。怒りは目的を達成するための手段です。怒りの背景には、怒りをもたらす根拠となる考えがあります。考え方によって感情は変わります。怒りをもたらす考え方のままだと、今後も怒りはすぐに湧き、DVを繰り返してしまうのです。しかし、人は相手によって感情を変えています。同じ状況でも、考え方の違いによって、怒ったり怒らなかったりします。人は感情に抗えない存在ではないのです。[*55] 自分は何のためにその感情をつくっているのかに自覚的になることでこそ、加害者は、瞬時に怒るようになってしまった自分というものを変えていくことができます。「それは、いま、ほんとうに怒らないといけないことなのか」「怒ることが私のほんとうに願っていることにプラスになるのか」と考えて、感情を根源からコントロールすることが大事なのです。

---

[*55] アドラー心理学では、このような考え方を目的論と呼び、古典フロイト心理学系の原因論（運命論）と違うスタンスをとっています。

いいかえれば、加害者はゆがんだ思想（アドラー心理学でいうライフスタイル）のもとに、間違った感情、問題のある感情をもち、それに従っています。相手や場所によって怒ったり怒らなかったりするので、「怒りの感情は不可避的に起こるもので、それに支配されるしかない」とは見なしません。

　実際、加害者に「感情にいい／悪いはない。感情は大事にしたらいい」と言うと、そのとおりだ、自分の感情を大事にしてほしい、おれの感情をわかってほしい、愛しているから、それが高じて束縛や嫉妬になり、時には怒りになると、都合よく利用すると思います。怒りの感情を正当化し、ひいてはDV行為まで正当化してしまう危険性があります。

　もちろん、加害者においても、怒りの感情のもとにはさまざまな感情があると気づくことが大事なときもあります（海面上に怒りが出ているとき、その海面下では、怒りのもとになるさまざまな感情があります）。それを伝えて、本来は支配したいのではなく、愛されたいとか、孤独になりたくないとか、認めてほしいとか、仲良くしたいと思っていることもあり、その感情を大事にし、それをアサーティブに伝えることが問題解決につながる場合もあります。

　しかし、加害者の感情を大事にと言われると、自分の怒りの感情、独占したい感情、嫉妬の感情、憎しみの感情、支配したい感情などでよいのだと思う危険性があるので、注意が必要なのです。

　具体的に見ていくと、たとえば、加害者は「別れには相手の同意がいる」と思っているので、DV関係から逃げた相手に対して「勝手におれを捨てていった。ひどい奴だ」と怒りの感情をもちます。もしシングル単位的に「別れには同意はいらない」という考えをもっていれば、捨てられたら／フラれたら悲しいとしても、怒りの感情をもちませんし、少しくらい怒りの感情が湧いてきても、「そんなふうに怒る権利はないのだ」と自分に言い聞かせることができます。感情をなんでもかんでも簡単に肯定しないことができます。

　また、相手の意見（とくに相手が自分の格下と見える女性や若者、社会的身

分が低い者）が自分と違うときに、恥をかかされたと感じ、怒りの感情をもって、ムキになって相手を言い負かそう、自分の考えどおりにさせよう、相手にバカにされないよう勝たねばならないと思ってしまう人もいますが、人を上下で見ないシングル単位的考えをもてば、意見や感覚の違いがあって当然なので、意見が違っても腹が立たないし、勝ち負けにこだわらなくなります。

　「布団たたきがないけど、知らない？」とパートナーに聞かれて、「おれが使ってちゃんと片づけていないから、布団たたきがなくなったと批判しているんだろう」と思って怒る人がいますが、考え方を変えて、そういうことは自分を責めているのではなく、ただ聞いているだけだから怒ることではない、知っているか知らないか答えればいいだけだと思えれば、上記のように聞かれても、怒りなど感じなくなります。

　これらは、カップル単位発想やDV容認発想、二人を上下関係の闘いの関係ととらえる発想などがあるから変な怒りが出てくる例であり、シングル単位発想で考えを変えれば、感情も変わってくるという例です。

　ジェンダーについても同じです。妻は料理や洗濯や家計管理を完璧にすべきだ、女は男に尽くすべきだ、清楚であるべきだと思っていると、自分の期待どおりにそれをしないと、怒りの感情をもちます。しかし、シングル単位、ジェンダーフリー感覚になって、自分の理想を押し付けることはできないと考えれば、そうした怒りは出てきません。

　「束縛／監視しないでほしい、携帯を勝手に見ないでほしい、異性の友人とのつきあいを禁止しないでほしい」などと言うと、悲しんだり怒ったりする人もいます。しかし、これも、考えを変えれば、そんなことを言われても、悲しくもならないし、怒りも湧いてきません。監視しないと「浮気されるんじゃないか」「見捨てられるんじゃないか」と思って不安だという感情をもつ人もいますが、相手の自由を尊重し、いくらカップルでも境界線を大事にしなくてはならないという考えをもてば、相手を信頼しようと思い、感情も行動も変わってきます。「守ってやりたい」と言ったことに対し、守らなくてもいいと言われて、どうしておれの愛情を素直に受

け取らずに、そんなこと言うんだと怒る人もいますが、守るのが男性の優しさだ、それが絶対的に正しいのだという考えを変えれば、感情も変わってきて、怒らなくなります。「男性がおごる」問題も同じです。「どっちが正しいか」病にとらわれて、すぐ怒ってしまう人には、正しくあることが大事という考えがあります。

　こうした例からもわかるように、DV加害の背景には、ゆがんだ考えにもとづくゆがんだ感情があるのです。「加害者の怒りの感情を肯定しつつ、出し方に注意しましょう」だけでは、まったく足りないと思います。だれかれなしに怒っているのではないのですし、「怒りにとらわれてしまう性格」を半永久的に固定化（前提化）してとらえる必要はありません。感情もまた変えていけると知ることが重要です。

### （う）「怒りのコントロール」について

　なお、「感情にいい／悪いはなく、湧いてくるものだから否定してはダメ」というような考えをもとに、怒りの感情があるのは仕方ない（避けられない）から、その結果が悪いものにならないように、「怒ったらその場をとにかく離れる」という対処策（怒りのコントロールとしてのタイムアウト利用）が有効かつ必要という考えもあります。一部、加害者プログラムでもこれを導入しています。これは、実践的には有効な場合もあるので、私は、ひとつの対応手段として持っておいてもいいと思っていますが、あくまでそれは対症療法的なものだと理解しておくことが重要で、大事なことは、上記したようにゆがんだ考え自体を変えることだと思います。

　実際、この「怒りのコントロール」（怒りの管理）と「タイムアウト」法については、批判もあります。「怒りの管理」は、①殴るという行為を選択したことをカモフラージュしたい加害者の望みを反映したものにすぎず、殴る行為が怒りの感情によるものだという神話を永続させてしまう、②「怒りの管理」は被害者からの誘発を暗示し、より大きな問題である性差別主義や家父長制を無視し、DVをしない考え方を身につけるという責任を回避することになる可能性がある、③ストレスのある不愉快な状況で

も、警察、上司、裁判官、加害者プログラムのディレクターなどに対しては「怒りの管理」ができるのだから、怒りは管理できているのであり、相手を選んで暴力を振るっているにすぎないので、「怒りの管理」習得は不要である、④パートナーがタイムアウトに協力的でない場合、そのパートナーに責任があるかのように見てしまう、⑤タイムアウトの前に起きたことに対し、継続的に休息を入れなければ虐待は避けられないという信念を加害者に抱かせてしまう、といった理由です。[*56]

こうした批判には一理あると思いますが、実践的には、人はすぐには変われず、加害者プログラムに来ている人も過渡期にあるので、怒りのコントロールの手法も有効な場合があるというのが私の意見です。上記の批判点のようにならないように注意しながら、利用したらいいと思います。怒りの感情が起こったときに、それがゆがんだ考えにもとづいていることを思い出し、怒りのもとを断つというセルフトークをするというのは、上記の批判に応えた実践的な対応でしょう。

たしかに対症療法的ですが、そのセルフトークをする時間確保のための具体的な対処法として、「タイムアウトをとる」「10数えて深呼吸する」「怒りの感情に、人を傷つけないで、ものにあたるとか大声を出すとかで対処する」などということも、選択肢のひとつとして持っておくのはいいと思います。考え方を変えて感情を変えていくには、練習がいるのです。それを繰り返し、怒りが出てこない思想（感覚）を身につけることが大きな目標です。

## セルフトークの事例[*57]
○相手と自分は別人格なのだから、考えが同じでなくてもよい。
○自分の課題と相手の課題を分けよう。
○相手（彼女）が期待どおりの行動・役割をしていないのは、何か理由があるからに違いない。怒るのでなく、ゆっくりと事情を聴こう。

---

[*56] 山口佐和子『アメリカ発DV再発防止・予防プログラム』pp.165-166をベースに筆者がまとめました。

○相手に勝たなくてもよい。
○不機嫌な顔や態度で相手をコントロールしちゃダメだ。
○この場で自分が正しいことを証明する必要なんてない。
○怒ったら終わりだ。怒るか落ち着くかは自分次第だ。
○相手をどうするではなく、自分の態度や言動をどうするかに集中する。
○相手の人間関係に口を出さない。
○いま相手が感情的・攻撃的になっているのには、理由がある。それを受け止めよう。
○考えを変えれば、感情もまた変えていける。

## 5-8 被害者と加害者、両方から話を聞くのは間違っているのか?

### (あ) 通常の理解

　被害者と加害者、両方から話を聞くのは間違っているのでしょうか? セクハラ、パワハラなどを含め、暴力において、被害者支援の経験と理論では、被害者の話を聞き、それを信じ、被害者の側に立って支援しつづけることが大事ということが、しばしばいわれています。中立の立場で被害者、加害者の両方の言い分を聞く調査委員とは別のスタンスの人がいることが重要だということです[*58]。

　その考えは、被害者支援の人は中立ではなく、あくまで被害者の側に立ち、共感して援助する必要があるので、下手に加害者の話を聞いて混乱／動揺したり、被害者を責めたり、けんか両成敗的になってはならないということをベースにしています。加害者と被害者の言い分は対立することが多いので、両方に共感することはできないということもあります[*59]。被害者が相談するとき、相手を信頼できないといけないので、「この人は、加

---

[*57] このようなものを個条書きにして、毎日見て声に出して読んで、体と頭に染み込ませるという努力をしている「加害者プログラム受講生」の人もいます。とっさのときにセルフトークをして自分のゆがんだ感情を変えるには、それぐらい何度も何度もセルフトークをする練習がいるのです。

害者の側の話も聞いて、向こうの味方になるかもしれない。自分の話を信じてくれないかもしれない」と思うと、心を開いて話せません。ですから、被害者が安心して信頼できるよう、被害者の立場に立って話を聞く支援者が必要なのであり、加害者の話を聞いてどちらが正しいかを審判する必要はないというのは、たしかに大事な観点でしょう。

　弁護士などでも、そう考えて、被害者側の弁護士が加害者の話を聞かないのが通常だと思います。[*60]被害者側弁護士や被害者の支援者は、被害者の不利益になる行為をしないのが原則ですから（不利益になる行為をすれば、利益相反行為[*61]と認定されます）、加害者には会わないのは当然と思っているのです。加害者側弁護士も、同じ理由で被害者には会いません。

　以上のような意味で被害者支援の人が、加害者に会わない、言い分を聞かないということの意義は、私は一定認めます。ある文脈では正しいと思います。

---

\*58　職場や学校などでセクハラ、パワハラなどが問題となった場合、相談を受けた者とは別に、中立の第三者が事実をヒアリングすること（調査）が必要となってくることがあります。その場合、調査委員が教育や指導、相手の尊厳を否定するような攻撃をする必要はなく、弁明も含めて、事実を相手（加害者）の言葉で語ってもらうようにすることが必要です。これは被害者支援とは別物であり、ここで問題にしている、被害者と加害者の両方から話を聞くべきかどうかの問題とも別です。

\*59　加害者の「支援」「治療」にかかわる人も、次のように思っている人が多いです。すなわち、被害者のことを知って加害者を憎んだら、加害者治療（支援）にはかかわれない、だから被害者の話を聞かないというのです。加害者の支援者の立場と、被害者の立場は分けなくてはならないと信じているのです。ここには、加害者に適切にかかわるため、および加害者に甘くなりすぎないために、加害者にかかわる人も、被害者の苦しみを知り、そこに寄り添う感性をもちながら、加害者にかかわるべきだという理解がありません。

\*60　そのほか、加害者が被害者の情報を聞こうとするのを避けるためとか、双方に会っていることを隠しておいて、あとで双方に会っていたと知られると、うそつき呼ばわりされ怒られるからとか、信頼関係を保てないからとか、さまざまな理由で、被害者支援をしている人は加害者に会わないようにしていることがあります。

\*61　利益相反行為とは、ある行為により、一方の利益になると同時に、他方への不利益になる行為で、支援者としては、依頼者（被支援者）の利益を損なう行為のことで、してはならない行為です。ですから、弁護士でいえば、被害者と加害者双方の代理人となることができないことになります。ただし、本人があらかじめ許諾した行為については、この限りでないこともあります。

### (い) 加害者プログラムでは被害者の話も聞く

しかし、ここで考えたいのは、常にそうなのか、場合によっては、被害者、加害者双方の話を聞くことが大事なのではないかという問題です。

たとえば、被害者が加害者に「加害者プログラムに行ってほしい」と要求を出す場合があり、その場合、この加害者プログラム実践者は、加害者の話を聞きますが、それだけでは偏りがある可能性があるので、被害者の話も聞きます。双方の話を聞くことで全体像が見えてきますし、加害者へどのようなかかわり方をしたらいいのか（その加害者の具体的問題点）も見えてきます。加害者プログラムを進めていく途中でも、何度か、被害者に話を聞いて、加害者が実際に態度を変えているか、いま何が問題なのかをチェックすることができます。

つまり、このような場合、被害者、加害者双方に話を聞くことは、被害者支援のために（および加害者の更生のかかわりのために）必要／有効といえます。

また、被害者を支援する場合でも、加害者といわれる人のやっている行為がほんとうにDVなのか、その程度はどれぐらいなのかを見極める必要がある場合もあります。DV加害の程度には強弱があり、「程度があまりひどくないDV」というものもあります。身体暴力がなく、精神的な暴力だという場合、程度を見極めないと、適切な被害者支援はできません。一面の情報しか聞いていないと、調停や裁判でかえって不利になってしまうこともありえます。

### (う) 事態を正確に見極めるために

DVだと「判定」しても、別れるのか、シェルターに逃げるように言うのか、同居しつづけることを選択するのか、別れないけれど別居するのか、被害者の希望も含めて、総合的に判断していかねばならないときがあります。二者の力関係がどうなのかを見極めないといけない場合もあります。相互にDV的ということもあります。

私は実際に、ある被害者Aさんから相談を受けているときに、相手の加害者Bさんが先に警察にストーカー被害届を出したというケースに出くわしたことがあります。AさんとBさんがいろいろやりとりしたメールのなかで、ちゃんと責任をとるようにするために話し合いを求めたメールだけを取り出して、ストーカーされているとBさんは訴えたのです。そのために、Aさんが警察にDV被害で相談に行ったときに、「あなたが加害者ではないのですか」と聞かれ、自分の言い分が信じてもらえなくて、絶望的な気分になって、もう警察に行きたくないとなってしまったことがありました。幸い、このケースは、その後、被害者から詳細な被害の経緯を示す文書を提出し、警察はAさんが被害者であると判断するようになっていきました。

今後、このように、先に加害者のほうが「自分こそ被害者だ」と言っていくケースは増えると思います。そうした場合も含めて、全体をつかむためには、双方から話を聞くことが大切になってくる場合が増えると思います。被害者支援のためにも、加害者と会って、その相手の特徴をつかむことが有効ということもあるでしょう。片方がDVだと言っても、そうともいえないグレーゾーンの「軽いDV」関係であったり、双方に問題があるケースもあります。被害者と言っている人が、別れたくないがDVだと言いつつ、生活費（婚費）要求だけしている場合、弁護士や支援者など第三者が加害者に会ったり、加害者プログラムの情報を入手して、二人の間に起こったことの全体像を把握したり、加害者の状態を知り、加害者が別れる気があるのか、反省しているのか、どういう「解決」が落としどころなのか、などを見極めていくことが必要な場合もあります。

## (え) 加害者側弁護士は被害者からの話を聞くべき

また、加害者側につく弁護士は、どうしても加害者の言い分で状況を把握するので、被害者のことを悪く見がち（加害行為を軽視しがち）です。**加害者側弁護士はぜひ、被害者のリアルな話を聞いて、加害者の言い分だけを信じるのではなく、真実にもとづいて適切な範囲で加害者側弁護活動**

をするべきです。それは利益相反行為とはならないといえます。なぜなら、加害者（依頼者）の利益というものを総合的に考えた場合、真実にもとづかずにうそで固めて加害者の虐待行為を否定するのではなく、自分のしたことを認めたうえで、被害者のためにもなるような、自分の責任をとるような、そのような「決着」こそ、加害者にとっては長期的・本質的には「解決」だからです。事実を認めたうえで、加害者がそれでも望めるような「落としどころ」こそ、加害者の利益だということです。

つまり、ほんとうに状況はケースごとに多様なので、一概に被害者の言い分だけ、加害者の言い分だけを聞けばいいのだとはいえないと思います。とくに強調すべきは、加害者側の弁護士は被害者の実態を知るべきだという点です（もちろん、被害者が傷つけられないような配慮はいります）。加害者にかかわる人は、加害者の情報だけでは、おおむね不足していると見たほうがいいでしょう。

DV問題に詳しく、被害者支援の立場を守るような人なら、加害者の話を聞いても簡単にはだまされないと思います。両方の話を聞くということは、イコール両方に共感するということではありませんし、中立／けんか両成敗になるということでもありません。加害者の話を聞いて混乱するのでなく、あくまで事実にもとづき、被害者の側に立って、加害者の様子を見るということはできます。加害者にかかわる人は、加害者の「支援」という立場としても、被害者の情報を知るほうが人権を尊重した全体的解決（加害者として、人に誇れるようなまともな解決）に近づけるといえると思います。

ですから、お互い相手側に会わないというのが唯一正しいやり方だというのは、違うと思います。少なくとも、被害者、加害者双方に代理人などがついて、その代理人同士が全体状況を見て擦り合わせていくことは、今後、行き詰まったケースでは大事になるでしょう。

### （お）会ってみてわかることは多い

私は実際、この間、50人以上の加害者に直接会ってきて、また、多く

の男性の相談を受けてきて、男性といっても、また男性加害者といっても、決して一様、一枚岩でなく、多様で、話のわかる人、優しい人、反省している人などがいることを知っています。心から関係をやり直したいと苦闘している人もいます。実際の行動として、1年半にわたって声を荒げず、もちろん手も上げず、ひたすら低姿勢で、相手被害者の怒りを受け止めつづけている人もいます。また、別のケースで、別居しているが婚費をがんばって払いつづけて、何とか相手の意思を尊重していきたいと思っている人もいます。気の弱い人で、コミュニケーションが下手で問題もありましたが、一挙に非常に不利な文書に署名させられ、子どもに会えなくなり、苦しんでいる人もいます。

　一方、加害者の話だけを聞いていると、それほど悪くないな、軽いDVだなと思っていても、被害者に話を聞けば、とんでもなくひどいDVを受けていたということがあります。

　私は、口先の反省ではなく、実際の行動で、そうした非DVの実践を一日でも積み重ねていくことこそ、あなた（加害者）の償いだし、あなたの正体なのだ（もしDVをまたしてしまったら、それもまたあなたの正体だ）と言っています。

　また、これは加害者プログラムの意義にもかかわる話ですが、若い学生で、DV的な行為を知らずにしてしまっていたが、デートDV防止教育を受けて態度を一変させる人もいます。単に知らなかっただけで、DVだと知って、そんなことをしていては恋人を失うと知って、態度を変えられる人はいます。変えたほうが恋人が喜んでくれるとわかれば、変える人はいます。一般的にいって、若い人は更生可能性は大きいと思います。ですから、加害者に会って、その悪質性、反省の程度、変化の可能性を見ていくべきです。

　単純にDV関係だといえない複雑な関係、加害者の多様な実態を知らずに、被害者／加害者の片方にだけ会えばいいというのは、時には間違いだと思います。被害者支援のためにも、被害者の希望を聞き、加害者を少しでもましにしていくことはいりますし、双方から聞いて全体像をつかむこ

とが大事だというのは、私の実感です。

　もちろん、この前提には、何が真実か、加害者のウソを見抜く眼力、真の「加害者と被害者」の見極めの能力が必要です。加害者の自己弁護のために利用されてはなりません。そしてもちろん、加害者に反省の意識がなく変わろうとしない人なら、被害者にはその正体をわかってもらって、別れる方向に行くように支援することになります。そこを見極めるために、加害者に会うことは有効です。

## 5-9　加害者プログラムは、加害者とどうかかわるのか

**（あ）被害者のためになるなら調停や裁判中でも受け入れる**

　加害者プログラムをするにあたって、調停（裁判）中の加害者にかかわるのか、加害者側弁護士とどういう距離感でかかわるのかという問題があります。ひとつの考え方は、加害者が、加害者プログラムに参加していると言うことで調停（裁判）を有利に進めようとする場合があるので、調停（裁判）中の人は加害者プログラムへの参加を認めないという対応をとるというものです。また、加害者側弁護士にもいっさい接触しないというスタンスをとるという立場です。

　これに対する私の考えをまとめておきたいと思います。まず原則は、被害者支援のスタンスを大事にするので、被害者に不利になるという意味での「加害者への協力」はしないということです。ですから、反省しないひどい加害者（被害者に謝罪する姿勢をもたない人）の場合、加害者プログラムに来る姿勢として不適切ですし、加害者プログラムへの参加という名目が悪用される可能性が高いので、受け入れないのが原則です。

　そのうえでの話ですが、調停（裁判）といってもその内容はいろいろで、離婚を被害者が求めていることもあれば、加害者が求めている場合もあります。被害者が、別居のうえで婚費（生活費、養育費）をちゃんと支払うことを夫（加害者）に求めるようなものもあります。もう被害者を傷つけないように、別居のうえで、加害者に加害者プログラムに通って考えを変

えることを求めるものもあります。夫（加害者）側が離婚を求めても、被害者（妻）側が離婚したくない場合もあります。

　ですから、ケースによりますが、一般的にいって、被害者の安全が確保されたり被害者の要求が認められる方向に進むように、加害者にかかわることは大事ではないかと思います（加害者がある程度、聞く耳をもっていることが前提）。被害者の要求に反発するのでなく、DVをしたことを反省し、被害者の要求を受け入れて信頼を取り戻すことが大事ですよと伝えていく場があったほうがいいと思います。[*62]

　とするなら、調停（裁判）中の加害者であっても、反省の姿勢を見せている場合、加害者プログラムに受け入れていいのではないかと思います。

### (い) 注意すべき点

　ただし、加害者が悪用しないように、「加害者側に参加している何らかの証明書を出す」ようなことはしないというような配慮（注意）は必要でしょう。

　被害者が「加害者が加害者プログラムに参加すること」を望まないという場合にどうするかという問題もありますが、被害者のほうが加害者プログラムというものをイメージできていないために、自分に有利になると理解されていないこと（加害者プログラムは加害者の味方だという考え）があると思いますので、そのような場合、私たちが行っている加害者プログラムは、被害者の意向を尊重するように話すものですと伝えていくことがいると思います。

　調停の内容を聞くこと、調停のなかで加害者プログラムのことが悪用されていないかを知ること、被害者の希望が何かを聞くことなどが重要です。しかし、被害者が「調停（裁判）中なので、加害者にはプログラムに参加

---

*62　ほんとうにDVを理解し、与えた影響を知り、やってしまったことを反省すれば、被害者の要求に応えて、自分の希望どおりでないことを受け入れる気になれるものです。逆にいうと、加害者プログラムのような場がないと、そのような気持ちにいたることは困難だと思います。

させないでほしい」と意思表示された場合は、それを尊重することを基本とします。

**(う) 調停（裁判）中だけを特別視できない**

　以上が原則ですが、よく考えると、調停（裁判）中ということと、そういう制度には乗らずに個人的に、夫婦で「DVや別れや別居や養育費」などについて話し合いをしている状態とは連続的です（絶対的に区分できるものではありません）。

　妻から「あなたはDVだ。だから一緒には住みたくない」と言われて、加害者が危機感を感じて反省して、自分を変えたいと思って加害者プログラムに来るような場合、まだ話し合い中（あるいは調停を準備中、調停中）だからプログラムに受け入れませんと言うことが積極的な対応だとはいえません。加害者がプログラムに来て、DVについて学び、認識を少しずつ整理していくことは、被害者のためになるからです。

　加害者プログラムに通っている加害者の人で、ある段階から妻と離婚の話になってきたときに、加害者側の弁護士が「この男性の○○さんは、加害者プログラムに１年通ってこられました」と裁判や調停で言うのは、止められないと思います。また、加害者プログラムに通っている途中から「調停になったので、プログラムに来ることをやめてください」とはならないはずです。実際、加害者プログラムに通っている最中に離婚が正式に決定したという方もいましたが、その参加者を離婚の話し合い中だからと排除するのも、現実的に積極的なこととは思えません。もちろん、この前提として、まじめに加害者プログラムに通っているということが必要ですが。

　こうしたことを考えるならば、「加害者プログラムは加害者の味方になってはいけない」からといって、調停（裁判）中の人を機械的にすべて受け入れないというのは、消極的すぎる態度だと思います。

　ただし、なかには、まったく反省する気はないのに、ただ形式的に加害者プログラムに行っているというかたちを利用するために参加している場

合もあると思います。ただ、そのような人は続かないと思います。あまりに変わる気がないなら、加害者プログラムのほうから、その人にやめてもらうという選択肢もあります。そのように、参加するかぎりは、DVについて本気で反省し、自分を変えていくということを実質化するようなプログラムであることをキープすることこそ、この問題を考えるときには大事かと思います。

### (え) 質のいいプログラムにしていくことが鍵

　これに関連した問題が、「調停（裁判）中だけプログラムに来て、調停案や判決が出てしまうと来なくなるケースがある」ことをどう考えるかです。私は、それは仕方ないのではないかと思います。上記したように、質のいいプログラムを提供して、参加しているなかでほんとうに変わっていくようにしていくしかないと思います。調停（裁判）中でなくても、同居に戻ったり、離婚にいたったりしたら来なくなる人もいますから、調停（裁判）中だから引き受けないというのではなく、できるだけ、離婚しても継続するように動機づけしていくしかないでしょう。
　加害者プログラムが被害者のためになるかどうかは、実際的成果（結果）によりますし、結果的に被害者に特段のプラスをもたらさないこともあるでしょう。参加したら確実にDVをしない人に変わるとか、被害者の希望をすべて承認する人になるという保証はないからです。それは、この加害者プログラムの宿命のようなものだと思います。変わる気がない加害者にはやめてもらう、あるいは本人からやめていくということがあり、それは結果的には被害者の役に立てなかったわけです。
　でも、だれが変わるか、だれが変わらないかは不明ですので、できるだけのことをするというのが加害者プログラムの立場だと思います。一般的にいえば、加害者プログラムは常に悪用される危険があることを忘れないことが、実施者には求められているといえるでしょう。
　結局、この問題も、加害者プログラムの意義や必要性の理解にかかわるわけです。加害者プログラムが加害者の味方であるかのように思って、被

害者をさらに傷つけたり、危険な目にあわせるものだと心配する人には、加害者プログラムは、被害者を不利にしたり危険にしないためにこそあるのだと知ってもらう必要があります。

なお、加害者が裁判や調停で、実際には加害者プログラムに参加していないのに、「行くつもりである」とか「通っている」と、単なる決意あるいはうそを言うこともあるかと思いますが、それは私たちの知らぬところでなされていることなので、止める手立てはありません。プログラムに通っている加害者には、状況を聞きつつ、被害者に敵対しないように話していきます。DVをしてきた責任をとること、自分が変化することを求めていきます。被害者側弁護士が加害者プログラムに問い合わせをすれば、ほんとうにまじめに通っているかどうかなどを伝えることはできます。

**（お）まともな姿勢の弁護士とは連携する**

次に、加害者側弁護士にどうかかわるかの問題ですが、上述の考え方をベースにすれば、加害者プログラム実施者は、自分たちのやっていることが被害者に不利にならないように注意することが原則かと思います。

まず確認しておくべきは、加害者側についている弁護士には、DVの事実を無理やり否定する（素直に認めず抵抗する）ひどい弁護士がいるという現状がかなりあること、および同時に、加害者側についている弁護士がすべて、DVを悪くないと言うとか、DVをしているにもかかわらずそれを否定するとか、被害者を悪く言うような、DVを理解しておらず、人権意識のない、被害者に敵対的な「悪徳」弁護士だというわけではないということです。つまり、両方いるのが現実であるということです。

弁護士は、自分の積極的意思（DV被害者の主張を批判する意識から加害者擁護のスタンスをとる）というより、仕事上の流れで加害者の側の弁護士になる場合があります。普通の弁護士事務所にいれば、当然、加害者からの依頼はあるからです。まともな人権感覚のある弁護士が加害者側につくということはあります。依頼者である加害者が反省している場合もあります。加害者に、DVをしたことはちゃんと反省したうえで、あなたが家族関係

を取り戻したいという気持ちがかなうように、あなたが変化することが大事ですよ、と伝え、加害者プログラムに行くことを勧める弁護士もいます。まともな弁護士なら、加害者を諭しつつ、ある程度、公平なスタンスで裁判や調停に臨むでしょう。

　ただし、弁護士によっては、加害者の依頼は受けないというスタンスをとっている人もいますし、まったく反省のない居直った加害者なら依頼を受けないということにしている弁護士もいます。それはそれでいいと思います。依頼者（加害者）を擁護するために被害者を不当に攻撃するひどい弁護士がいるのが現状ですから、被害者側に立つということを鮮明にした弁護士がいることは、むしろ重要でしょう。弁護士がみな人権感覚があるとかDV問題に理解があると思うのは、まったく事実に反します。加害者側についている弁護士が往々にして、被害者に敵対的になっているということは、被害者側弁護士からよく聞きます。

　とはいうものの、もしほんとうに被害者のためになることを望むなら、加害者側につく弁護士がDVに理解のある人権派系の人のほうが好都合であるとはいえます。

　以上をふまえれば、まともな弁護士には期待できますが、ひどい弁護士もいるので注意が必要だということがいえます。そして、加害者にまともな弁護士がつくことが大事です。その弁護士が加害者に「DVを根本的に反省するという合理的な態度をとるのが、家族と仲良くやっていきたいというあなたの希望に近づく道だよ」「相手の自己決定を尊重しないで、対抗的に闘う姿勢でいると、DV的と見なされて、あなたが思うような結果にはならないよ」と諭すことが必要だと思います。

　これは、労働問題でも、解雇などをする会社についている弁護士がまともな場合、労働者（労働組合）との話し合いで話が通じやすくなり、団交が進み、まともな結論にいたりやすくなるということと類似的です。事実上、労働者（労組）側のある程度の「味方」になってくれるような「相手側弁護士」がいます。しかし、ひどい弁護士は敵対してきます。相手の弁護士を見極めることが必要です。ですから、加害者側にまともな弁護士が

つくことは、被害者にとって有益なことです。

　ただし、以上の話は、被害者側弁護士にとって加害者側弁護士がまともだと話が進みやすくなるということでまとめられるので、加害者プログラム実施者が加害者側弁護士に接しないといけないということではありません。そこで、加害者プログラムとしては、被害者側弁護士と連携するということを原則にし、基本は被害者側の弁護士に伝えていけば、大半はすむと思います。

　とすれば、実践的には、加害者側弁護士から連絡があれば、「被害者側の弁護士さんと話をしてください。私たち加害者プログラムは基本的に、加害者側の弁護士さんには情報を出さないということにしています」でいいかと思っています。以上を原則的対応として、あとはケースごとに総合的に検討すればいいでしょう。なお、加害者のほうに相談や情報を得られる相手がぜんぜんいないために、調停や裁判で困った行動をとりつづける場合もありますので、その点からも、加害者に適切な助言ができる人（よい弁護士）がつくことは大事かと思います。

### (か) 双方の言い分を弁護士が聞くことの重要性

　最後に、今後の課題として提起したいことを述べておきます。**被害者側弁護士も加害者側弁護士も、まともな弁護活動をするためには、できれば被害者と加害者双方から聞き取りをすることが大事ではないか**という提起です。利益相反だから相手に会ってはならないという考え方がいまは主流かと思いますが、前節でも述べたように、双方の言い分を聞くことのメリットにもっと注目していくことが今後は必要ではないかと思います。

　もちろん、裏で敵側の人物に会って秘密情報を流すとか、裏取引をするとか、自分の担当している者を裏切るような行為を認めろといっているのではありません。そうしたことをしない弁護士倫理は前提としています。

　そのうえで、双方の言い分を弁護士が聞くなら、得られるものは大きいと思います。たとえば、加害者側弁護士は、その被害者の生の、真実の声を聴くことで、被害状況を認識し、加害者だけから聞く情報とは大きく事

実が異なることに気づくでしょう。双方の言い分が違うときに、その話の全体（表情、話のつじつま、細部のリアリティ、苦悩の実態など）を総合して理解することで、より真実に近づけると思います。

　その力をもっていない人物が弁護活動をしていることこそ問題です。そうなれば、加害者側に立つとしても加害者側弁護士は、裁判での弁論の仕方や落としどころを変えるはずです。変えるべきです。被害者を不当に攻撃することをやめなくてはなりません。加害者の要求を変更し、被害者への姿勢をより謝罪的で謙虚なものに変えていくべきでしょう。そうしていこうとする加害者側弁護士が増えるためにも、加害者側弁護士は、DVについて学び、被害者の声を聴くべきです。

　その逆の、被害者側弁護士が加害者に会って話を聞くことも、有益なことがあると思います。被害者の話を信じ、被害者の側に立つという点は原則としつつも、加害者の話も聞くことで、より全体状況が見えてきます。加害者の性質も見えてきます。加害者といっても多様で、全面的にひどいだけの人ばかりではありません。もちろん、猫をかぶったり、うそを言うような加害者もいるでしょう。しかし、そこを見抜けず、簡単に加害者の話にだまされるなら、それはまた弁護士としてあまりにも能力が低すぎるといわねばなりません。相手の話を聞いて簡単に揺らぐようなものなら、被害者の支援など貫けないと思います。加害者に会っても、適切に真偽を見極めつつ、加害者を納得させる落としどころを提示していくような弁護をすることこそ、被害者支援だと思います。

　もちろん、以上の話はある程度、話の通じる冷静な加害者、まじめに反省している加害者であることが前提で、まったく話を聞かず、暴言や虚言を吐くだけの加害者の場合は無理でしょう。また、加害者側弁護士も、人権意識の低い人なら、総合的に話を聞き真実に近づくのではなく、ただ被害者を疑ったり、話の矛盾を攻撃するだけになるでしょう。

　ですから、双方の弁護士が被害者、加害者双方から話を聞くというやり方が常に正しいとか必要だとはいえないと私も思っています。被害者が傷つかないように配慮することも必要です。しかし、理想的な方向として、

今後、そのような実践が追求されていくべきだと思います。それは、DVという不幸な出来事が起こったことに対応するうえで、より適切な解決に近づくための試みだからです。とくに加害者側につく弁護士には、DV問題を深く学び、被害者の実態を知る努力をしてほしいと思います。そして、**弁護士倫理にもとづいて、被害者へのひどい攻撃をするようなことをしない弁護士が増えること**を期待したいと思います。[*63]

## 5-10　加害生徒へのかかわり方

### (あ) 当面は教師が加害者に向き合うしかない

　ここでは、学校でデートDV／ストーカーの加害者がいた場合、その生徒にどのように接したらいいかについて述べてみたいと思います。加害者にかかわることは、簡単ではありません。しかも、教師は忙しく、ほかにすべきことをたくさん抱えているのが現状です。

　ですから、将来の理想として、教師の数が増えて、余裕があるなかで加害生徒とじっくり関係をつくっていけるようになること、および、学校の外（地元）に「デートDV」の加害者が通える「加害者教育プログラム」があること（あるいは学校に、加害者教育に専門的な人が来て、特別指導をする体制が組まれること）、それを支える法律的制度、財政的支えなどが整うこと、などがあればいいとはいえます。

　しかし、いじめ問題ひとつをとっても、理想からすれば現状はまったく対策・対応が不十分なように、当面、デートDVに対しても、その加害者対策まで十分配慮されることはないでしょう。むしろ、実態調査・対策モ

---

*63　弁護士のなかには、「実質上、クライアントの利益のために全力を傾けるのが弁護士の仕事であり、正義や人権が中心ではない。法的知識や技法を使って勝つか負けるかのゲームにすぎない」という哲学の人がいます。私は、これは単純すぎる原理であり、憲法や普遍的人権、三権分立の意義、いまの弱肉強食という社会秩序における立場の問題などを含めて、より複雑で高度な原理をもつべきだと思いますが、そんなことを気にしないで、金持ちの顧問弁護士になって、多くの収入を得ることに躊躇しない弁護士が多いのが現実と思います。私はこの現実のなかで、少しでも多くの弁護士がDVについてまともな弁護活動をしてほしいなと思っています。

デルケースをつくって、上記のような対応に近づくように、その対策の必要性を社会に認めていってもらうことが必要な段階といえます。

現実には、面前に生徒たちがいて、デートDVの被害も加害もあります。被害生徒も加害生徒もいます。まずは、目の前の被害者と加害者をどうにかしないといけません。日々傷ついているからです。現状の多くは放置されており、それは若い世代に対する大人の無責任な虐待であるとさえいえます。そこで、とりあえず熱意ある教師（たち）が、いまの資源・環境・人員のなかでできるかかわり方をしていくしかありません。

加害生徒に対するかかわりといっても、被害生徒に対して行うことと類似している面があります。まず、デートDV防止教育を生徒・学生全員に毎年、保証することが大事です。毎年行って、定着させていくことが望ましいと思います。これによって、加害者のDV的行為の正当化や無自覚という前提をまずはつぶす基盤／土壌づくりをしておくことが大事です（異性の友人OK、別れに同意はいらないなど）。

そういう基礎感覚の教育の積み重ねのなかで、DVを見極める感覚が少し醸成され、被害者当事者やその友人たちから、相談がポツポツと出てくると思います。それによって、「加害者的な存在」や「DVが疑われるカップル」も浮かび上がってきます。

**（い）個別面談を継続する**

それに対して、熱意ある教師が、そのDVが疑われる生徒（カップル）に声をかけて、毎週、話を聞いていくことがいいと思います。以下は、加害生徒を中心に話をします。まずは、「あなた（たち）のことが心配だから、毎週、話をしよう。様子を聞かせてよ」と言って、個別面談の場所と時間（30分から1時間程度）を設定し、「この1週間、どうだった？」と聞いていくことから始めていくのがいいかと思います。雑談も交えて、なりそめから、うまくいっている様子や、時々のケンカのこと、それぞれの学業や生活への影響、など恋愛状況を聞いていきます。そして途中で、DVの知識も少しずつ入れていき、「相談の乗り方」（4-4）で示したように、決して

命令／説教調にならず、改善の方針の話などもしていくのです。

　こうして、DVカップルの様子を教師が常時つかんでおくことが、その悪化を食い止めるためには現実的かと思います。

　ある程度、状況をつかめて、非常に危険な関係になっていると判断した場合、教師間で対応を協議し、親への話も含めて、より積極的な介入（強い指導、別れさせる、あるいは距離をとらせること、接触禁止、親の呼び出し、メールの制限、加害生徒への教育受講の強制、警察への相談や被害届提出など）を検討すべきでしょう。

　要は、そのカップルのDVの程度を見極め、継続的に見守り、悪化を防ぐこと、改善の端緒を見いだすことです。ひどくなったら、恋人を失うのだと、わからせていくことです。「二人の問題だから、他人には関係ないだろ」という言い訳は通用せず、世間はDVとしてあなたを処罰するのであり、犯罪的行為をしてしまうことになるのだと、わからせることです。

　このとき、被害者も（別の先生が）別の場所に呼んで、双方から話を聞く体制をとるのがいいと思います。被害者の感情や状態をつかむことは、加害生徒に接するときには重要な考慮要因です。別々に話を聞きつづける体制をつくり、事実上、「危険な関係」を「監視」しつづけるようにするのが現実的と思います。そして、二人の関係があまり心配ないなら、面談の頻度を少なくして、時々様子を聞くだけにしていけばいいでしょう。被害者の多くは、加害者をどうやって変えたらいいかわからないので、加害者教育のようなものがあると知ると、それを受講して変わってほしいと思うでしょう。安全で健康的な関係になることを援助するということを伝えていくことが重要です。これまでは孤立し、一人悩み、あきらめるしかない、耐えるしかない、こんなものだと思っていたのですから。

　注意すべきは、暴力の程度が悪化し、束縛が強くなってメールばかりして、生活・学業に重大な支障が出てきているとか、身体暴力が出ているとか、別れてくれない、ストーカー化していくような場合です。そうした場合、上記したような積極的な介入をするしかありません。その場合は、学校長も含め、教師集団として対応すべきです。[*64]

## （う）チームで長くかかわる

　個々のケースで異なり、家庭事情もあるでしょうし、法的整備もなく、前例もなく、簡単ではない場合が多いかと思いますが、教師は、現実の事例を前にして、学びながら手さぐりで実践していくしかありません。その積み重ねが経験値を上げ、地域の対応力を高めるでしょう。

　また、別れたほうがいいと思えるようなケースでも、なかなか別れない場合もあるかと思います。別れられなくても見捨てず、情報を伝え、被害生徒も加害生徒も立ち直れるように／ひどく傷つかないようにがんばることが、現場教師には求められていると思います。

　なお、別のところでも述べましたが、教師など支援者が一人で抱え込んで巻き込まれ、バーンアウトしないよう、集団的に支援する道があることや、外部の人を利用することを忘れないようにしておきましょう。加害者へのかかわりは、被害者以上にむずかしいとされていますから、なおさらです。教師自身がまず、DVについての研修を受け、さらに、被害生徒、加害生徒へのかかわり（加害者プログラムの簡単な内容など）を学べる場所をつくっていくことが重要でしょう。

　さらには、学校だけの対処では限界があると思われますので、将来的には、上述したような「理想的な対策」をめざしていくこと、政府や地方自治体が予算措置を講じ、あらゆる地域に、若者が参加できるDV被害者支援とDV加害者プログラムを提供する場を保証することが大事でしょう。

---

　＊64　場合によっては、教育委員会を巻き込み、医療機関、精神科医やカウンセラーによるメンタルケアが必要な場合もあるでしょう。法的に対処しないといけない場合、警察や弁護士につなぐことも必要です。

# 資料

## 資料1　DVに関するさまざまな情報・教材

〈テレビ番組情報〉

●NHK「オトナへのトビラTV」2012年7月19日放送「レンアイ？　ソクバク？」
　MCの有吉さんらがわかりやすくデートDVや恋愛について語ります。実際の被害者のインタビューもあります。そのなかで、以下のような、恋愛にありがちな感覚を普通の子たちが言っていて、これがDV加害／被害につながるなと思いました。
「あまりメールをくれません。愛されてないのかな。頭の中は恋人のことばかり……ずっと一緒にいないと不安」
「メール返さないと電話バンバン」「異性と遊ばないように言う」「好きだから怒るし、口を出す………」「恋人のメールをのぞき込む。見せてと言う」
「彼は事前に、だれとそこに行くのと聞きます。彼が納得したら、行ってもいいという許可が出ます。あまりほったらかされると、好きなのか不安になるので、束縛されたほうがかまってくれていると感じて安心します」

●NHK「オトナへのトビラTV」2013年6月13日放送「恋愛トラブル」
●NHK「オトナへのトビラTV」2014年7月10日放送「どうする？　恋の危機」
●NHK高校講座「家庭総合」2014年7月31日放送「相手を大切に思うのなら……」
●TBSテレビ「ニュース23」2014年7月29日放送「画像送信トラブル」（セクスティング、リベンジポルノ問題）
●日本テレビ「NEWS ZERO」2008年11月26日放送「meets／"デートDV"広がる　携帯メール1日100通も……」
●NHK「クローズアップ現代」(No.2542) 2008年2月25日放送「深刻化する"デートDV"・恋人から暴力」
●TBSテレビ「ピンポン」2006年11月9日放送「激増するデートDV　少女たちに迫る危険」

●NHK「子どもを守れキャンペーン地域特集」2014年8月22日放送「DVにさら

される子どもたち〜急増する面前DV被害〜」

　親のDVは、それを目撃した子どもにも多大なダメージを与えます。いままで注目されてこなかったDVにさらされた"子どもたちの苦しみ"を伝えるとともに、求められるサポートに必要なことは何かを探っています。

- NHK「エデュカチオ！」2014年2月22日放送「子どもと話せてますか？レンアイと性のこと」（性感染症やデートDV、性教育の話）
- NHK「オトナへのトビラTV」2014年10月2日放送「ネットにひそむストーカー」
- NHK「オトナへのトビラTV」2014年10月23日放送「ステキな別れで恋愛力アップ！」（ストーカー、リベンジポルノ予防の視点の紹介）
- 「NHKスペシャル」2014年7月6日放送「ストーカー　殺意の真相〜悲劇を防ぐために」
- 日本テレビ「NNNドキュメント」2014年12月1日、8日放送「迷路の出口を探して——ストーカーの心の奥底を覗く（Ⅰ）（Ⅱ）」
- 関西テレビ「スーパーニュースアンカー」2014年10月14日放送「ストーカー "加害者の芽" を摘む」（ストーカー予防教育、加害者更生プログラムの紹介）
- NHK「持論公論」2014年5月2日放送「ストーカーの被害を防ぐために」
- MBS「VOICE」2014年5月15日放送「大量のメール……凶行ストーカーの闇」
- NHK「クローズアップ現代」(No.3446) 2013年12月12日放送「ストーカー加害者の告白〜殺意に至る心の闇」
- TBS「イブニングファイブ」2007年7月2日放送「DV夫の告白」
- フジテレビ「アゲるテレビ」2013年6月11日放送「急増！夫婦間の暴力・暴言、なぜ夫は暴力をふるうのか」（被害者の実態、加害者プログラムの紹介）
- テレビ朝日「ワイドスクランブル」2013年7月2日放送「DVの実態　加害者は更生できるのか？」（シェルター、加害者プログラムの紹介）

〈DVD／ビデオ教材〉
- ビデオ『恋人からの暴力——死に至る愛』（1999年製作、カナダ、20分）

　19歳で元恋人に殺されたモニカという女性の実話を、お母さんの語りとともに、再現ドラマで示したものです。デートDVの兆候がわかるようにもなっています。娘を殺されたお母さんが、このようなことがないように、恋愛関係におけるDV（虐待）を告発し、防止を呼びかけています。国は違えど、支配の仕方は似ていて、世界中で、愛の名のもとに、恋愛のなかで翻弄され、DV被害にあっている人はいます。

最初は優しく、しかし徐々に、まず言葉で相手のことをバカにしたり怒ったり、命令したり、偉そうに言ったりが始まります。食事作りを女性にさせます。そして、身体暴力も始まります。彼女が働いたお金も使い込むようになります。モニカがほかの男性友人と少し話をしていると、嫉妬して怒ります。すぐに帰宅するように言います。孤立させます。
　モニカは、暴力を振るう恋人から一度は離れましたが、彼が迎えにきて、ふたたび戻りました。モニカは「戻る以外にない」と言って戻ったといいます。彼は「戻ってくれないと自殺する」と言ったそうです。優しくて他人に尽くすのが好きで情が深いために、戻ったのだろうと、お母さんは言っていました。
　モニカは、彼にわかってもらおうとしましたが、彼は変わりませんでした。モニカはどうしたらいいのか悩みます。彼女は、恋愛が始まってから、それまでの友人つきあいがぐっと減りました。彼といる時間が増え、彼の"奴隷"のように言いなりにさせられてしまいます。
　彼は無職で、早く帰ってこい、遅れるときは電話しろ、すぐに食事を作れと言います。そして、彼女が彼のもとを去ったとき、彼は、それが許せず、怒り、彼女を殺したのです。愛が支配になっていました。加害者の論理としては、自分のもとに縛りつけるのが愛であるので、離れることは許せなかったのです。
　このビデオは、地元の女性センターなどで借りて見ることができると思います。このビデオができた1999年段階では、日本ではまだデートDVという言葉は使われてはいませんでした。DVという言葉がようやく広がってきたころです。でも、フェミニズム運動（DV被害者支援活動）では、最初から「夫・恋人からの暴力」と呼んで、恋愛関係における暴力・DVも視野に入れていました。

●DVD作品『これからの２人、大事にしたいから』（NPO法人女性ネットSaya−Saya監修、荒川区都立高校生徒・製作、本編23分）
　とくに第２部で、実際に被害にあった女子高生が「デートDV体験談」を語るところが使えます。「おまえのことは何でも知ってるよ」と言われるなど、リアルなデートDVの状況を教えてくれるので、デートDV防止の授業のなかで見てもらうのにふさわしい教材です。

●DVD『ずっと一緒にいたいから～あなたと私とデートDV』（早稲田大学平山郁夫記念ボランティアセンター製作、2009年）
　わかりやすく「相手を大切にできないのって、最初の気持ち、忘れてるんじゃない？」って問いかけています。しんどい恋愛を、悲劇のロマンスと勘違いしないで、

と言っています。

●DVD『恋するみんなに』（製作・発行＝大阪市男女共同参画のまち創生協会（クレオ大阪中央内）、2014年製作、本編23分）
　このDVDでは、事例を紹介しながら、どのような暴力がデートDVなのか、若者の間に見られるリアルで微妙な例なども出しながら、わかりやすく説明しています。

〈ネットで得られる教材〉
●デートDV教育映像　法務省人権擁護局「デートDVって何？～対等な関係を築くために～」

https://www.youtube.com/watch?v=KN8lQ6ehAQQ

https://www.youtube.com/watch?feature=player_detailpage&v=KN8lQ6ehAQQ

●DV教育映像　法務省人権擁護局「虐待防止シリーズ　ドメスティック・バイオレンス」

https://www.youtube.com/watch?v=B0_Owyo4SNY

〈歌〉
●デートDVを扱った歌「Independent Girl」
　「Buono!」（ボーノ）というアイドル系のグループ（女性3人）が歌っている「Independent Girl～独立女子であるために」という歌があります（2010年発売）。そこには、デートDVを我慢するなという応援メッセージが込められています。フェミっぽくていい感じの詞です。

〈マンガ〉
●杉野BEAT著『オレにあやまれ！』（竹書房、2010年）
　このマンガは、作者自身の暴言DV夫との涙の7年間の記録作品です。このなかで、加害者である夫は、以下のようなことを言っています。
　「自分がミスしたら相手に何を言われてもペコペコ頭を下げて謝れ！」
　「おれとおまえが対等なわけがないだろ、このバカタレ！」
　（自分は人に謝れと言うくせに、自分が間違ったり言行不一致、行き過ぎた暴言をすると）
　「カッときて出た言葉だ、本音じゃないことぐらいわかれよ。それくらい理解しろよ」（と言って、問題でないかのように取り繕う）
　「おまえをもっとレベルの高い人間に引き上げてやりたいんだよ」（と言って、

ずっと説教）

　（長時間の説教で相手を泣かす［何度も謝らせる、反省文を書かせる、土下座させる］と気がすむようで、急に優しくなって）「おれは君が憎くて叱っているわけじゃない。君にもっと立派な人間になってほしいだけなんだ」（と頭を抱えてなでなで）

　（電話をし忘れると）「なぜたった1本の電話ができないんだ！　暇な主婦のくせに気配りすら忘れたら何が残るんだ！」

　（遅刻すると連絡したが、待ち合わせの喫茶店に行ったら）「なんで遅刻したのか言ってみろ！」（と公衆の面前で新聞を投げつけて大声で怒りまくった。耐え切れずに帰ろうとすると、腕をつかみ、また怒る）

　「きょうは○○に行く約束だ！　遅刻したうえに約束まで破るのか」（事前に連絡したので、彼がその場所で待っていたのは3分）

　「出ていくなら通帳返せ！　一文無しで出ていけ！　指輪と鍵も置いてけ！」（と言いつつ、ほんとうに出ていきそうになると）「待て！　出ていくな！　頼むから、それだけはやめろ」（と土下座）

〈テレビドラマ〉
● フジテレビ系『ラスト・フレンズ』（2008年4月〜6月放送）
　テレビドラマで初めてデートDVを正面から扱った作品。デートDVの恐ろしさや実態がわかりますが、加害者が愛情ゆえに行っているとしている、最後、加害者が自殺し、それに対してまわりの反応がおかしいなど、DV理解に問題がある面もあります。

〈映画〉
● 『リッチーとの1日』（2012年、アメリカ）
　生きる希望を失った兄と、DV被害を受けている妹の交流が泣けます。こうした支え、声かけがあればやっていけるという、寄り添い方がわかるすてきな映画です。
　自分のことはさておき、人に少し言えることがあって、それがお互いできたとき、自分ではどうしようもなくても、なんとか生きられるということです。

● 『歓びを歌にのせて』（2004年、スウェーデン）
　DV被害者の女性が、エンパワメントしていく気持ちが歌となって伝わります。映画としてすばらしいオススメ作品。

● 『DV』（2004年、日本、中原俊監督）

DVのひどさがわかります。

● 『リベンジポルノ』（2014年、日本、羽生研司監督）
　女優志望の女子大生が、交際相手とのトラブルからリベンジポルノの危機にさらされる映画。

● 『愛がこわれるとき』（1990年、アメリカ、ジュリア・ロバーツ主演）
　潔癖症で暴力的な夫から逃れるため、溺死を装って姿を消した若妻はアイオワでの新生活を始めますが……。過去を抹消して人生のやり直しを図るヒロインと、彼女の前に立ち塞がる偏執狂の夫の闘いを描いた作品です。

● 『血と骨』（2004年、日本、崔洋一監督）
　原作は梁石日（ヤン・ソギル）の小説。それを原作としたマンガもあります。
　人間のすごい動物的エネルギーを賛美する物語で、おもしろいところもありますが、DVの側面からは、まさにDVの原始的な形を見ていると感じさせます。時代状況や民族的文化が違うと言って、いまの日本社会のDV状況と切断してはならないと私は思います。監督は、暴力に対して、フェミニズムの提起を受け止めていないからこそ、あのような演出になったのだと思います。

● 『イナフ』（2002年、アメリカ）
　浮気がばれたあと、暴力で居直る夫。オレはおまえを殴れるんだ、だれが養ってきたと思っているんだ、おれのルールだと。

● 『ウェイトレス——おいしい人生のつくりかた』（2007年、アメリカ）
　DV夫に悩むウェイトレスの幸せな人生への旅立ち。

〈ドキュメント〉
● NHK「どんな家に生まれても～一人親家庭の子どもを支える学習塾～」（2014年1月23日放送）
　このなかで、ある高校2年生の男の子の家庭を追っているのが、すごくよかったです。長男は不登校で、それはいいのですが、そのいら立ちを家族に向けていて、母親は疲れ、あきらめている感じです。DV家庭だったということが色濃く影響していました。夫の暴力から子どもを守ってきて、離婚した母親。子ども2人を育てるために必死で働き、子どもを育て、そのなかで、長男が半分不登校になり、その

イライラから暴力を振るうことがあり、そのことから次男を守ることに母は気を使わないといけなくて、長男の気持ちに寄り添う余裕がなかったのです。それを聞いて、胸の内を吐き出す長男。2人が心の奥を語り合う、スピリチュアルな瞬間が写し撮られているいい番組でした。このお母さんにもっと支援がいると思いますし、長男にも次男にも支援がいります。DVのツケ（悪影響）がこんなに及んでいるのかということがよくわかる有意義な番組です。

## 資料2　DV／ストーカーに対する警察の対応の変化
(注＝新聞記事などより伊田が作成)

○1999年10月に埼玉県桶川市で女子大生が元交際相手らに殺害される女子大生ストーカー殺人事件が発生。警察が被害の訴えに無関心・無対応で、警察対応の多くの問題が浮き彫りになった。被害者が告訴した際、県警上尾署員が調書を改ざんしたことも発覚。警察官3人が虚偽有印公文書作成・同行使で有罪が確定。
○それから対策の必要性の認識が始まり、ストーカー規制法が2000年5月に成立(11月施行)。しかし、法が成立したものの、それ以上は不十分。相談の受理、保護などで適切に対応するよう通達は出されているが、なかなか末端現場には浸透せず。同様の事件が続く。
○2001年4月、DV防止法が成立(10月施行)。
○2002年4月、DV被害者の支援拠点となる配偶者暴力相談支援センターの業務開始。
○2004年5月、改正DV防止法が成立。元配偶者も保護命令制度の対象とするなどの改善(12月施行)。
○2007年7月、第2次改正DV防止法成立。無言や連続しての電話、電子メールなども禁止となる(08年1月施行)。
○2011年12月、長崎県西海市の2女性(DV被害女性の母と祖母)殺害事件発生。被害女性の地元の千葉県警習志野署が被害届の受理を先送りするなど、長崎、三重、千葉各県警の連携がとれていなかったことが大きな原因で、警察対応失敗事例。
○2012年に警察庁が全国の警察本部に出した通達では、ストーカー行為などの相談は速やかに署長に報告するようにと定めた。
○2012年11月、神奈川県逗子市でフリーデザイナーの女性が元交際相手に殺害される事件が発生。逗子署員が事件の約1年半前に加害者を逮捕した際、被害者の部屋番号まで記載した逮捕状を読み上げる、何がストーカー法をすり抜けるかの情報を伝えるなど、複数の警察対応の失敗があった。約1,500通に上るメールを送りつけられるなどの被害があったのに、ストーカー法ではメールは対象ではないと放置。
○2012年12月、警察庁は、容疑事実がきちんと特定されることを前提に、逮捕状への被害者情報の記載について被害者情報を加害者に知られないように配慮することを都道府県警に通達。(1)容疑者が知っている旧姓や通称名などを用いる、(2)容疑者に知られていない被害者らの住所、居所は記載しない――などの配

慮を求めた。それを受けて検察当局は2013年に入り、被告に送達される起訴状について、被害者の氏名を記載しない運用を始める。生命保護を優先した素早い対応を求める警視庁通達は、2006年以降、4回出されている。

○2013年2月、長野県飯田市で、女性の甥（当時19歳）が女性の元交際相手によって殺害される事件が発生。女性は事件前に「ストーカー行為を受け、『自宅に火を付ける』などと脅迫されている」などと県警飯田署に相談していたが、事件を防げなかった。

○2013年4月、警察庁は2013年度中に「ストーカー危険度判定チェックリスト」を導入することを決定。精神治療が必要な人に受診させて、事件の未然防止を狙う。兵庫県の取り組み（本書5-5、図表5-2）を参考にした。三十数項目のチェックのうえで総合評価して、4段階に分類し対応。項目としては「見捨てられたり、見放されたりする不安が強い」「相手の表情から気持ちや考えを感じることが苦手」「自分のことを有能だと思っている」「周囲に対して疑い深い」「尾行してつきまとう」「贈り物などの受け取りを強要する」「死んでやる、おまえ以外考えられないなどと言う」など。[*1]

○2013年5月、神奈川県伊勢原市で30代女性が過去にDV被害を受けていた元夫に刺され、大けがをする事件が発生。被害者は、自宅近くにカメラが取り付けられたことを相談するが、警察対処が失敗。

○2013年6月、改正ストーカー規制法成立（7月、10月施行）、第3次改正DV防止法成立（14年1月施行）。改正ストーカー規制法には、メールの連続送信に対する規制や、被害者の住所地だけでなく、加害者の住所地などの警察・公安委員会も警告や禁止命令を出せることが、改正DV防止法では、法の適用対象を同居する交際相手にも拡大するなどが盛り込まれた。

○2013年7月に、神奈川県警が、同県伊勢原市の事件を受け、「人身安全事態対処プロジェクト」を発足させる。[*2]

○2013年10月、東京都三鷹市で女子高生が元交際相手に殺害される。警察対応失敗。

○2013年10月、警察庁長官は、「警察の対処レベルを順次引き上げていくのではな

---

[*1] 加害者の危険度を判定するためのチェックリストは、精神科医・福井裕輝さんが警察庁の依頼で開発したものであり、彼は、警察庁の加害者治療実験も担っています。ただし、福井さん自身が、「チェック表だけに頼ると、冤罪や見落としを招く可能性があります。開発した者としては、使わずに放置するよりは意味があると思っていますが、杓子定規でなく参考にしてもらいたいですね」（「ストーカー：加害者診察100人超の精神科医に聞く」『毎日新聞』2014年4月5日）と述べており、このチェック表はひとつの目安にすぎず、一人ひとりの警察官、とくに生活安全課の担当者のDV／ストーカー認識を高めることがいちばん重要です。

資料

く、事態の初期段階から最悪の脅威を想定した対処を行うべき」と発言。
○2013年11月、ストーカー事件の被害者遺族や専門家らが、殺人など重大事件にエスカレートすることを防ぐための対策を検討する研究会を発足させた。被害者保護だけでなく、精神科医などによる加害者側へのカウンセリングや治療法も研究し、「被害者も加害者も生まない社会」の実現をめざす。発足させる研究会には、臨床心理士や犯罪心理学者らに参加を呼びかけ、加害者側への医療的ケアや家族を含む周囲の対処法を研究し、国に対策を提言する方針。
○2013年11月、警察庁が、第1回ストーカー行為等の規制等の在り方に関する有識者検討会（座長＝前田雅英・首都大学東京法科大学院教授）開催。
○2013年11月、千葉県市川市で、元交際相手の男性から22歳女性が刺殺される事件が発生。それ以前から問題行動があったので、警察対応失敗。
○2013年12月、警察庁が全国の都道府県警察本部に、DV／ストーカー対策において刑事部や生活安全部の枠を超えた「一元的対処体制の確立」（専門部門の設置）を指示する通達を出した。専門性の高い捜査員がいる「本部対処体制」の確立、生活安全部門と刑事部門を統合した編成の「ストーカー・DV事態対処チーム」にすること、事態が急展開する危険性を見極めるための専用のチェック表（兵庫方式をもとにしたもの）を活用して対処することなどを求めている。「兆候情報」を総合的に判断すること、複数の自治体にまたがる事件の場合、メーンとなる警察本部を決定し、情報共有をすることも求めている。
○2013年12月、上記通達を受け、警視庁は、副総監を本部長とする約80人体制の「ストーカー・DV総合対策本部」（ストーカー・DV事態対処チーム）を設置し、積極的に加害者を検挙することを決定。各署に寄せられたストーカー相談全件を24時間態勢でただちに報告させ、早期の事件化や保護対策に積極的に関与。被害者のシェルター避難など緊急性の判断や、刑事事件としての立件を視野に入れた指導・助言を行う。生活安全部のほかに捜査1課や機動捜査隊など刑事部の捜査員、総務部の被害者支援室などで構成。相談業務への女性職員の積極登用や専門の相談機関との連携も。
○警視庁は、女性被害者が多いことをふまえ、女性警察官の数を、現在の約8％（約3,500人）から2020年までに1割に増やすことを計画。

＊2　DV／ストーカー対策を担ってきた生活安全部と殺人事件などを扱う刑事部の約65人で「人身安全事態対処プロジェクト」を全国に先駆けて発足させましたが、署での相談や情報を集約・分析する「情報チーム」と、現場に派遣され被害者保護や加害者の逮捕などに当たる「即応チーム」の2つがあるのが特徴となっています。署との情報共有に時差がなくなる情報の一元化で、危険性の見極めの精度、未然防止能力が高まりました。

○上記通達を受けて、神奈川県警や警視庁に次いで、千葉、青森、茨城、群馬、佐賀、兵庫、大阪、鳥取など各地の警察で「ストーカー・DV事態対策室」ができる。
○警視庁がストーカー対策のため庁内に2013年12月に設置した「ストーカー・DV事態対処チーム」が、発足から1カ月で391件（ストーカー相談175件、DV相談216件）の相談を受け付け、20人をストーカー規制法違反容疑などで逮捕したことが判明。
○2013年から2014年1月の間に、匿名起訴状が一定広がる。性犯罪やストーカー事件の被害者保護の一環として、広島、滋賀、香川、長崎、鹿児島の5県を除く42警察本部で、被害者の名前や住所などを伏せた逮捕状[*3]を少なくとも計159件作成していたことが毎日新聞の全国調査で判明。
○岡山県では、県迷惑行為防止条例を改正し、2014年4月から、恋愛感情がなくても、メールや無言電話、インターネット交流サイト（SNS）への書き込みを繰り返すと規制対象になることとした。改正ストーカー規制法では対象外の項目も補っている。違反した場合は、6月以下の懲役か50万円以下の罰金を科される。
○警察庁は2014年度に、ストーカー警告をした加害者に対し、被害者の了解をとったうえで精神科医による定期的なカウンセリングを受診させて「治療の効果」を測る実験を始めた。
○2014年7月、警視庁は「ストーカー・DV総合対策本部」を改組して「人身安全関連事案総合対策本部」を設置。人員も80人体制から120人体制に増員された。
○2014年8月、ストーカー対策の在り方を議論してきた警察庁の有識者検討会が、禁止命令手続きのスピードアップなど、ストーカー規制法の見直しを柱とする報告書を提出。
○2014年11月、加害者のカウンセリングや治療でストーカー事件の深刻化を防ぐ方法を考えるストーカー「加害者研究会」発足。逗子ストーカー殺人事件の被害者遺族が「加害者を検挙するだけでは被害は減らない」との思いで呼びかけ、犯罪被害者支援のNPO理事長や精神科医、大学で犯罪予防論を研究する学者ら異なる立場の人、約30人が参加。2015年度中の提言発表をめざす。

---

＊3　被害者保護のための匿名化の方法として、顔写真添付で代用する、被害者の名前を無料通話アプリ「LINE（ライン）」のハンドルネームにする、電話による脅迫事件で受信場所の具体的な地番などを伏せる、被害女性の職業だけを記載して「氏名秘匿」と記載するなどがあります。

資料3　チェック表「警察に来られたあなたへ」

# ☆ 警察に来られたあなたへ

## 1　知っていただきたいこと

○ あなた自身や子供、親族、同僚等に対する殺人、傷害等重大事案へ発展するおそれがあること

○ いったん暴力がおさまって相手が優しくなっても、それはいわゆる「ハネムーン期」かもしれないこと
　→　また暴力が再開される可能性は充分あります。

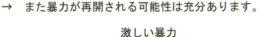
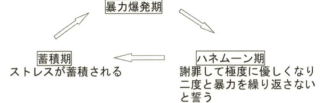

○ まだ相手に情が残っている・・。外ではまじめな人なのに・・。自分さえ我慢すれば・・等と考えていませんか？
　→　あなた自身やあなたの子供、親族、同僚等の生命や身体を守ることを第一に考える必要があります。

## 2　あなた自身の決意と協力が必要です。

☆　被害届・告訴（刑事手続）
☆　ストーカー規制法に基づく警告の申出（警察）
　　（→禁止命令（公安委員会））
☆　ＤＶ（配偶者暴力）防止法に基づく保護命令の申立て（裁判所）

▲　警察官による注意、口頭警告等（※）
▲　様子をみる(静観)（※）
　（※）警察からのアドバイス
・　親族等に相談　～あなたの生命、身体を本当に大切にしてくれる人に相談を
・　専門の弁護士、行政書士に相談　～　証拠収集・保管等に関する相談を
・　相手方の知らない場所への転居や一時避難は、被害を防止する上で有効です。

## 3「ストーカー・ＤＶ等への対応について」に記入してください。

「ストーカー・ＤＶ等への対応について」に記入をお願いします。

## ストーカー・DV等への対応について

　　　　　　　　　　　　　　　　　　年　　月　　日　署名　　　　　　

1　**警察にとってもらいたい対応等**
　　（該当する項目に○を付け、その理由を書いてください。）
　　ア　刑事手続をとってほしい
　　　　※　通常の手続は、被害の届出や証拠収集（被害者供述、自宅等での物証の収集等）に御協力いただきます。（なお、被害届等がなくても、110番通報等により臨場した警察官が、相手方を現行犯逮捕等することがあります。）
　　イ　行政手続（ストーカー規制法に基づく文書警告）をとってほしい
　　ウ　注意、口頭警告等してもらいたい
　　エ　現時点では、決心できない。＿＿＿＿（週・月）後を目処に確認してほしい
　　オ　その他（　　　　　　　　　　　　　　　　　　　　　　　　　　　）

　　〔理由：
　　
　　
　　　　　　　　　　　　　　　　　　　　　　　　　　　　　　　　　　〕

2　**親族、弁護士（会）、配偶者暴力相談支援センター、NPO等への相談**
　　（該当する項目に○を付けてください）
　　ア　既に相談した
　　イ　具体的な相談予定あり
　　ウ　「援助申出書」記載のとおり（本日、警察に紹介された窓口等に相談予定）
　　エ　具体的な相談予定なし・未定

3　**転居・避難の有無**
　　（該当する項目に○を付けてください。）
　　ア　転居する
　　イ　一時避難する
　　ウ　避難しない
　　　　〔避難しない理由：　　　　　　　　　　　　　　　　　　　　　　〕

4　**自由記載**（この件についての考え方や今後のことで書きたいことがあれば自由に書いてください。せまくて書ききれないときは、裏面に続きを書いてください。）

　　┌────────────────────────────────┐
　　│　　　　　　　　　　　　　　　　　　　　　　　　　　　　　　　│
　　│　　　　　　　　　　　　　　　　　　　　　　　　　　　　　　　│
　　│----------------------------------------------------------------│
　　│　　　　　　　　　　　　　　　　　　　　　　　　　　　　　　　│
　　│　　　　　　　　　　　　　　　　　　　　　　　　　　　　　　　│
　　└────────────────────────────────┘

（注）　担当職員は、2ア又はイに該当する場合の相談先、3ア又はイに該当する場合の転居・避難先等について聴取したときは、別途、相談記録簿等に記録すること。

※　この書面は、法令に基づく場合（配偶者暴力防止法第14条第2項）等のほか、第三者に提供することはありません。

出所　警察庁「第1回ストーカー行為等の規制等の在り方に関する有識者検討会」（2013年11月1日）配布資料、警察庁平成25年11月1日「平成24年中のストーカー事案及び配偶者からの暴力事案の対応状況について」

## 資料4　ストーカー規制法の概要

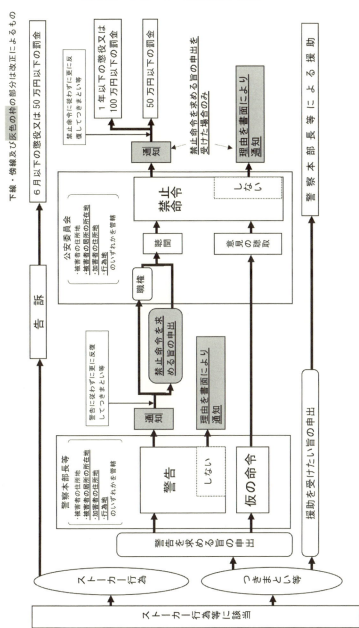

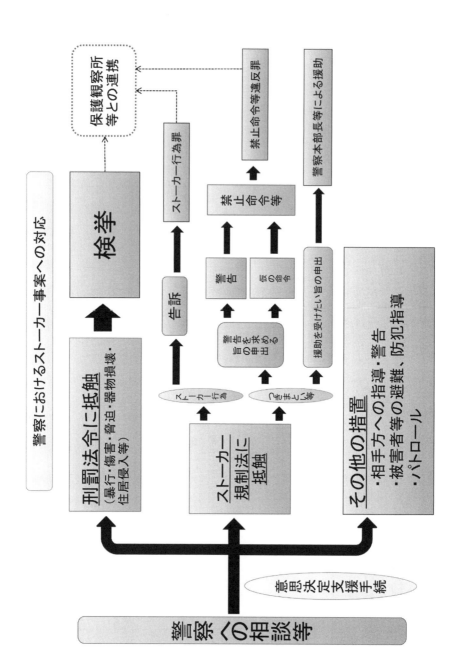

出所　警察庁「第1回ストーカー行為等の規制等の在り方に関する有識者検討会」（2013年11月1日）配布資料、警察庁平成25年11月1日「平成24年中のストーカー事案及び配偶者からの暴力事案の対応状況について」

資料

## 資料5　事件化した有名なDV／ストーカー事例

### 埼玉・桶川1999年ストーカー殺人事件

　1999年10月、埼玉県桶川市の桶川駅前で、21歳の女子大生が元交際相手の男性（当時27歳）とその兄が雇った男性によって殺害された事件。

　1999年1月、被害者の女子大生（A）が、加害者の男性（B）と知り合い、交際が始まったが、BはAに偽名を使ったうえに年齢も3歳サバを読み、職業も外車ディーラーと偽ったが、実際は兄（C、本業は消防士）と共同で風俗店を経営していた。しかし、1999年2月から3月にかけてそれらのうそは露呈。一方的に高価なプレゼント（数十万円もするバッグや洋服）を贈り、Aが「こんな高いものは受け取れない」と拒絶すると暴力を振るった。30分おきに携帯電話に連絡するなどAの行動を監視し、「いま、犬の散歩をしている」と答えると、「おれ（B）を放っておいて犬の散歩とはどういうことだ？　その犬を殺すぞッ!!」と脅すなどした。携帯電話に出ないと、番号を教えていないはずのAの自宅や友人にまで電話をかけた。

　こうした行為に恐怖心や不信感を抱いたAは別れ話を切り出すが、Bは「おまえは2000年を迎えられない」「父親をリストラさせてやる」「家族をめちゃくちゃにしてやる」などと、A本人はおろか家族にも危害を加える旨の脅迫をし、交際の続行を強要した。

　このころからAは身の危険を感じ、遺書を用意したり、周囲の友人に、「私は殺されるかもしれない」「（もし私が殺されたら）犯人は絶対にB」と話すなどしていた。さまざまな監視や嫌がらせ行為、中傷・脅迫・プライバシーの侵害に耐え、恐怖と闘いながら、殺害される1999年10月まで大学に通いつづけた。

　同年6月14日、BとCらがAの自宅に押しかけ、Aを脅迫し、現金500万円を要求したが、父親に追い返された。6月15日、Aと両親が、BとCが脅迫した内容を秘密録音していたテープを、管轄する埼玉県警上尾署に持ち込み、被害の相談をしたが、「民事不介入」を理由に、上尾署はまったく取り合わなかった。これ以降、Aの家に頻繁に無言電話がかかってくるようになる。また同日、CがD（Bが経営する風俗店の雇われ店長）に、Aの殺害を依頼した。

　7月13日、Aの自宅周辺と学校・父親の勤務先に、約300枚の、事実無根の誹謗中傷のビラが貼られた。

　7月29日、Aが犯人を名誉毀損で上尾署に告訴。署員は訴状を受け取るも、「（ビラに対して）これはいい紙を使っていますね」「試験（ちょうどAの通う大学の試験期間であった）が終わってからでもいいのでは？」など、いい加減な対応に終始。

8月23日・24日、Aの父親の勤務先などに、約800通もの事実無根の誹謗中傷の手紙が届けられた。
　9月7日、上尾署員が告訴状を被害届に改ざん。9月21日、上尾署員がAの母親に対して、「一度取り下げても、もう一度告訴はできますから」とうそをつき（告訴状を一度でも取り下げたら、同じ内容でふたたび告訴することはできない）、告訴取り下げを要請した。
　10月16日、深夜、Aの自宅前に大音響を鳴らした車2台が現れた。
　10月26日、Dらは午前9時からAの家の前でAの行動を見張り、12時に家を出て、大学に向かう電車に乗るために桶川駅へやってきたAをナイフで刺して殺害し、逃亡した。
　同日、上尾署に捜査本部が設置されたが、記者会見で事件当時のAの服装や所持品について「ブランド物のバッグ」「厚底ブーツ」「黒いミニスカート」など、報道陣に対して意図的に詳しく説明した。これ以降、各報道関係者から、被害者であるAにも非があると受け取れる報道がしばらく続いた。
　その後、警察は、殺害にかかわったC、Dらや中傷にかかわった者、合わせて12名を逮捕したが、中心の元交際相手Bは逃亡のうえ、自殺。Cは無期懲役、Dは懲役18年となる。Bは死亡したため、刑事訴訟で殺人罪の共犯と認定されなかったが、民事訴訟において、殺人犯らはBを介さないとAとの接点がないことや、BのAに対する攻撃性から、BはAについて殺人の責任があることが認定され、加害者やその家族に対して約1億250万円の支払いが命じられた。告訴状改ざんにかかわった署員は懲戒免職になり、のちに有罪判決を受けた。
　この事件がきっかけとなって、「ストーカー規制法」が制定された。
　2000年12月、遺族が埼玉県（埼玉県警）に国家賠償請求訴訟を起こしたが、裁判になると、埼玉県警はこの時期においてさえ「この事件はストーカー事件ではない」「単なる男女の痴話げんか」「Aの遺書は若い女性特有の空想」などと反論した。

### 宮城・石巻2010年デートDV殺人事件

　2010年2月、宮城県石巻市で、DV男性(18)が元交際相手の女性の姉と友人3人を死傷させ、女性(18)を連れ去り監禁した事件。
　男性と女性は、2008年夏に交際を始めたが、少なくとも2009年2月以降、女性にDVを繰り返しており、被害者は警察に12回も相談していた。相談内容としては、「交際相手から言葉遣いなどで文句を言われたり、殴るなどの暴力を加えられる」「別れを切り出すたびにダンベルで殴られたり首を絞められたり、たばこの火を押しつけられたりした」というものだった。

2009年10月には娘が生まれたが、DVは続き、別れたあとも女性の実家に加害男性が押し入って娘を連れ去ろうとすることもあった。死亡した友人女性は、加害男性が家に押しかけるようになったため、姉妹に頼まれて泊まっていて被害にあった。

　石巻署は2009年2月と2010年1月に加害男性に警告し、女性に暴行や傷害事件として被害届を出すように勧めており、女性は事件当日の2月10日、被害届を出す予定だった。加害男性は、一緒に押し入った17歳の男性に、二人の交際に反対する姉と母親の殺害計画を話し、「おまえが殺人の罪をかぶれ」と言い、包丁に指紋を付けさせた。

### 長崎・西海2011年デートDV（ストーカー）殺人事件

　2011年12月16日、長崎県西海市で、男性(27)が交際相手の女性の母親(56)と祖母(77)を殺害した事件。

　この加害男性は、2011年2月下旬から千葉県在住の女性と交際を始め、間もなくして男性が女性宅に転がり込むかたちで同居を始めた。日常的に、リモコンなどを使って女性を殴ったり、室内にとどまらず外出先の路上でも暴行に及んだりしており、被害女性が警察に行ったときには全身にあざが認められる状態だった。女性の知人にまで男性は脅迫メールを送りつけていた。女性は何度となく別れ話を切り出したが、そのたびに男性は逆上して女性に暴力を振るっていた。

　事件の前、女性に暴力を振るっているとして、警察から繰り返し事情聴取や警告を受け、最後の警告から1週間後に事件を起こしていた。

　2011年10月29日、女性の父親から警察に電話で「娘が暴力を受けている」と相談があり、翌日、男性を習志野警察署に呼んで任意で事情を聴き、警告していた。この際、男性は「二度と暴力を振るいません。自分から連絡もとりません」などと話していた。

　しかし、そのあとにも男性から「殺す」と脅迫メールが送りつけられるなどがあったため、女性と父親が12月6日にも習志野警察署に相談に訪れ、警察は12月9日、ふたたび男性を呼んで警告するとともに傷害事件として女性の被害届も受理したが、最後の警告から1週間後に今回の事件が起きた。

　二人の間に起こっていたDV的な言動としては、「メールの返信が遅い」「いますぐに帰ってこい」などと怒鳴られる、物を壊される、勤務内外でもいま何をしているかなどを10～15分に1回、メールや電話で報告するよう要求される、メールを送信できないときには職場の同僚に非通知で電話し、叫び声を上げるなどの嫌がらせをする、（職場で）男性客を接客する際に携帯電話を（加害男性と）通話状態のままにすることを強要される、1カ月に20日間は暴行され、携帯電話、鉄アレイで殴

られる、手錠をされ正座させられ蹴られる、逃げたら家族やまわりの人を殺すと言われていた、加害男性が警察に捕まってもすぐに出てくるだろうし、家族や職場の同僚が傷つけられると思うと逃げられないと思わされた、などがあった。

## 神戸学院大学2011年デートDV傷害事件

　2011年5月17日、兵庫県の神戸学院大学で、同大学4年生の女子学生(21)が、元交際相手の男性(25)に刃物で背中などを刺され、現場に駆けつけた警察官も右太ももを切られて、いずれも重傷を負った。男は殺人未遂容疑で現行犯逮捕された。

　男性は女子学生の元交際相手で、2011年3月に同大学を卒業して就職し、埼玉に移り住んだ。女子学生とは3月に別れたが、その後も「一人ではやっていけない」というメールや電話を繰り返し、復縁を迫り、東京に来るよう要求していた。2011年4月16日には車で連れ出して復縁を迫り、翌17日に同大学のトイレで首をつって自殺を図った。女子学生は4月19日に明石署にストーカー被害を相談。神戸西署が男性や家族に口頭で注意し、つきまとわないという誓約書も同月25日にとっていた。

　5月17日に男性が来たので、女子学生が110番通報し、署員3人が大学北門前の警備室に到着、女子学生が「この人、ストーカーです」と警官に訴えたところ、女子学生の背後から男性がいきなり刺した。

　男性は、「大学の駐輪場で待ち伏せし、殺すつもりだった」「3月に婚約を破棄され、そのせいで仕事もやめることになった。連絡もとれなくなり、話をしたくて会いに行った。話も拒否され、警察も呼ばれて、逮捕されると思ったので刺した」と自供している。男性は女子学生へのストーカー行為を繰り返していたが、その方法として、女子学生のバイクに取り付けたGPS（全地球測位システム）で、居場所を特定していた。2カ月の重傷を負った女子学生は、精神的ショックなどで就職活動も断念するなど、大きなダメージを負わされた。

　警察官がすぐに駆け付けたのは、兵庫県警がストーカー被害者を自動的に特定できる「110番通報登録制度」をつくっていたからである。5月17日午後、県警の通信指令課は女子学生の110番通報を受信した。モニターには、通報者がストーカー被害者であることを示す「ST」の文字と女子学生の名前が表示された。指令課員が女子学生に電話をかけたが、通じなかったため、緊急配備を管轄する神戸西署に指令。通報からわずか38秒後だった。さらにGPS機能で女子学生の所在地を特定し、同署に出動場所を指示。通報から約10分後、交番の警察官が現場に到着し、女子学生を確認した。しかしその直後、そばにいた元交際相手の男性が女子学生と警察官を包丁で刺した。

## 神奈川・逗子2012年ストーカー殺人事件

　2012年11月6日、神奈川県逗子市で女性(33)が元交際相手の男性(40)に刺殺された事件。男性は女性を殺害後、自殺した。

●事件の経緯

　被害女性は、男性と別れた2年後の2008年に結婚して姓を変え、逗子市内に転居。当然、男性には自分が結婚して姓を変えたことも、逗子市に引っ越したことも隠していた。男性は、2004年から女性と付き合いはじめ、交際が終わった2006年ごろから、女性に頻繁にメールを送りつけるようになった。

　2011年4月、男性から「刺し殺す」などと脅すメールが1日に80～100通もの頻度できたため、女性は警察に相談し、警察は緊急通報装置を貸し出し、逗子署は同年6月、女性に脅迫メールを送ったとして、脅迫容疑で男性を逮捕した。その後、同年7月には、ストーカー規制法で禁止されている乱暴な言動をしたとして、ストーカー規制法にもとづく警告が行われた。同年9月には監視カメラを設置した。男性は同年9月、脅迫罪で懲役1年、執行猶予3年の有罪判決を受けた。

　だが、ストーカー行為はやまず、2012年の殺人事件にいたった。男性は女性の住所をネットで調べたあと、事件の前日に探偵業者に依頼して女性の詳しい住所を特定したうえで、事件当日は凶器の包丁を準備して女性の家に向かい、犯行に及んだ。

●警察対応の不備

　女性は、上記したように男性に転居先がわからないように生活しており、警察に「姓や住所は言わないでほしい」と要望していた。逗子署は幹部らの間でこの要望を情報共有していたが、男性の逮捕時や警察署内で弁解の機会を与えた際に、警察署員が女性の新しい姓や住居市名を読み上げ、男性が住所を特定する手がかりを与えてしまった。数日後には、女性の夫から「（男性が）すでに妻の名前を知っていると聞いた」と抗議を受けた。

　執行猶予中に男性が行ったストーカー行為の数々をみておくと、女性が以前勤めていた会社に身内を装って電話したり、インターネットで情報提供を求めたりして、女性の住所を探していた。インターネットの質問サイトに、少なくとも4つの名前を使って何度も大量に（400件あまり）、事件の準備や予告をうかがわせる投稿などをしていた。

　たとえば、女性の夫の名前をあげて、「昔、お世話になった方を捜しています。詳しい住所がわかりません。ご存じの方がいらっしゃったらメールで連絡して下さい」「人捜しをしていますが、詳しい番地がわかりません。探偵に頼むしか方法はないですか」「JR逗子駅から女性の自宅がある周辺へのバスでの行き方」「殺人事

件を犯した犯人が逮捕される前に自殺した場合、どうなるのか」「自炊をするようになったのですが、包丁ってホームセンターに行けば売っていますか」「フェイスブックの写真から位置情報を特定できますか」「探偵業者の方は携帯電話などからターゲットの居場所を特定する際、どんな手段を活用していますか」などと質問（犯行予告）を投げていた。女性の名前の一部を使い、中傷したようなアカウントもあった。実際とは逆に、自分をストーカー被害者と装った質問もしていた。

　2012年4月上旬には、10日間で1000通以上もメールを女性に送っていた。女性は「（10日間で）1000件を超えるメールが来る」と逗子署に相談したが、ストーカー法では規制できないと杓子定規の返答をして、同署は女性の自宅周辺で警戒するにとどめていた。メールには「結婚を約束したのに別の男と結婚した。契約不履行で慰謝料を払え」などと書かれていたにもかかわらず、脅迫的な文言もないとして、県警は立件を見送った。

　女性は、ストーカーの被害を相談していた女性カウンセラー（NPO法人「ヒューマニティ」の小早川明子理事長）に警察に行くよう言われたので行ったが、警察が真剣に対応してくれなかったので、「警察からストーカー規制法に当たらないと言われた」「警察が何もしてくれない」「（男性が）起訴されるかどうかが心配」などと不安を何度も訴えていた。

　男性が2011年、神奈川県警からストーカー規制法にもとづく警告を受けた際、法律にふれる具体的なストーカー行為が書かれた文書を警察から受け取った。そして、それをもとに彼は、その後はそれに抵触しないようなストーカー行為を繰り返していた。つまり、結果的に警察は彼を助ける情報を与えてしまっていた。女性は計4回、警察に相談していたが、県警は、嫌がらせを目的とした連続したメールは法律の規制の対象外とし、「法律にもとづいて、できるかぎりの対応はした」と弁解している。なお、メールであっても、文面に交際や面会などの「義務のない要求」や「乱暴な言動」などがあれば、改正前の法でもストーカー行為に当たるとされていたが、この事件のように「慰謝料を払え」などの文面は規制対象外だと県警は判断した。

　元交際相手の男性は典型的な加害者発想をしていた。たとえば彼は、送りつけたメールで「結婚を約束したのに別の男と結婚した。契約不履行で慰謝料を払え」と書いていた。つまり、「自分と別れて、ほかのやつを好きになる（ほかのやつと結婚する）のは、約束を破ったことで、おまえが悪い」という発想をしていた。加害行為をしているのに、自分が被害者だと怒り、その根底には、いったん付き合ったら別れる自由などない、別れるのは契約不履行だという意識、「カップル単位意識」があった。つまり、二人は一体で、基本的に別れないもの、恋人は自分のもの、私

は相手のものという相互所有意識があり、だから、自分の承認なく勝手に別れるなど許されないと信じていた。ここには、別人格である個人と個人というシングル単位感覚が意識されていなかった。

　警察もこのあたりは鈍感で、男性がDV加害者の典型的な言動をとっているのに、真剣に被害者の保護・支援に回らなかった。その結果、殺人事件にいたった。「脅迫的な文言がなかった」と言うが、「契約不履行で慰謝料を払え」と言うことや、10日で1000通もメールを送るのは脅迫とみなせる。大昔の別れに執着して何年もストーカーをし、契約不履行だなどと言うのは暴力である。警官の人権意識の問題である。

●探偵業者と役所の秘密保護の問題

　さらにこの事件では、探偵業者の問題、逗子市役所の秘密保護の不十分性の問題も浮き彫りになった。男性は、殺人行為の前日に探偵業者に依頼して女性の詳しい住所を特定し、事件を起こしたのだが、探偵業者が住所を男性に回答するのに要した時間は2時間だったという。探偵業者は調査業者に調査を再依頼、調査業者は、電話で逗子市役所（納税課）から住所を聞き出し、探偵業者に伝えていた。

　逗子市役所は情報を漏えいしたことを当初は認めなかったが、女性が殺される事件の直前、ある職員のパスワードによって、市納税課のパソコン端末で、女性の住所などを含む納税記録が閲覧されていたことは認めた。その後、市納税課の元主事が、2014年2月、個人情報を漏らしたとして市から停職1カ月の懲戒処分を受け、3月に退職した。ストーカー被害を受けていた女性の個人情報を閲覧する際には、画面が赤くなって警告を発する仕組みになっていたはずであるが、この警告を無視するかたちで、調査業者からの電話による問い合わせに対し、住所を伝えていたことになる。

　調査業者は、税務課など、税金を扱う部署に電話し、「家族あてに心当たりのない滞納の督促状がきた」「家族を新たに国民健康保険に加入させる手続きのために登録内容を確認したい」などと、問い合わせや苦情を装いながら、担当職員とのやりとりのなかで、住所や名前、家族構成などの個人情報を聞き出していた。

### 神奈川・伊勢原2013年ストーカー殺人未遂事件

　2013年5月、神奈川県伊勢原市で、妻にDVをして離婚されていた元夫（32、塾経営）が元妻（31）の首を刺して瀕死の重傷を負わせる事件が起きた。

●事件の経緯

　学習院大学文学部で同級生だった加害男性と被害女性は、2003年夏に出会い交際を始め、2004年3月に結婚したが、すぐにDVが始まった。ささいな理由で暴力

を振るわれ、日々ののしられる状況だったが、当時は顔が内出血して変色しても、「精神的にも暴力に支配されていて、化粧で隠さなければと考えていた」。

　DVが続くなか、女性は妊娠が判明したため、意を決して2005年末、母親にDVのことを話し、当時相模原市に住んでいた母親の元に身を寄せた。このころ、夜中にドアを蹴られるなどの嫌がらせを受けた。男が警察官を装い、隣家から居場所を聞き出そうとしたこともあった。女性は相模原南署にDV被害を相談した。

　男性には2006〜07年、DV防止法にもとづき横浜地裁相模原支部から2回の保護命令（計1年間の接近禁止命令）が出たが、男性は女性の実家に押しかけたり、ドアに女性を誹謗中傷するビラを貼り付けるといった嫌がらせを繰り返した。この間の2006年5月に離婚して、女性は2006年7月、シェルターに入居。当時、相模原市福祉事務所から女性の入居するシェルターに送られた書類には、「離婚の成立している元夫から、執拗で病的な嫌がらせを受けている。保護をお願いしたい」と記されていた。母親宅を経て、保護施設などを転々として身を隠す日々のなかで、2010年4月ごろから伊勢原市のアパートで子どもと暮らしていた。

　女性と長男は偽名を使って生活をし、同市に住民票閲覧制限を申し立てるなど、男性に現住所を知られないようにもしていた。

　2013年4月20日には、女性から伊勢原署に「家の近くに不審な自転車が放置されている」と通報があった。警察は、女性の住むアパート敷地内で、カメラのレンズのようなものが入った収納ボックスが荷台にくくりつけられた不審な自転車を発見したが、管理人が張り紙をしただけで撤去された。探偵業関係者の所有と判明したあと、伊勢原署が自転車の所有者の勤務先とみられる探偵業者の事務所に連絡したが、「関係ない」との説明を受けると引き下がり、それ以上なにもしなかった。そして、この顛末を署員は女性に伝えなかった。伊勢原署生活安全課警部補は、上司に対し「カメラが仕掛けられていたときに被害者女性に電話をしたが、つながらなかった」と言っていたが、実際には電話をしておらず、うその報告をしていた。その警部補はのちに「事態の重大性に怖くなり、思わずうそをついた」と話した。別の署員も、類似した状況が2年前にもあったという情報を女性から得ながら、上司に報告しなかった。

　その約1カ月後、今回の殺人未遂事件が起こった。女性は警察に「元夫の性格からして、手段を選ばず住所などを調べてくるのではと不安です」と訴えたのに、警察は今回も失態を演じた。

　2012年2月には、加害者男と同居しているこの男の母親が埼玉県警所沢署に暴力被害の相談をしており、事件前日の2013年5月20日にこの母親が他県に避難した（ここからも男の暴力性がわかるが、警察は元妻への暴力とつなげなかった）。

母が警察に行って避難したことを受けて男は逆上し、元妻に怒りを向けた。男性は、埼玉県所沢市からレンタカーを夜通し運転し、伊勢原市の女性のアパート近くの駐車場に到着。2013年5月21日朝、女性がアパートから出てくるのを確認すると、走り寄って犯行に及んだ。「母に捨てられたショックで我を忘れてしまいました」とのちに語っている。

●執拗に住所を調査

元妻の居場所を見つけるために男性は、女性と別居後の2011年9月ごろ、女性宅の住所を調べるよう探偵に依頼。離婚後に伊勢原市に引っ越していた女性の実家を特定した。しかし、女性宅の特定にまではいたらなかったため、男性は自分の母親(57)に住所を調査させていた。その母親は、女性の実家周辺で女性の親族の車を発見し、それをもとに2011年11月末、女性宅を特定した。

男性はこの情報を探偵業者に伝え、「女性の暮らしぶりを知りたい」と言って、探偵業者に隠しカメラ付きの自転車で探らせていた。

また、彼は、サイト上で、自身でつくりだした架空の世界や言語についての動画を投稿するという自己陶酔型の人間（ナルシスト）であった。「YouTube」には自作のストーリーの作品が投稿されていたが、その内容は、男性が主演を務め、母親の形見の衣服しか身につけることのできない少女の気持ちを男性が魔法で解き放つというもので、せりふはすべて男性がつくりだした架空言語「アルカ」、字幕つきという手の込んだものであった。男性にはマザコン的性格があった。

この事件は、加害者が離婚して6年もたっているのに執拗に恨んでいたという点に特徴がある。逮捕時に語った「離婚のときに突然出ていってしまい、おなかの子のことを話したいと言っても、父なのに冷たくあしらわれ、攻撃したいと思ってしまった」「すべての元凶は元妻が出ていき、自分を無視しつづけたことにある」といった理由は、加害者発想の典型である。離婚後5年もたってから探偵を使って居場所を探すのは、異常な執着心といえる。昔の男性のブログには、元妻に対して「俺を馬鹿にした奴は許さない。（中略）本来ならあいつを殺さねば気が治まらん」と記されていた。

この男に加担した母親や探偵業者にも大きな責任がある。

●続くフラッシュバックと恐怖

なお、殺人未遂罪などに問われた元夫は、2013年12月に懲役12年の判決を受け、服役したが、それでも女性は身を隠す生活を続けている。彼女は、襲われる悪夢やフラッシュバックにも頻繁に見舞われるようになり、「この12年が、私の余命になるかもしれない。身を守る手だてがないまま、カウントダウンが始まっている」「人から見える部分に傷がついたのは、想像以上のショック」「私にとっての解決は、

元夫が一生社会に出られなくなるか、私の居場所が知られた経緯がわかり、それを防ぐ手だてができるかのどちらか」と悲痛な胸中を語っている。女性は、裁判で事件について「婚姻中の暴力に始まり、離婚後の嫌がらせや逃げつづけた日々と一続き」と指摘した。

### 東京・三鷹2013年高3ストーカー殺人事件

　2013年10月8日、東京都三鷹市で、高校3年の女性(18)が、元交際相手の男性(21)に刺殺された。交際の再開を拒まれて恨みをもち、「別の男と交際するくらいなら殺害しよう」「彼女と他の異性との交際を考えると身の焦がれる思いになり、この苦痛から逃れるため」と考え、殺害を決意したという。男性は、昼すぎに女性宅に侵入し、クローゼットの中で待ち伏せして襲っていた。2014年8月の東京地裁判決で、懲役22年（求刑・無期懲役）を言い渡された。

　また、犯行の前後に、復讐のため、および「付き合った事実を半永久的に残すため」という理由、「彼女の尊厳を傷つけたいという気持ち」などから、女性との間でやりとりした画像（下着姿など性的なものもあった）をネットにアップしたため、それが多くの人に見られるという被害ももたらした（リベンジポルノ）。

● フェイスブックで知り合う

　男性は京都に住んでおり、女性とは2011年12月ごろにフェイスブックで知り合い、交際していた。交際開始後、女性に対し、「母親からネグレクト（育児放棄）を受けるなどした自身の成育歴」を告白し、真摯に聞いてくれたため、女性が心の大部分を占めるようになった。

　男性は、高卒であったが「立命館大の法学部生」と偽って女性と交際していた。また、別の女性とも二股交際していた。

　2012年夏あるいは秋ごろに女性が別れたいと言い、しばらく距離があったが、2013年3月ごろから男性は復縁を迫りつづけ、つきまといなどをし、「写真を送らないと、死んでやる」といった自殺をほのめかすメールを送ったり、復縁しないと交際中に撮影した女性の「裸の写真をネットに流出させる」などの脅しをし、連絡をとりつづけた。

　それで、2013年春など数回、京都などで二人は会っていた。そのとき、口論になっているところを人に見られている。

　別れた状態であるのに、2013年5月ごろの男性のブログでは、女性と仲のよかったころの写真をアップして、仲よく付き合っているかのように装っていた。女性の父親が2013年6月、男性に「もう娘に連絡しないでくれ」と電話で伝え、同時期に男性からの電話を「着信拒否」に設定した。着信拒否をされたあと、男性は別の女

性と交際するなどしたが、あきらめきれず、7月中旬ごろに、この苦痛から逃れるために女性の殺害を意識するようになった。ジムで体を鍛えたり、友人と（空手の練習の）組手をしたりするなど、準備を進めた。

　加害男性と見られる人物は、外国人女性らしき名前を名乗り、LINE（ライン）などソーシャル・ネットワーキング・サービス（SNS）で、女性の高校の友人にも「復讐してやる」「殺してやる」とのメールを送っていた。

●警察に相談

　京都に住んでいた男性は、2013年9月27日から上京して、都内の女性宅周辺をうろつき、女性はそれに少なくとも2回気づき、恐怖を感じた。

　1回目の10月4日、女性から相談を受けた高校の教師が、学校最寄りの杉並警察署に「どこに相談に行けばよいか」と電話をした。このとき、杉並署は、ストーカー行為が女性の自宅周辺での待ち伏せだったため、自宅を管轄している三鷹署への相談を勧めただけで、三鷹署への引き継ぎをしなかった。

　時計は午後5時を回っていたので担当者は「もう窓口が閉まる。土日は緊急でないと対応できない」と回答した。杉並署幹部は「電話での問い合わせの範囲で、正式に受理する以前の段階だった」と弁明した。女性の名前や住所、詳細な被害状況なども把握しておらず、応対した生活安全課員が内容を記録して上司に報告することもなかった。つまり、まったく積極性がない対応だった。たらいまわしを防ぐため、警視庁は、ほかの署に被害相談を引き継ぐ場合は記録を残すよう指示しているが、杉並署はそれもしていなかった。

　そのため、三鷹署からは何の連絡もなく、女性は、事件当日の10月8日午前9時ごろに両親と同署を訪れ、2回目の相談を行った。そこで女性は「別れたつもりだった交際相手が、関西に住んでいるはずなのに、10月1日と4日の通学途中に自宅近くで待ち伏せしていた。怖い」と警察に被害を訴えていた。

　署の窓口となった生活安全課では、男性を呼び出すため、その場から男性の携帯電話に3回電話をしたが、出なかったため、留守番電話に「折り返し電話をください」とメッセージを残しただけだった。あとで、その電話番号は男性の友人の携帯電話の番号で、男性自身には電話はつながっていなかった（ただし、友人からの情報で警察から電話があったことを男性は知った）ことがわかった。

　警察は、相談に来た女性親子に望む対応のチェックリストを提示し、女性は「注意、口頭警告」と「文書警告」の両方にチェックを入れた。シェルターへの避難要望などはなかったため、同署は、文書警告の手続きを進めようと「メールのやりとりを教えてほしい」と要請し、翌日午前にあらためて来るように話をして終わった。

●警察の対応に不備

　欧米では、警察に相談があった時点で、すぐに自宅などに出動する仕組みが整っているが、三鷹署が警察官を派遣したのは、女性が刺されて通報を受けてからだった。事件当日の８日朝に女性からストーカー被害の相談を受けた三鷹署員が、ほかの署員や上司が別の仕事をしていたりイベントに出ていたので、だれにも言わず、被害届も取らず、同日午後５時前の殺害時間帯まで上司に報告していなかった。

　警察の対応に危機感が少なすぎて、この結果となった。10月４日の時点ですぐに被害届として受理し、杉並署と連携し、三鷹署が女性宅に聞き取りに行き、家のまわりの警備を始め、加害者および加害者の親に接触して警告をし、切迫度を見極めて対応をしていたならば、また、女性をホテルや親戚宅に避難させ、当分自宅に帰らせないなど、安全確保を最優先していれば、事件は防げたであろう。

　警察から加害者に電話連絡したので、加害者が無謀な行動に出る危険性があったし、「自宅周辺で待ち伏せされている」と訴えたのだから、帰宅時間に合わせて警察官を派遣するべきであった。自宅周辺に監視カメラを設置する方法もあった。こういう問題の専門家として、被害者の身辺保護など何があっても助けるという動きを警察がとらなかったことが問題であった。

●加害男性の生い立ち

　なお、加害男性には、幼少時の貧しい生活のなかで、ネグレクト被害や母親の交際相手から激しい暴力を受け、児童相談所に保護されていた経験があった。

　男性はフィリピンで出生し、２歳のときに来日。４歳のときにフィリピン人の母と日本人の父が離婚して以降、つらい生活環境に置かれるようになった。母はクラブのホステスとして働き、何人もの男と交際し、幼少時の男性は、母の交際相手から、ライターで"鼻の中"を燃やされたり、浴槽の水の中に顔を沈められたりといった過酷な虐待を受けていた。母が何日も家に帰ってこないことも日常茶飯事で、お金も食べ物も尽きると、近所のコンビニエンスストアで消費期限の切れた弁当を無心していた。母も交際相手の暴力を受けるようになると、逃げるように転居を繰り返し、小中学校を通じて４回もの転校を強いられていた。

### 大阪・平野2014年ストーカー殺人事件

　2014年５月、大阪市平野区で、男性(57)が、通っていた飲食店の従業員である女性(38)を刺殺した。

　男性は2013年８月、女性が働く飲食店に客として訪れ、一方的に好意を寄せ、言い寄り、結婚しようと言って、ストーカーをしていた。店の女性経営者が2014年２月、男性に店に来ないよう連絡し、出入り禁止とした。しかし、女性への電話や

メールはやまず、女性は３月１日、男から「殺される前に警察に電話してや。頭冷やす時間を最後にくれや」と殺害を示唆するメールを受け取り、翌日、大阪府警松原署にストーカー被害の相談をした。３月１日と２日の２日間で33通のメールがきた。松原署は危険度をＢランクと判断し、同日、ストーカー規制法にもとづき男性に電話で口頭で注意し、同12日には、男性を署に呼び出して文書で警告した。男性は警察に対し「もうかかわらない」と約束した。４月２日、署員が連絡したところ、女性は「その後は何も起きていない」と話したため、危険度をＢランクからＣランクに落としていた。女性は危険を避けるため別の職場に移っていたが、ふたたび元の飲食店に戻ってきた矢先の事件だった。

　男性は、「女性が好きだった。このままでは会うこともできない。女性を殺して自分も自殺したら、あの世で一緒に暮らせると思った」と供述した。

　この男性は、約２年前に元妻と離婚し、2013年６月、元妻の職場に押しかけ、店長などを負傷させた傷害容疑などで大阪府警平野署に逮捕され、執行猶予付き有罪判決を受けていた。また、2013年夏には、関係先に押しかけられた元妻の申し立てにより、裁判所からDV防止法にもとづき、元妻への連絡と接触を禁じる接近禁止命令も受けていた。

　警察はそのことを知っていながら、被害女性に何も伝えず、十分な対応をとらず、危険度を見誤り、警告後、加害者に接することもなく危険評価を下げるなどしていたわけで、大阪府警の対応には多くの問題があった。危険性判断チェックによって危険度をＢランクに評価したなら、２週間に一度、安全確認の連絡をとるとマニュアルではされていたが、少し遅れ、その後、Ｃランクに下げたために１カ月後に被害者に連絡しようとしていただけで、１カ月たつのにまだ連絡していなかったなかで事件は起こった。

## 資料6　日本における性暴力規制の流れの概観

* 1992年に発足した民間団体「夫（恋人）からの暴力」調査研究会が、日本で初めてDV実態調査を行い、調査報告書は1995年に出版された
* 1993年の世界人権会議（「ウィーン宣言及び行動計画」）や1995年の第4回世界女性会議で、女性に対する暴力の防止と根絶が宣言され、性暴力への認識が進み、これ以降、DVという言葉も広がる
* 総理府の「男女共同参画2000年ビジョン」(1996年)で性暴力をはじめて問題化
* 男女共同参画審議会（1997年）に「女性に対する暴力部会」を設置
* 「全国女性への暴力・駆け込みシェルターネットワーキング」が1998年、結成される（その後「全国女性シェルターネット」に改名）
* 「女性に対する暴力部会」が、1999年5月に答申「女性に対する暴力のない社会を目指して」を公表
* 同答申を受けて、総理府は「男女間における暴力に関する調査」(1999年)を実施
* ストーカー行為規制法（2000年）
* 児童虐待防止法（2000年）
* 犯罪被害者に対する配慮としての刑事訴訟法の一部改正（2000年）
* 配偶者暴力防止法（DV防止法）（2001年）
* DV防止法改正（2004年）
* 児童虐待防止法改正（2004年）
* 集団強姦罪の創設、強姦罪の法定刑の引き上げ（2004年）
* 犯罪被害者等基本法（2004年）
* 人身売買罪の新設（2005年）
* 刑事収容施設及び被収容者等の処遇に関する法律、および更生保護法の改正（2007年）
* DV防止法第2次改正（2007年）
* 児童虐待防止法改正（2007年）
* DV防止法第3次改正、ストーカー規制法改正（2013年）
* 2014年11月、リベンジポルノ防止にむけて「公表罪」や「公表目的提供罪」を制定する「私事性的画像記録の提供被害防止法」が成立する

# 文献

アウェア編・発行［2014］『デートDV対応の手引き』

アウェア編・発行［2008］『DVって何だろう？──DVをしてしまった男性たちからのメッセージ』

浅井春夫、杉田聡、村瀬幸浩編著［2009］『性の貧困と希望としての性教育──その現実とこれからの課題』十月舎

伊田広行［2006］『続・はじめて学ぶジェンダー論』大月書店（性暴力、DV記述あり）

伊田広行［2010］『デートDVと恋愛』大月書店

伊田広行［2011］『ストップ！ デートDV──防止のための恋愛基礎レッスン』解放出版社

上野勝代、吉村恵、室﨑生子、葛西リサ、吉中季子、梶木典子編著［2013］『あたりまえの暮らしを保障する国デンマーク──DVシェルター・子育て環境』ドメス出版

ウォーカー，レノア・E.［1997］『バタードウーマン──虐待される妻たち』斎藤学監訳、穂積由利子訳、金剛出版（原著1979年発行）

遠藤智子［2007］『デートDV──愛か暴力か、見抜く力があなたを救う』KKベストセラーズ

戒能民江編著［2013］『危機をのりこえる女たち──DV法10年、支援の新地平へ』信山社

クレアリー，エリザベス［2002］『親と子どもの感情BOOK──感情ときちんと向き合う子どもが育つ』田上時子・本田敏子訳、築地書館

クレアリー，エリザベス［2007］『子どもの心をしずめる24の方法』田上時子訳・解説、本田敏子訳、築地書館

小早川明子［2001］『こういう男とつきあってはいけない──危ない「ストーカー男」の見抜き方』マガジンハウス

小林美佳［2008］『性犯罪被害にあうということ』朝日新聞出版

コーリ，ノーラ［2008］『愛は傷つけない──DV・モラハラ・熟年離婚─自立に向けてのガイドブック』梨の木舎

坂野剛崇［2012］「非行少年」廣井亮一編『加害者臨床』日本評論社

SEAN編［2008］『マンガ・雑誌の「性」情報と子どもたち──今、旬のsexual rights 教育はコレ!!』（大阪府ジャンプ活動事業報告書）SEAN

杉野BEAT［2010］『オレにあやまれ！──史上最悪暴言DV夫との涙の7年間』竹書房

鈴木俊博、三浦敦子、冨永香子他［2010］「グループ獏の冒険──自己治療としての暴力をあきらめた男たち」日本嗜癖行動学会編『アディクションと家族』26巻3号

性暴力をなくそうキャンペーン事務局［2009］『「あなたは悪くない」と言ってあげられますか？』（パンフレット）性暴力をなくそうキャンペーン事務局

関橋眞理［2013］『世界の女性問題②暴力、差別、戦争』アジア女性資料センター監修、汐文社

全国女性シェルターネット編・発行［2009］『DV家庭における性暴力被害の実態／性暴力被害に遭った子どもたちのサポートマニュアル』

全国女性シェルターネット編・発行［2010］『ホットライン相談対応マニュアル──DV・性暴力（性虐待）・人身売買の被害者サポートに向けて』

ソウル女性ホットライン編［2010］『暴力NO！ 対話YES！（統合・拡張版）』（教師マニュアル日本語翻訳本）NPO G.Planning

ソンキン，ダニエル・J.、マイケル・ダーフィ［2003］『脱暴力のプログラム──男のためのハンドブック』中野瑠美子訳、青木書店

高橋郁絵［2012］「DV加害者プログラムの実践」廣井亮一編『加害者臨床』日本評論社

高橋裕子編著［2010］『デートDVと学校──"あした"がある』エイデル研究所

高畠克子・渡辺智子［2001］『ストーカーからあなたを守る本──法的対策から心のケアまで』法研

谷本惠美［2012］『カウンセラーが語るモラルハラスメント──人生を自分の手に取りもどすためにできること』晶文社

DV防止ながさき編［2008］『新版・デートDVを知っていますか──対等な関係をつくるために私たちが伝えてきたこと』DV防止ながさき

トロッター，クリス［2007］『援助を求めないクライエントへの対応──虐待・DV・非行に走る人の心を開く』清水隆則監訳、明石書店

内閣府編・発行［2010］「人と人とのよりよい関係をつくるために──交際相手とのすてきな関係をつくっていくには」（若年層を対象とした交際相手からの暴力の予防啓発教材）

中島幸子［2013］『マイ・レジリエンス──トラウマとともに生きる』梨の木舎

名古屋市男女平等参画推進センター編［2009］『デートDVに関する調査報告書』

日本嗜癖行動学会編［2009］『アディクションと家族』26巻1号、2009年7月（特集「ラブ・アディクション」）

日本嗜癖行動学会編［2010］『アディクションと家族』26巻3号、2010年2月（特集「母の変容」）

沼崎一郎［2002］『なぜ男は暴力を選ぶのか──ドメスティック・バイオレンス理解の初歩』かもがわ出版

信田さよ子［2002］『DVと虐待──「家族の暴力」に援助者ができること』医学書院

信田さよ子［2008］『加害者は変われるか？』筑摩書房

信田さよ子［2010］「母と娘の関係──被害者性をめぐって」日本嗜癖行動学会編『アディクションと家族』26巻3号

信田さよ子［2012］「DV加害者」廣井亮一編『加害者臨床』日本評論社

ハーマン，ジュディス・L.［1996］『心的外傷と回復』中井久夫訳、みすず書房（翻訳1996年、増補版1999年、原著1992年発行）

橋本和明［2012］「加害者の被害者性」廣井亮一編『加害者臨床』日本評論社

波田あい子［2003］「米国のドメスティック・バイオレンス加害者対策に学ぶ──ドゥルース・モデル」『We』2003年2・3月号、フェミックス

馬場・澤田法律事務所編［2011］『ストーカー・DV被害にあっていませんか？』中央経済社

バンクロフト，ランディ［2008］『DV・虐待加害者の実体を知る──あなた自身の人生を取り戻すためのガイド』高橋睦子・中島幸子・山口のり子監訳、明石書店

ブルースター，スーザン［2007］『DV被害女性を支える──信頼感と自尊心をつなぎとめるために』平川和子監修・解説、和歌山友子訳、金剛出版

廣井亮一編［2012］『加害者臨床』日本評論社

廣井亮一［2012a］「はじめに──なぜいま、『加害者臨床』なのか」廣井亮一編『加害者臨床』

日本評論社

廣井亮一［2012b］「加害者臨床の目的」廣井亮一編『加害者臨床』日本評論社

ペンス，エレン、マイケル・ペイマー編著［2004］『暴力男性の教育プログラム——ドゥルース・モデル』波田あい子監訳、堀田碧・寺澤恵美子訳、誠信書房

道あゆみ監修［2009］『ドメスティック・バイオレンス——絶望のフチからの出発』実業之日本社

宮地尚子編著［2008］『医療現場におけるDV被害者への対応ハンドブック——医師および医療関係者のために』明石書店

村尾泰弘［2012］「加害者臨床の困難性」廣井亮一編『加害者臨床』日本評論社

山口佐和子［2010］『アメリカ発DV再発防止・予防プログラム——施策につなげる最新事情調査レポート』ミネルヴァ書房

山口のり子［2001］『DV あなた自身を抱きしめて——アメリカの被害者・加害者プログラム』梨の木舎

山口のり子［2003］『デートDV防止プログラム実施者向けワークブック——相手を尊重する関係をつくるために』梨の木舎

山口のり子［2004］『愛する、愛される——デートDVをなくす・若者のためのレッスン7』梨の木舎

湯浅誠［2007］『貧困襲来』山吹書店

湯浅誠［2008］『反貧困——「すべり台社会」からの脱出』岩波新書

リー，モー・イー、ジョン・シーボルド、エイドリアナ・ウーケン［2012］『DV加害者が変わる——解決志向グループ・セラピー実践マニュアル』玉真慎子・住谷祐子訳、金剛出版

レジリエンス［2005］『傷ついたあなたへ——わたしがわたしを大切にするということ DVトラウマからの回復ワークブック』梨の木舎

レジリエンス［2010］『傷ついたあなたへ——わたしがわたしを幸せにするということ DVトラウマからの回復ワークブック2』梨の木舎

レビィ，バリー［2009］『恋するまえに——デートDVしない・されない10代のためのガイドブック』山口のり子・小野りか訳、梨の木舎（原題『In Love and In Danger』）

## あとがき

　2014年の秋、信田さよ子さんと一緒にDV加害者プログラムについて語るイベントに出席する機会を得ました。信田さんには何度かお会いしていますし、一緒に対談も以前一度させていただいていたのですが、今回お話を聞けて、私も学ぶこと、確認できたことがたくさんありました。信田さんや山口のり子さんたちが10年少し前に始められた加害者プログラムの道を、遅ればせながら私も歩みはじめたのだとあらためて感じ、先輩の後に続く幸福と責任を思いました。微力ながら、一人ひとりに向き合って進んでいこうと思いました。日本では今後必ず加害者プログラムに光が当たっていくと思われます。私の実践や本書が少しでもそれに貢献できればと思っています。

　信田さんがなさっているRRPのプログラムは、私が行っているものとは少し違うところもあるようですが、おおむね重なるところが多いものだと思いました。とくに、正しいかどうかにこだわる加害者が多いなかで、正しさではなく、DV加害者プログラムに通っているあなたの目的に照らしてどうなのか、と考えてもらうという指摘は、そうだよなあと再確認できました。今後も、さまざまな方たちから学んでいきたいと思っています。

＊　　　　＊

　本書を作成するにあたって、実践的なことを重視するため、および分量が多くなりすぎたため、削ったところがたくさんあります。その部分を含め、DV関係の4冊目の本を執筆し、近々、電子書籍で発行したいと考えています。そこでは、小島妙子『DV・ストーカー対策の法と実務』（民事法研究会、2014年）や高畠克子編著『DVはいま　協働による個人と環境への支援』（ミネルヴァ書房、2013年）といった最近の有益な文献に絡んでの議論など、さまざまな追加情報も載せるつもりです。今回は少し専門的になるので削りましたが、改正DV法でも恋人間DVを対象に入れない根拠となっているデートDVの理解について、従来の議論にいろいろ疑問もあ

## あとがき

るので、そういう点についても載せたいと思っています。フェミニストの立場とDV対策との関連、DVをジェンダー観点でとらえることをめぐる議論の検討（米国では、DVにおいてジェンダーは対称的、つまりDV加害は男女で同程度行っているという見解が増えているようです）などについても、私の意見を書きたいと思います。それもあわせて読んでいただければ、いっそう私のDV論についての理解が進むのではないかと思っています。

　最後になりますが、解放出版社の小橋一司さんには、原稿を丁寧に読み的確なご意見をいただきました。おかげでいい本ができました。ありがとうございました。また、加害者プログラムに参加してくださっている方や、NOVOやアウェアの仲間のみなさんをはじめとして、多くの方々の影響を受けて本書は完成させることができました。この場を借りてお礼申し上げます。本書が今後のDV被害の減少に少しでもつながれば、私はうれしいですし、みなさまへのお返しが少しできたことになるかと思っています。

　　2014年12月　　　　　　　　　　　　　　　　　　　筆　者

伊田広行（いだ　ひろゆき）

立命館大学・神戸大学非常勤講師。立命館大学大学院・先端総合学術研究科非常勤講師。DV加害者教育プログラムNOVO主宰。デートDV防止ファシリテーター。女性センターにおける男性相談担当。「ユニオンぽちぽち」執行委員。自殺防止センター相談員。著書に、『ストップ！　デートDV──防止のための恋愛基礎レッスン』（解放出版社、2011年）、『「まだ結婚しないの？」に答える理論武装』（光文社新書、2008年）、橋口昌治・肥下彰男・伊田広行『〈働く〉ときの完全装備──15歳から学ぶ労働者の権利』（解放出版社、2010年）、『デートDVと恋愛』（大月書店、2010年）など。

---

### デートDV・ストーカー対策のネクストステージ
──被害者支援／加害者対応のコツとポイント

2015年2月15日　初版第1刷発行

著者　伊田広行

発行　株式会社　解放出版社
　　　大阪市港区波除4-1-37　HRCビル3階　〒552-0001
　　　電話 06-6581-8542　FAX 06-6581-8552
　　　東京営業所
　　　東京都千代田区神田神保町2-23　アセンド神保町3階　〒101-0051
　　　電話 03-5213-4771　FAX 03-3230-1600
　　　ホームページ　http://www.kaihou-s.com/

印刷　モリモト印刷

---

Ⓒ Hiroyuki Ida 2015, Printed in Japan
ISBN978-4-7592-6764-8　NDC367　253P　21cm
定価はカバーに表示しています。落丁・乱丁はお取り換えいたします。